身体知道幸福

发现感恩、幸福与喜悦的意想不到的方式

（Janice Kaplan）
[美] 贾尼斯·卡普兰 著

曹嬿 译

What Your Body
Knows About Happiness

How to Use Your Body
to Change Your Mind

机械工业出版社
CHINA MACHINE PRESS

幸福不仅是一种精神状态，更是一种身体状态。挺直腰板能给你带来自信，强颜欢笑也可能改善你的心情。但你是否想过，这背后的原因是什么？我们通常认为，大脑就像一台超级计算机，指挥着身体的行动。然而，最新的研究表明，这个系统常常是反向运作的：你的身体率先做出反应，随后大脑才对身体信号进行解读。当你走过一条漆黑的小巷，心跳开始加速时，你的大脑才意识到："我害怕了！"在本书中，作者基于与众多领域专家的深入交流，以她独特的对话风格、幽默感和叙事技巧，将前沿的科学研究呈现给读者。她通过一系列意想不到的联系，揭示了身体与思想之间强大的纽带，并提供了令人耳目一新的证据，表明我们的身体感觉往往比我们的大脑思维更加敏锐。跟随作者的脚步，我们将了解到如何利用身体来提升创造力，以及如何通过改变周围环境来改善情绪。我们将探索大脑如何缓解身体的疼痛，为什么蓝色和绿色是最能让人感到幸福的色彩，甚至会发现为什么在巴黎品尝葡萄酒会更加美味。书中还提供了实用的技巧和策略，帮助我们以全新的方式认识自己的身体，从而在日常生活中收获更多的幸福与快乐。

Janice Kaplan, What Your Body Knows About Happiness: How to Use Your Body to Change Your Mind
ISBN 978-1728281315

Copyright © 2025 by Janice Kaplan

This edition arranged with The Martell Agency through Andrew Nurnberg Associates International Limited

Simplified Chinese Translation Copyright © 2025 by China Machine Press. This edition is authorized for sale in the Chinese mainland (excluding Hong Kong SAR, Macao SAR and Taiwan). All rights reserved.

本书中文简体字版由 Janice Kaplan 授权机械工业出版社在中国大陆地区（不包括香港、澳门特别行政区及台湾地区）独家出版发行。未经出版者书面许可，不得以任何方式抄袭、复制或节录本书中的任何部分。

北京市版权局著作权合同登记　图字：01-2025-1749 号。

图书在版编目（CIP）数据

身体知道幸福：发现感恩、幸福与喜悦的意想不到的方式 / （美）贾尼斯·卡普兰（Janice Kaplan）著；曹嬿译. -- 北京：机械工业出版社，2025.9. -- ISBN 978-7-111-79096-9

Ⅰ. B84-49

中国国家版本馆CIP数据核字第2025UT9162号

机械工业出版社（北京市百万庄大街22号　邮政编码100037）
策划编辑：坚喜斌　　　　　责任编辑：坚喜斌　朱婧琬
责任校对：樊钟英　丁梦卓　　责任印制：张　博
北京机工印刷厂有限公司印刷
2025年9月第1版第1次印刷
160mm×235mm·18印张·1插页·223千字
标准书号：ISBN 978-7-111-79096-9
定价：79.00元

电话服务　　　　　　　　　网络服务
客服电话：010-88361066　　机　工　官　网：www.cmpbook.com
　　　　　010-88379833　　机　工　官　博：weibo.com/cmp1952
　　　　　010-68326294　　金　书　网：www.golden-book.com
封底无防伪标均为盗版　　　机工教育服务网：www.cmpedu.com

赞　誉

这是一本从内到外深入探讨幸福的全新且迷人的书籍。阅读它，你会感受到更多的快乐；将其中的原则融入生活，会让你的成长更加从容而充实！

——阿迪蒂·内鲁卡（Aditi Nerurkar），医学博士，
《5 次重置》（*The 5 Resets*）的作者

这本书把心理学和神经科学的研究从实验室带到了现实生活中，温柔地帮助我们弥合心灵与身体之间的脱节。这本既有趣又充满深度的书会陪伴你在日常生活中发现更多探索幸福的可能性。

——肖恩·埃科尔（Shawn Achor），《纽约时报》（*New York Times*）
畅销书作者，著有《大潜能》（*Big Potential*）和
《发现你的积极优势》（*The Happiness Advantage*）

拿起这本书，找一张舒服的椅子坐下，给自己一点儿时间来享受一场关于快乐的精彩旅程。这本书以科学为基础，贾尼斯·卡普兰会温柔地引导你发现心灵与身体之间的微妙联系——那些藏在日常生活中的小秘密——并帮助你在每一天的生活中找到更多的幸福时刻。

——罗伯特·J. 瓦尔丁格（Robert J. Waldinger），医学博士，哈佛医学院精神病
学教授，《纽约时报》畅销书《美好生活》（*The Good Life*）的合著者

我的祖母常常温柔地告诉我："健康的心灵寓于健康的身体。"贾尼斯·卡普兰的这本精彩的书，深入探讨了为什么祖母的话如此有道理。心灵与身体其实是密不可分的整体。贾尼斯用科学依据、个人故事和幽默感，向我们展示了

如何不仅关注大脑，还关注我们脖子以下的部分，从而过上更快乐、更充实的生活。我相信，每个人，以及每颗心，都能从这本书中获得启发和收获。

——A.J. 雅各布斯（A.J. Jacobs），《纽约时报》畅销书作者，
著有《万物的奇妙亲缘》（*It's All Relative*）

这本书深入探讨了我们的身体在追求和体验真正的快乐时所扮演的关键角色。通过生动的故事和严谨的科学研究，贾尼斯·卡普兰带领我们发现隐藏在身体中的智慧，并分享了许多实用的方法，帮助我们更好地运用这些知识过上更快乐、更充实的生活。

——埃伦·兰格（Ellen Langer），哈佛大学心理学教授，
《正念身体》（*The Mindful Body*）的作者

如果你正在寻找实用的方法来为日常生活增添更多快乐，那么这本书绝对值得一读。卡普兰以精彩的笔触深入探讨了心灵与身体之间的关系，生动地展示了两者如何紧密协作，共同支持我们的幸福与健康。通过结合引人入胜的故事和最新的科学研究，她分享了许多宝贵的建议，帮助我们了解如何通过在日常习惯或生活环境上做出一些简单的调整，为自己的幸福带来深远而积极的影响。

——麦克·拉克（Mike Rucker），博士，
《爱玩好习惯》（*The Fun Habit*）的作者

我们的身体会影响我们的心灵，而我们的心灵也时刻关注着我们的身体——毕竟，它们是从一开始就相伴成长的伙伴！贾尼斯·卡普兰在这本精彩的书中，以生动的方式揭示了这对终身伙伴之间紧密联系的奇妙之处，以及那些常常让人意想不到的证据。

——约翰·巴奇（John Bargh），耶鲁大学心理学教授，
《隐藏的意识》（*Before You Know It*）的作者

献给雅各布、伊莱、本和努尔
你们是照亮幸福之路的明灯

☕ 引 言

最近和丈夫一起度假时，我们经历了没完没了的行李丢失和机场延误。当我们终于抵达那个小机场时，我站在那里，感到既沮丧又烦躁。当时，我意识到自己需要调整心态，于是决定尝试一个小练习，让自己心怀感恩。

我深吸了一口气，告诉自己："我可以应对这一切。"接着，我微笑着对丈夫说："虽然行李丢了，但至少我的随身包里还有泳衣！"他听了忍不住笑了起来，我也因此平静了许多，顺利走出了机场，没有让情绪失控。

直到我们登上一艘小摩托艇，前往岛上的度假地时，我才真正放松下来。阳光在海面上闪烁，温暖的风轻轻拂过我的脸庞。仅仅在水上待了十分钟，我就感到无比幸福，之前的烦恼都烟消云散了。这种突如其来的愉悦让我开始思考其中的原因。在这个环境中，我不需要刻意去感恩或保持积极的心态，身体自然传递出了快乐的信息。

大多数关于幸福的讨论都提到，快乐和愉悦主要源于我们的头脑，而我们有能力掌控自己的感受。我也曾参与过这样的讨论，在全美各地分享畅销书《感恩日记》(*The Gratitude Diaries*)的内容时，我解释说，快乐的关键在于改变视角——就像我在机场所做的那样。我提供了一些如何重新审视生活事件的建议，帮助人们在困难时刻也能找到感恩之心。我很高兴这些方法能够帮助许多人。

在那一刻，在船上，我深刻体会到，让自己置身于能够让身体和心灵一样积极回应的情境是多么重要。我突然明白，幸福并非仅仅是一个有意识的决定，而是来自我们身体的每一根纤维、每一条肌腱和每一个细胞。很多时候，我们的身体会发出信号，大脑只是做出反应，而非完全掌控一切。

这种认识可能会让人感到惊讶。我们通常认为，意识思维是情感和感受的唯一来源，但我们忽略了身体在交流中的重要作用。喜剧演员约翰·穆拉尼（John Mulaney）曾开玩笑说，除了把脑袋从一个房间搬到另一个房间，他不知道身体还有什么用。[1]这句话之所以能引发共鸣，是因为它精准地反映了我们大多数人对身体的看法。我们明白应该照顾好身体以保持健康，但除此之外，身体似乎与我们真正的自我有些许分离。除非你是职业运动员，否则你可能认同穆拉尼的观点，身体基本上只是一个运输工具，负责把"脑袋"从一个房间搬到另一个房间。

实际上，我们的身体希望我们快乐、健康。它的核心职责就是向我们传递有助于成长的信息，并不断向大脑输送感官信息。进化生物学家指出，任何物种——无论是人类、狗、猿、蚂蚁还是鳄鱼——的首要目标都是足够强壮以繁衍后代并照顾幼崽。对人类而言，这需要投入大量时间和精力，而我们的身体一直在努力维持平衡和最佳状态。

一旦我们理解身体为提升幸福感所做的一切，就可以更好地支持它，而不是阻碍它。例如，人体会在多种情况下（如锻炼或性行为）释放快乐激素，这些化学物质能让我们更平静、压力更小、更快乐。讽刺的是，一些世界上最危险的成瘾性药物，比如导致过去十年严重危机的阿片类药物，只是模仿了我们身体自然提供的东西。当这些化学物质以自然形式存在时，它们是有益的，而非破坏性的。

当然，这并不是说我们的身体总是完美的。抗生素、疫苗、胰岛素、外科手术等医学突破拯救了生命，延长了我们的寿命，甚至改变了我们的存在方式。作为人类，我们有能力改变和改善自身及世界，但在这一过程中，我们不能忽视那些为我们提供信息的基本感觉、影响情绪的激素以及感知疼痛和快乐的神经系统。

我们生活在自己的身体里，却对它的运作知之甚少。神经科学家们正花费越来越多的时间研究大脑的工作机制，但他们中的许多人也认识到，身心是相互合作的。只有理解这一点，我们才能真正实现身心的和谐统一。

身体优先法

过去，我一直认为"自我"完全存在于我的头脑之中。然而，在撰写《感恩日记》时，我第一次开始思考另一种观点。那时，我意识到，外出散步或欣赏美丽的日落能够改变我的心情——让我更加懂得感恩，也更加平静。从那以后，我越来越关注我们的身体如何在日常生活中影响我们的幸福和健康。遗憾的是，我们并不总是能察觉到身体的变化，因此错失了许多让生活更美好、更丰富的可能性。

通常情况下，当我们觉得自己正在做出理性决策时，实际上是在对身体发出的信号做出反应。南加州大学的心理学、哲学和神经学教授安东尼奥·达马西奥（Antonio Damasio）曾深入探讨情绪和行为的来源。他说："我们习惯性地认为大脑是决策者，但实际上并非如此。"[2]他强调，"没有身体，就不会有意识。"大脑只是身体与大脑这对关键伙伴之一，二者共同决定了我们的行为。

我们的身体通过数百种细微线索向我们传递信息，例如激素释放、血压变化以及皮肤温度的升降。比如，当你晚上走在一条黑暗的街道上时，如果心跳突然加速，你可能会选择另一条路。但这里有一个值得深思的问题：是心跳加速让你感到害怕，还是你感到害怕导致了心跳加速？如果你像大多数人一样以思维为中心，这个问题可能显得有些荒谬。我们通常会认为，是大脑先告诉我们感到害怕，然后身体才做出反应。然而，许多科学家指出，这种将大脑视为唯一掌控者的观念其实是错误的——实际上，身体往往先于大脑做出反应。

关于行为的一个引人注目的理论认为，我们的情绪是由大脑和身体内部的生物过程共同构建的。一个全新的学术领域正在围绕内感受展开研究，即大脑对身体各种感觉的解读。例如，此刻你的心脏正在跳动，你的胃正在消化食物，你的肺正在吸入空气，你的免疫系统正在释放各种激素。

神经学家莉莎·费德曼·巴瑞特（Lisa Feldman Barrett）指出："你的身体是你思维的一部分，这并不是一种虚幻神秘的说法，而是实实在在的生物学事实，"换句话说，"每一个概念中都包含着身体的一部分。"[3]

从小我们就被教导，在做决定时要保持冷静，不要被情绪干扰。但现在我们逐渐认识到，这种做法不仅不切实际，而且根本不可能实现。情绪、感受和身体反应是我们生活中不可或缺的一部分。仅仅将意识归因于大脑是一种巨大的误解，正如达马西奥所说："大脑确实是身体忠实的观众。"[4] 他认为，想象没有身体的意识是荒谬的。

法国哲学家勒内·笛卡尔（René Descartes）在 17 世纪提出了心灵与身体完全分离的观点，并通过名言"我思故我在"表达了他对二元论的信任。然而到了 19 世纪末，美国著名心理学家和哲学家威廉·詹姆斯（William James）彻底颠覆了这一传统观念。他提出了一种全新的情绪理论，认为身体的变化先于情绪感受。例如，当你晚上踏上一条黑暗的街道时，你的身体会首先做出反应，心跳加速，肾上腺素激增。随后，你的大脑会扫描这些身体反应，并得出结论："我害怕了！"

换句话说，你所体验到的情绪实际上是身体已知反应的有意识表达。

从理论上讲，这一观点非常吸引人，但它确实挑战了我们一直以来对自身的理解。我们常常为自己的大脑比其他动物的大脑更高级而感到自豪，但请记住，大脑本身也是一种身体结构，是神经系统的一部分。

让我们暂时以蚯蚓为例。蚯蚓拥有感觉细胞，可以将脉冲传递给大脑和身体，从而确保它对环境做出适当的反应。当天气太热或太冷时，蚯蚓会钻进地下保护自己；当它感觉到环境适宜时，就会把头伸出地面。

虽然我们不是蚯蚓，但我们本质上仍然是感觉生物。就像蚯蚓一样，我们拥有一个中枢神经系统，它能够在没有大脑特别指示的情况下对刺激做出快速反应。例如，如果你不小心碰到炉子，你的手会立刻缩回来，这比大脑意识到发生了什么要快得多。同样，当医生用小锤敲击你的膝盖时，你的腿会自动弹开——这就是所谓的膝跳反射。威廉·詹姆斯、达马西奥等科学家希望我们明白的是，本能反应只是第一步。身体的反应随后会告诉大脑该产生何种感觉。例如，在碰到炉子之后，你的意识会接收到中枢神经系统激活运动神经元的信息。这时，大脑会进一步处理这些信息，并补充上相应的情绪。

我们在高中都学过中枢神经系统的知识，但我们很少会想到身体可以在不受大脑指挥的情况下自主行动。大脑似乎像一台超级计算机，告诉我们该做什么，并指挥身体如何反应。然而，意识到这个系统常常可以反向运作——身体也能"编程"指挥大脑——这一点确实令人无比兴奋。它会改变你对自己日常行为的看法。

大脑的确有许多奇妙之处，但它并非决定你是谁以及你做什么的全部因素。将大脑简单地比作超级计算机并不恰当，因为大脑需要持续不断地接收来自身体的反馈才能正常运作。大脑并非一个远程控制中心，向身体发送指令并告知其如何行动。相反，你的身体和大脑紧密相连，每时每刻都在相互传递信号。它们共同塑造了现在的你。

换个角度来思考：大脑大约重 3 磅 [⊖]，而一个人如果体重为 150 磅，那么剩下的 147 磅显然不是大脑。无论是动物、人类还是植物，大自然都不会浪费宝贵的资源。你身上非大脑的部分肯定有其独特的意义。很多时候，我们会先感到惊讶、发笑、打喷嚏或哭泣，然后大脑才会急忙跟上，处理身体提供的信息。由此可见，身体总是先有反应，有意识的情感才紧随其后。

幸福的语言

随着科技的进步，我们的生活越来越多地集中在头脑和电子设备上。身体似乎成了一种需要偶尔照顾的负担，比如去健身房或跟着网上的视频锻炼一下。我们不再从身体中寻找快乐，而是勉强维持它的健康，以免影响生活的其他部分。

我们都听说过要倾听身体的声音，但有时却不清楚它到底在说什么。近年来，这种与身体的疏离感变得更加明显。在家远程办公、减少面对面交流，让我们越来越脱离对身体的关注。在视频通话中，我们的声音飘荡在互联网上，仿佛与真实的肉体毫无关联。我们只关注肩膀以上的形象，因为那是摄像头能看到的唯一部分。有一天，在一次通话中，一位同事提到她为了这次线上会议特意穿了牛仔裤，这让我对"盛装打扮"的新定义感到好奇。

"你平常都穿什么呢？"我问她。

"紧身裤、瑜伽裤或者任何柔软舒适的衣服。今天，为了向你表示

⊖　1 磅≈0.45 千克。

尊重，我特意穿得正式一些。"我们都笑了，而我也不得不承认，很多个早晨我都是穿着法兰绒睡裤在家写作的。

虽然衣服并不总是能以积极的方式将我们与身体联系起来（稍后我们会探讨这一点），但我的同事用词非常贴切。事实上，我们的身体为每一种情绪和想法提供了基础。当你翻开这本书时，你会发现前沿研究揭示了身心如何能够成为紧密协作的伙伴。像快乐、感恩和喜悦这样的感受，不仅来自我们的头脑，也来自我们的身体。

如果你已经通过感恩练习学会了如何让自己更幸福，那么你已经领先了一步。继续探索吧！本书将帮助你进一步扩展这些认知。令人振奋的是，除了我们的大脑所能实现的，我们还能发现身体和环境的影响，它们能激励我们找到最美好的自己，达到最幸福的状态。

每个人都是自己生活中的主角，因此重要的是要认识到，在这场表演中有两个不可或缺的主角——身体和头脑。请与我一起踏上这段旅程，探索如何利用我们的身体和所处环境来提升创造力、开阔视野、追求成功和找到幸福感。现在是时候了解身心如何协同工作，从而让每一天都充满更多快乐，并找到新的方式来展现自己的光芒了。

目　录

CONTENTS

第一部分

幸福身体的科学

如果你想变得更幸福，那么切入点就在于了解你的身体。从心理学到人工智能等多个领域的最新研究都揭示了我们的身体对情绪和情感的影响是多么巨大。

第1章
你的苹果手表无法
告诉你的

那些认为灵魂与肉体有别的人,二者皆无。

——奥斯卡·王尔德(Oscar Wilde)

有一段时间,我认识的每个人都热衷于每天走一万步。这让我丈夫感到有些苦恼。他一直是个运动和活动的坚定支持者,但作为医生,他也非常看重科学数据。

"你知道吗?这个数字其实并没有任何医学依据。"他略带无奈地说道。

他说得没错。关于"一万步",唯一的科学事实就是它是一个好记且容易传播的整数。然而,他的科学态度在 FitBit 公司强大的营销策略面前显得有些无力。这家公司由企业家詹姆斯·帕克(James Park)于 2008 年创立。帕克从哈佛大学辍学后(这是科技圈里常见的资历),开始研发可以戴在手腕上的活动追踪器,以追求这个看似神奇的目标。到 2021 年,当他以超过 20 亿美元的价格将 FitBit 卖给谷歌时,数千万美国人已经接受了这款产品及其背后的理念。

实际上,帕克并不是"一万步"概念的首创者,一家日本公司在 20 世纪 60 年代就开始批量生产计步器,并首次提出了这一目标。不过,帕克成功地将这一理念推向了新的高度,使"一万步"成为主流健康词汇的一部分。通过他的追踪器，你可以随时了解自己距离每日目标还有多远。这个数字大约相当于 5 英里 [⊖]——远远超过了研究人员后来发现的对健康或长寿有显著益处的距离。

帕克曾自豪地提到，他看到人们为了完成每日步数目标，在机场航站楼里来回走动。我的一位朋友也曾在我深夜给她打电话时兴奋地回应道："我才走了 7000 步呢！咱们边聊边在公寓里走走吧！"

的确，在客厅里转圈走动比坐在沙发上吃饼干对心脏和大脑更有益。然而，即便抛开缺乏科学研究支持这一点不谈，"一万步"的热潮仍然让人感到一丝不安。FitBit 的用户往往不再思考自己的身体真正需要什么，而是依赖设备的数据来判断自己的状态，结果却发现，这些数据可能让他们感觉更糟，而非更好。杜克大学市场营销学副教授乔丹·埃特金（Jordan Etkin）的一项新研究表明，[1] 佩戴 FitBit 确实可能增加人们的运动量，但与此同时，他们对运动本身的享受感却降低了。这些活动追踪器和计步器将散步这种简单的乐趣变成了以结果为导向的任务。你更多地关注如何最大化产出，而不是当下正在做的事情所带来的即时快乐。久而久之，你可能会失去对当下的愉悦感，幸福感也随之下降。

埃特金建议，如果你希望提升幸福感，而不仅仅是增加步数，或许可以考虑放下那些追踪器。

衡量一项原本令人愉悦的活动，往往会使其变得像工作一样。你会更加专注于最终目标，而非从内在的幸福感中获得满足。如果你正在为马拉松做准备，或者以奥运会为目标，那么收集训练数据无疑是一个明智的选择。但对于大多数人来说，过多关注这些数字可能会分散注意力，让你忽略身体自身发出的重要信号。当你与身体协同工作

⊖　1 英里 ≈ 1.6 千米。

时，你会发现一种深刻的愉悦感。身心之间本就是一个无缝连接的整体。

可不只是 FitBit 有这样的问题。那些号称能让我们更好地了解自身身体状况的新技术，往往起到了反作用，让我们越发难以本能地感知自己的需求。例如，苹果手表通过传感器、数据和算法报告你前一晚的睡眠质量是否良好，但它从未问过一个最基本的问题：你今天是否感到疲惫？午餐前，你可以在智能手机上查看应用程序，统计自己已经摄入了多少卡路里，以及当天还应摄入多少。然而，学会倾听明显的饥饿信号，或许是一种更自然、更有效的方式。

布朗大学的正念专家兼精神病学家贾德森·布鲁尔博士（Dr. Judson Brewer）分享道："我们的身体通过感受传递的信息，往往比大脑的思考更为敏锐。如果我们能重新学习如何倾听这些信号，就能避免过度饮食或做出其他不健康的选择。然而，我们常常忽略了身体的真实需求，也忽视了它试图传达给我们的信息。"[2]

比如，你突然想吃一块蛋糕，这可能是因为你饿了，身体需要补充能量；但也可能是你在面对压力、焦虑或无聊时，将蛋糕当作一种暂时的安慰来调节情绪。那么，如何分辨这两种情况呢？布鲁尔博士建议："当我们带着觉知退一步观察，并用心去留意身体的感受时，它会告诉我们所需的一切。虽然听起来很简单，但实践起来却并不容易。"

的确，简单并不代表容易。我们的身体一直在向我们发送各种信号，这是最基础的部分。然而，社会、文化和心理上的种种干扰，让我们难以真正听到这些声音。在与布鲁尔博士交流时，他提到，当面对强烈的渴望时，最好的方式不是压抑或忽视，而是保持好奇，深入探究身体的感觉以及它们背后的意义。

"好奇心是一种强大的力量，"布鲁尔博士解释道，"当你对身体内部发生的事情感到好奇时，你会更愿意主动了解并学习更多。这种好奇心不仅能增强你的自我意识，还能帮助大脑摆脱自动化的反应模式，从而让更好的行为逐渐成为习惯。"

这种方法同样适用于应对各种成瘾问题。无论是戒烟还是克服社交媒体带来的依赖感，关键在于对身体发出的信号保持好奇，并花时间理解它们如何影响自己的行为。布鲁尔博士曾用这一方法帮助许多人成功戒烟，同时也为那些深受社交媒体成瘾困扰的人提供了有效的解决方案。例如，如果你发现自己频繁查看电子邮件，甚至在开车时也有发短信的冲动，不妨试着调动内心的好奇心，去探索身体和大脑此刻正在经历什么。

我自己就曾有过类似的经历——每天写作时，我总会忍不住每隔几分钟就查看一次电子邮件。如果邮件不足以分散我的注意力，我还会拿起手机查看天气应用（尽管天气变化并不频繁）或者浏览新闻标题（其实大多并不紧急）。每次这样分心，我都会浪费大约 20 分钟的时间，然后才意识到自己应该回到写作上。而此时，我通常会对浪费掉的时间感到懊恼不已。

后来，当我再次产生放下笔去查看邮件的冲动时，我决定尝试布鲁尔博士的方法。我往后靠在椅子上，静下心来感受自己的状态。我发现，当时的身体显得有些不安，思绪也难以集中。我意识到，无论这种不适源于身体还是心理，都表明我需要某种方式来转移注意力。于是，我站起来走了大约 30 秒。等我重新坐下时，那种想要查看邮件的冲动已经消失了。我看着电脑屏幕，继续专注于写作。接下来的一整天里，每当我有查看邮件的念头时，我都会停下来问问自己："此刻我的身体感觉如何？"很多时候，我会选择站起来活动一下，四处走动片刻。这样做花费的时间远远少于以往每次因分心而在互联网上浪费的几个小时。到了一天结束时，我感到非常满足，不仅大大减少了查看邮件的次数，更重要的是，我重新找回了对时间的掌控感。现在，每当我想点击屏幕或拿起手机时，我学会了先研究这种冲动背后的感受，而不是直接顺从它。尽管起初我对布鲁尔博士的理念持怀疑态度，但在实际尝试后，我彻底被说服了。

神经元的"诉说"

我们的身体所知远超我们的想象，即使我们没有意识到，身体也在悄无声息地告诉我们该如何感受和行动。在纽黑文市的实验室里，认知科学家约翰·巴奇一直是研究具身认知（embodied cognition）的重要推动者。这是一个相对较新的领域，吸引了心理学家、神经学家以及机器人开发人员的关注。他们都在努力探索感官体验与我们的思维方式及经历之间的联系。巴奇的一些研究发现令人惊叹。他和他的同事们反复发现，我们身体所经历的"具身"部分对我们的思考、感受和行为方式有着深远的影响。

有一个实验让我印象深刻：志愿者们拿到一份夹在写字板上的简历，并被要求对求职者进行评估。想象一下，如果你是其中一位参与者。由于你知道这是一项实验，你可能会格外警觉。"无意识偏见"（unconscious bias）近年来备受关注，因此你可能会特别小心，不让种族或民族影响你的判断。许多研究表明，如果在简历上写上女性的名字，人们往往会认为她的能力不如同等条件下的男性，所以你会努力避免这种偏见。年龄？外貌？候选人居住地？只要留心并做出理性判断，你可能会确信自己对候选人进行了公平且无偏见的评估。

然而，事实并非如此——因为你很可能忽略了放简历的写字板的重要性。[3]

如果你现在想说："什么？得了吧！这怎么可能有影响？"我完

全理解你的反应。谁会想到这一点呢？但巴奇确实想到了。有些写字板更轻，有些更重，而写字板的重量竟然改变了人们对候选人的评价。拿到相对更重的写字板的人倾向于认为候选人更严肃、更有能力，而拿到较轻写字板的人则不这样认为。第一次读到这些研究结果时，我也感到非常惊讶。这怎么可能呢？显然，写字板的重量与一个人的能力毫无关系。要理解它如何影响我们的判断，我们需要重新审视大脑和身体之间复杂的互动方式。

你的身体每时每刻都在接收来自数百万神经元的信号，这些神经元感知环境并与之互动。随后，它们将信息传递给大脑，而大脑可以以多种不同的方式解读这些信息。那么，为什么一个沉重或轻便的写字板会对我们的判断产生影响呢？其实，我们常常使用物理隐喻来表达思想。例如，我们会把核武器或全球污染之类的话题称为"重大问题"，或者把不尊重的人贬为"无足轻重"。你的潜意识对来自沉重写字板的物理信号的解读方式，与对轻便写字板的解读方式截然不同。

这听起来可能有些不可思议，但当你意识到我们总是通过身体信号来塑造对某种情况的态度时，一切就变得合理了。比如，你可能在约会软件上遇到一个看似完美匹配的人，被他的风趣短信深深吸引。但当你终于见面时，如果不喜欢他的气味，一切可能就会戛然而止。计算机科学家们也开始认识到，即便是世界上最痴迷于电脑的人也不仅仅是没有身体的大脑——他们的神经元能感知味觉、触觉、视觉和听觉，所有这些都在不断提供信息，深刻影响着他们的思考方式。换句话说，从身体到大脑的信息传递远比我们想象中更多，也更为重要。

对此，我有过亲身经历。最近我买了一部新的苹果手机，但总觉得哪里不太对劲。它似乎有些笨重，用起来也不够顺手，甚至让我感到不如意。这时，我不禁开始想念用了五年的旧手机。于是，我又回到了那家店，一位细心的店员建议说，问题可能出在我买的手机壳上。原来，那个透明塑料壳表面很硬，边缘也很方正，他推荐我换一个柔软的硅胶壳试试看。我一试，果然感觉焕然一新！握在手里非常舒适——哇，这相机也确实很棒！他还向我展示了一个丝滑质感的手机壳。"手机握在手里的感觉，似乎能彻底改变你的使用体验。"他说，"这种差别之大，总是让我很惊讶。"

你可能会觉得，我的大脑应该专注于这部智能设备里那些令人惊叹的技术才对，但实际上却被手机的触感带偏了方向。那个柔软的手机壳传递给我的大脑一种安心的信息，不仅改变了我对手机壳的看法，还让我重新认识了手机的实际功能。伟大的认知语言学家乔治·莱考夫（George Lakoff）曾说过："我们的大脑从身体的其他部分获取信息。"[4]即使我们试图进行抽象思考，也无法脱离物质现实和自身的身体体验。1980 年，莱考夫在他的著作《我们赖以生存的隐喻》（*Metaphors We Live By*）中指出，我们在世界中的定位深刻影响着我们对生活最基本概念的理解。人类直立行走，眼睛位于身体的顶端，因此我们会自然地将一切美好的事物想象成"向上"，糟糕的事物则被想象成"向下"。比如，我们会说某人"蒸蒸日上"，或者朋友"每况愈下"，这些表达无须多做解释。这种个人化的身体视角甚至延伸到了宗教领域。当我们想象来世时，往往会抬头望向天空表示天堂，低头则指向地狱。从理性角度来看，我们根本没有任何理由（无论是世俗层面还是超凡层面）持有这样的观念，但如果你尝试从相反的方向去设想好坏，你只会感到困惑不已。这与我们身体感知世界的方式并不相符。"我们的思考不是随心所欲的，我们只能思考具身大脑所允许的内容。"莱考夫说道。[5]

不妨环顾一下你的家。也许你会发现自己家中摆放着柔软的家具，比如充绒沙发、舒适的抱枕和软包椅子；或许你更喜欢线条硬朗的风格，比如夏克风格的木制家具和结实的靠背椅。你可能认为这些只是审美选择，甚至能反映出你的个性。但实际上，事情并非如此简单。密歇根大学的乔纳森·阿克曼（Jonathan Ackerman）教授曾进行过一项研究，发现人们坐在硬椅子上和坐在软椅子上时会做出截然不同的决定。坐在软椅子上的人对待他人的态度更加温和，可以说，软椅子让人的心也变得更柔软了。在一次实验中，参与者被要求就购买新车进行谈判。结果发现，坐在硬椅子上的人在首次报价被拒绝后，出价明显低于坐在软椅子上的人。"硬椅子让人成为更强硬的谈判者。"阿克曼总结道。

他将这种现象称为"触觉心态"（haptic mindset）。这个词听起来可能有些陌生，于是我特意查了一下它的含义。触觉（haptic）指的是我们的触觉感官，通过写字板和硬椅子的例子，阿克曼证明了我们所持或所触之物（甚至只是坐在椅子上）会无意识地影响我们的思维模式和态度。这些发现具有非常实际的意义。他说："第一印象往往受到一个人所处的触觉环境的影响。"[6] 如果你曾经与新结识的人握手，却碰到了一只汗津津的手，那你一定明白他的意思。那个手心出汗的人需要付出更多努力去讨人喜欢和给人留下好印象，才能消除你身体瞬间接收到的"别信任他"的信号。

最近和朋友们一起吃饭时，我分享了阿克曼和巴奇的一些研究发现，并提到随着我对这一领域的了解越来越深入，我越发惊叹于身体对心理的强大影响。大多数人都表示认同，但坐在桌旁的一位男士（一家大型律师事务所的合伙人）却摇了摇头。

"这些确实很有趣，"他说，"但我这样的人绝不会因为写字板或硬椅子之类的东西而改变判断。"他的语气中带着一丝（恕我直言）轻微的傲慢。

"其实，关键在于你根本意识不到自己受了影响。"我回应道。

"如果我是理性的，这些东西就不会对我产生影响。"他坚定地说道。

我决定不再争论下去。我们往往都倾向于认为自己完全掌控着自己的思维，在每一个选择和决定中都能保持理性。然而，当发现无论你拥有多少高学历，都无法战胜自己的身体时，这种感觉着实令人不安。

事实上，我们并不需要也不应该试图战胜我们的身体。如果我们必须依赖有意识的思考来做每一个决定，可能连一个小时的正常生活都难以维持，更别提一天、一个月甚至一年了。试想一下，每小时提醒自己眨 960 次眼睛，每分钟提醒自己呼吸几次，那我们将无法专注于其他任何事情。（当我们睡着时，呼吸是如何自动进行的呢？）比如，当你过马路时，一辆车突然朝你猛拐过来，你肯定不希望在这种情况下还得依赖自己的意识来处理问题。等你的大脑反应过来并想到"天哪，那辆丰田车就要撞到我了！我得赶紧躲开！让我往后退一步"时，你可能早已被车轮碾过了。幸运的是，我们的身体反应无须任何意识参与就能迅速完成任务。只有当你安全回到人行道上时，大脑才会从身体那里接收到信息："好险！不过别担心，我已经保护了你。"

神经科学家大卫·伊格曼（David Eagleman）指出，如果你看过棒球比赛，就会明白身体的反应速度远快于意识。当投手以每小时 100 英里的速度投球时，球到达击球手大约需要 0.4 秒，而意识反应需要约 0.5 秒。这意味着球已经越过本垒板，击球手才真正"知道"它的到来。如果身体不是在无意识状态下运作，那么几乎没有人能够成功击中棒球。

伊格曼形象地比喻道："我们的意识就像一艘横渡大西洋的轮船上的小偷，把航行的功劳据为己有，却忽略了脚下庞大的工程设施。"[7]

有趣的是，像那位律师一样拒绝相信身体能影响思维的人，实际上最容易被营销人员和制造厂商所利用。例如，当你在汽车经销商那里准备试驾时，你可能认为自己关注的是汽车的安全性、性能以及驾驶的便利性。但实际上，汽车制造商早已找到了利用触觉思维的方法。许多现代汽车会在车门内加装重物，因为他们意识到，手握车门时感受到的重量会给大脑传递出坚固可靠的印象。我的律师朋友拒绝承认自己的身体感觉会影响决策，这很可能意味着他会更容易被这种设计吸引，最终购买一辆车门较重的车。从长远来看，适度放下那种认为自己完全掌控思维的执念，反而能让我们获得更多的实际掌控力。当我们学会理解并善用身体发出的信号时，就能更好地提升自己的幸福感和效率。

渐入"暖"境，幸福满盈

巴奇的实验室开展了一项令人惊叹的研究，揭示了身体在我们毫无察觉的情况下向大脑传递信号的奇妙力量。在这项研究中，一位研究助理热情地迎接每一位志愿者，并将他们分别引导至实验室。（她自己也不清楚具体测试的内容，因此不会泄露任何信息。）途中，她一手拿着一杯咖啡，一手从公文包里摸索文件，于是她礼貌地请志愿者帮忙拿着咖啡。到达实验室后，志愿者们开始进行看似实验核心的部分——他们拿到了一些表格，上面描述了一个虚构的人物，他们被邀请评价对这个人的喜爱程度。然而，他们并不知道，助理给其中一些人递的是冰咖啡，而给另一些人递的则是热咖啡。

尽管听起来有些不可思议，但那些拿着热咖啡的志愿者认为表格中描述的人更热情、友善，而那些拿着冰咖啡的志愿者则觉得这个人显得更冷漠、不够讨人喜欢。[8]

巴奇的这一发现堪称开创性的见解，它似乎为我们的认知打开了一扇全新的大门。虽然最初在复制实验结果时遇到了一些挑战，但后来问题得到了妥善解决，研究人员也因此兴致勃勃地展开了更多相关探索。他们发现，握着热咖啡的人在被邀请捐款时表现得更加慷慨；在需要依赖他人完成的游戏里，他们表现出更高的信任度；他们的行为也显得更为无私。一杯小小的咖啡竟然能带来如此深远的影响，实在令人叹为观止。

"你对此作何解释？"在与巴奇进行一次漫长而引人入胜的电话交谈时，我向他提出了这个问题。

"这有趣极了，"他回答道，"其中一部分似乎是人类祖先遗传下来的本能反应——这是人性的一部分，具有普遍性。另一部分则是在婴儿时期习得的。想象一下，当婴儿被父母紧紧抱着时，身体感受到的温暖与被保护、被关爱的感觉紧密相连。久而久之，'温暖'逐渐成为值得信赖、没有威胁的人的象征，是那个会支持你的人。"9

与巴奇交谈时，我立刻联想到他在课堂上激励学生以独特视角思考的情景。多年的研究并未消磨他探索身心之间奇妙联系的热情。他告诉我，最初萌生出做咖啡实验的想法，是因为观看了一部关于地狱的历史频道纪录片。这让他联想到了但丁（Dante）的《神曲·地狱篇》（*Inferno*），这部伟大的史诗带领我们游历了九层地狱。如果你对 14 世纪的诗歌不太熟悉，那么只需了解每一层都代表着一种严重的罪过，层层加重，并伴随着相应的可怕惩罚。每一层都有一个"报应"——一种与罪行相称的惩罚。（可以称之为诗意的正义。）最初的几层是为淫欲、暴食、贪婪和暴怒而设，到了第七层，则是为杀人犯、好战分子和暴君准备的地方，那里充满了沸腾的鲜血和喷射的火焰，将受罚者团团围住。最后是第九层，最糟糕的一层，专为背叛他人深切信任的人准备。他们的惩罚是被冻在冰里。

"诗人们真是太懂了！"巴奇兴奋地说。"在烈火地狱之中，最可怕的惩罚竟然是被冰封。他们凭直觉意识到，背叛就像失去身体的温暖，这种感受足以改变一切。"

600 年后，神经科学家终于为我们揭示了但丁的第九层地狱和巴奇的热咖啡 / 冷咖啡实验背后的合理性。借助先进的成像技术，他们发现大脑中有一个名为脑岛（insula）的小区域，当你感受到身体温暖或社交上的关怀时，它都会被激活。我们有时可能会过于依赖神经科学家的研究成果（他们可以说是现代的"诗人"），但当核磁共振成像（MRI）、但丁的文学智慧以及一位耶鲁大学心理学家的研究都在告诉我们同样的道理时，我们确实需要认真倾听。身体与情绪之间的联系如此紧密，以至于在这种情况下，似乎只需要一个"控制中心"就能同时管理两者。

基于这一发现，多伦多大学的两位研究人员进一步思考：如果将情境反过来会怎样？那些经历情感冷落的人——比如被拒绝的人——是否会主动寻求身体上的温暖来让自己感觉更好呢？为了验证这一点，他们邀请学生们参与了一个电脑游戏，在游戏中，三个虚拟角色相互抛接球。（这个游戏是研究者们非常喜欢的经典实验工具，后面还会再次提及。）一些学生在游戏开始时得到了几次随意的抛球，随后便被忽略——仿佛被无情的计算机算法冷落在一旁。之后，当被问及对不同食物的偏好时，这些被冷落的学生明显更倾向于选择热咖啡或热汤，而那些在游戏中被纳入互动的学生则没有表现出类似的倾向。[10]

这只是一个简单的虚拟形象和随机的电脑游戏，但它却深刻地影响了我们的感受。即使只是体验到一种被虚拟排除的感觉（可以说是一种"被冷落"的状态），也会改变你的身体所传达的信息。就好像你的身体本能地知道热汤能够缓解情感上的痛苦，而冰冷的可乐无法做到这一点。多伦多的研究人员总结道："通过体验物体的温暖，可以有效减轻因社会排斥带来的负面情绪。"

事情甚至更加有趣。荷兰的年轻教授汉斯·伊泽曼（Hans Ijzerman）让参与者玩同样的电脑游戏，并发现，当人们被排除在抛球游戏之外时，他们的实际体温竟然会下降。[11] 换句话说，渴望热汤不仅仅是一种心理反应，它背后还有生理上的原因，而这一点可能连我们的大脑都未曾察觉。加州大学洛杉矶分校医院的一项研究也记录了患者每小时的体温变化，结果表明，患者的体温与其和家人、朋友的情感联结程度密切相关。当有人通过电子邮件、短信或其他方式与患者保持联系时，患者的体温往往会升高。[12] 看来，那些描写炽热激情和狂热爱情的言情小说并非完全虚构——温暖真的能让人感到更加热情洋溢。

英国人应对危机时总会泡上一杯茶的习惯，或许并不仅仅是传统使然。当你感到被拒绝或孤独时，你的体温可能会下降约半度。此时，你会觉得房间比身边那些感到快乐和有归属感的人更冷。所以，不妨为自己泡上一杯热茶吧！一杯温暖的饮品，也许正是你所需要的安慰。

我的小儿子大约十岁的时候，有一天下午，他双手捧着一杯热巧克力，眼睛里闪烁着光芒，开始满足地发出声音。

"嗯，啊……"他夸张地说道，"啊……"

我好奇地问他这是在干什么。

"我只是在学你，妈妈。"他调皮地笑着回答。

我低头一看，发现自己确实紧紧握着杯子，让瓷器的温度透过手掌传递到全身。

"你每次喝茶都是这样。"他说。

"我每次都这样？"

"没错，每次都这样！"他说。

从那以后，这成了我们家的一个小笑话——妈妈喝茶并不是为了喝，而是为了捧着杯子取暖。我的小儿子特别喜欢模仿我捧着杯子的双手和那种满足的表情。当时，我们谁也没有过多思考这种行为的原因，只觉得这是我的一个小怪癖，或许还挺可爱的。然而，自从与巴奇交流过，并深入探索了关于温暖与寒冷如何影响身心联系的后续研究后，我开始怀疑，这些暖手杯是否有着更深层次的意义。那时，我有两个孩子，一份全职工作，还要兼顾写作、出差、家庭聚会以及日常生活的各种压力，我的情绪已经接近满负荷。而那些捧着暖手杯的片刻，或许正是向我的大脑传递了一种舒适和满足的信号。一切都变得平静下来，无需过多思考，我的大脑从某种深层次的进化本能中接受了这一切。

当然，我并不是唯一这样的人。在热门电视剧《生活大爆炸》（*The Big Bang Theory*）中，超级书呆子谢尔顿·库珀（Sheldon Cooper）总是会在朋友心情低落时递上一杯热饮。"当朋友心情不好时，你应该给他们一杯热饮。"他在一集中说道。编剧们可能想借此展现谢尔顿在正常社交场合中的不自在，但我更愿意相信，他们其实看过巴奇和伊泽曼的研究成果，并巧妙地将谢尔顿主动提出泡茶的行为设计为一个内部笑话，暗示他其实有多么聪明。

那么，所有关于热饮、软椅以及生活隐喻的研究是否真的能在现实生活中发挥作用，而不仅仅局限于理论或实验室环境呢？从研究中提取实用建议确实是一项充满挑战的任务（尽管记者们常常乐此不疲），而且总会有反例来反驳任何一项研究。例如，你可能会告诉我，有人住在翠贝卡区的公寓里 ⊖，周围全是未经打磨的金属和木头，但他却是你认识的最温柔的人。或者，当你情绪低落时，唯一能让你感觉好一点儿的就是一杯加了很多冰块的可乐。我们每个人的情绪、态度和决策都会受到多种因素的影响。然而，很多时候我们并未意识到，其实是身体在为大脑提供关键信息，而不是反过来。认识到身体体验在每时每刻都在潜移默化地影响着我们，这不仅能帮助我们更好地掌

⊖ 翠贝卡区是纽约市曼哈顿下城的一个著名街区，以高档住宅、艺术氛围和时尚生活方式而闻名。——译者注

控自己，还能为我们提供更多随时提升幸福感的工具。

在撰写《感恩日记》时，我发现，若想改善自己的幸福感，睡前在床边写一篇感恩日记是非常有益的。专注于生活中的美好事物，可以让它们变得更加突出，从而帮助你以全新的视角看待问题。我惊讶地发现，这种方法的效果非常显著。现在，我还想再补充一个小建议：在开始写日记之前，先喝一小口热茶。身体的温暖可能会让你对他人更加友善，也更容易进入感恩的状态。如果你想更进一步，不妨坐在柔软的椅子上写，选择一本封面光滑而非粗糙的日记本。让身体和心灵共同体验积极的感受，无疑有助于提升你的整体精神状态。

第 2 章
你的身体如何
让你幸福

有时，喜悦是你微笑的源泉；但有时，微笑也可以成为你喜悦的源头。

——一行禅师（Thich Nhat Hanh）

　　一天下午，我走在街上，无意间在一家商店的橱窗里瞥见了自己的身影。然而，映入眼帘的并不是那个我想象中和蔼可亲、笑容满面的形象，而是一个满脸愁容、弯腰驼背的女人，下巴微微前伸，整个身体都透着紧张感。这真的是我吗？虽然我不想因为停下脚步而迟到，但我还是决定停下来，让自己重新调整状态。这时，我的脑海中浮现出一部热门剧集《了不起的麦瑟尔夫人》（*The Marvelous Mrs. Maisel*）的画面。这部剧讲述了一位女性在 20 世纪 50 年代末的美国那个以男性为主导的单口喜剧界努力奋斗的故事。每次她上台表演时，她的经纪人苏西都会轻声提醒她"挺胸抬头"，这是她们之间的一种有趣暗语，意思是"站直了，自信一点儿"。这个念头让我忍不住微笑起来。于是，我开始挺直肩膀，抬起头，收起下巴。我努力保持这种昂首挺胸的姿态继续前行，又走了一个街区后，嘴角的笑容变得更加自然和灿烂。

　　会议进行得非常愉快，双方都开怀大笑。回到家后，我试图回顾一下，改变姿势是否真的改变了我的心情，以及这是否对会议的态度产生了积极影响。经过反思，我得出结论：答案是肯定的，而且是双重肯定！当我挺直腰板、面带微笑地走路时，不仅感到没那么紧张了，还意外地多了一份自信。不过，我还是很好奇这两者之间究竟有什么联系。

于是，我联系了埃里克·佩珀（Erik Peper）教授，他是旧金山州立大学的一位专家，专注于生物反馈回路的研究。他在心理生理学领域，即情绪与身体之间的联系方面取得了许多重要成果，但他谦虚地称自己的研究为行为科学。我向他分享了自己在街上关于姿势和情绪的顿悟。鉴于他在这一领域的丰富研究经验，他对我的想法表示完全认同。

"当你的身体发生变化时，大脑会对这些变化进行解读，并赋予其特定的意义。"他解释道，"我们通常认为信息是从大脑向下传递的，但实际上，从身体向上传递的神经纤维要多得多。"[1]

了解这些途径对我们提升幸福感和积极性有着重要意义。由于大脑常常是接收身体信息的一方，佩珀教授深入研究了姿势如何影响从情绪到数学技能的方方面面。在我们的交谈中，他邀请我尝试一个小实验。（你也可以跟着一起试试哦！）他让我弯腰驼背，肩膀下垂，头低着，然后试着回想一次负面的经历。几乎立刻，我就想起了很久以前被解雇的那一天，当时我感到彻底的震惊和挫败。

接着，他让我试着回想一次积极的经历。然而，我一时想不起来。正当我绞尽脑汁时，他让我坐直身体，向前看，然后再试一次。这一次，几乎没有犹豫，我就回忆起了和丈夫在威尼斯狭窄街道上漫步的美好时光。

"坐直的时候，回忆快乐的事情确实容易多了。"我说。

"没错，这就是关键所在。"他高兴地回应道。他在课堂上经常用这种方法进行实验，对象通常是大群学生。在一项已报道的研究中，他发现大多数人坐直时更容易回忆起积极的经历，弯腰驼背时则更容易想起消极的经历。

"我们都是在经典条件反射的作用下运作的。"佩珀教授进一步解释说，"当我们感到绝望或沮丧时，身体会自然地向内塌陷。之后，当你再次摆出那个姿势时，就会唤起类似的感受。相反，当你保持直立时，虽然仍然能想起那些负面的记忆，但你会感觉与它们更远，更像是一个旁观者。"

弯腰驼背会传递出一种失败和绝望的信息——如果世界接收到这样的信号，你的大脑也会将其内化。相反，让我们想象一下每场田径比赛中的获胜者冲过终点线时的情景：他们总是高举双臂庆祝胜利。有趣的是，一项研究发现，即使从未见过这种庆祝动作的盲人运动员，在获胜时也会做出类似的举动。这表明，这是一种本能反应。在胜利时，我们会自然地挺直腰板，充满喜悦地占据更多的空间；失败则常常表现为垂头丧气、肩膀下塌。

对于那些喜欢看到具体数据的人来说，佩珀教授和他的团队进行了一项研究。他们给志愿者接上脑电图仪，记录大脑的电活动。结果发现，当人们以弯腰驼背的姿势努力去想积极的事情时，大脑的"高频振荡活动"显著增加。换句话说，如果你的身体处于弯腰驼背的状态，要获得积极的心态需要付出比身体挺直时更多的努力。这可以看作对诗人玛雅·安吉洛（Maya Angelou）那句名言"挺直腰板，意识到你是谁，你会超越你的处境"的科学佐证。[2]

此外，姿势与情绪之间的联系在另一个层面上也显得合情合理。我回想起乔治·莱考夫的观点：我们的姿态会影响我们看待世界的方式。结合自己在街上的经历，我发现，当我低头弯腰走路时，眼睛一直盯着人行道，虽然这样不会绊倒，但也让我忽略了周围的风景。当我抬起头向前看时，视野变得更加开阔，感官也受到了更多刺激（由于我当时走在时代广场附近，这种刺激尤为强烈）。这些输入在不知不觉中改变了我对即将到来的面试的看法。当我身体挺直、抬起头时，我的思维自然而然地认为事情正在好转，整个人也感到更有活力、更加精神。

你的身体姿势还会以意想不到的方式影响你。在佩珀教授的另一项研究中，学生们被要求从 964 开始，连续 30 秒每次减去 7。如果光是想到这个任务就让你感到压力山大，那你并不是唯一一个有这种感受的人。不过，当你坐得更直一些时，这项任务听起来就没有那么让人难以承受了。当被要求对测试难度进行评分时，那些数学焦虑程度较高的人在弯腰驼背做题时给出的分数是 7 分（满分 10 分），而在坐直时给出的分数仅为 4.8 分。

"这差别可真大！"我对他说。

"没错，但最大的差别在于那些原本就有数学焦虑或考试焦虑的人。而对于那些心态平和的人来说，坐姿的影响就没那么明显了。"

如果你对考试本身已经感到消极（比如"我数学很差"），那么弯腰驼背的姿势只会强化这种恐惧，让情况变得更糟。一旦你的身体向大脑传递了更积极的信息，新的信息会让你振作起来。此时，神经元开始传递这样的信号："其实这也没那么糟糕！"你的意识会将新的信息与旧有的恐惧结合起来，从而逐渐平衡情绪。

一旦你开始将情绪状态与身体姿势联系起来，你会发现让自己更快乐变得非常简单。例如，你的大脑很早就学会了一个关联：当受到身体威胁时，肌肉会紧绷。大脑将紧绷的肌肉与危险以及需要高度警觉联系在一起。现在想象一下这样一个场景：今天是周二下午，你在工作中耽搁了一些时间，担心接孩子放学可能会迟到。这种焦虑让你肌肉紧绷，大脑进入高度警觉状态。你可以试着停下来片刻，心怀感恩，调整自己的心情。比如告诉自己："真庆幸能早点儿下班……真庆幸有这么可爱的孩子在等着我！"这是一个不错的开始，但积极的心态与身体所传递的信息之间可能存在冲突。

一旦你意识到这一点，就可以通过身体上的改变向大脑发送新的神经信号。耸耸肩放松肌肉，深呼吸几次。随着肌肉紧张感的缓解，身体不再传递危险信号，大脑也会停止发出恐慌警报。这时，你真的可以更好地欣赏那个可爱的孩子了。感恩和快乐也因此变得更加容易寻得。

大脑：绝非冰冷的"计算机"

认识到身体对我们思想和情感的塑造力量，会让我们对未来的元宇宙抱有全新的期待。在虚拟世界中，我们的身体可能会逐渐消失——这无疑是一个值得深思的问题。英国作家珍妮特·温特森（Jeannette Winterson）指出，我们大多数人可能已经将身心分离到了超出自己想象的程度。"甚至在今天，由于科技的发展，很多人在现实生活中几乎不再使用自己的身体了，"她说道，"他们用汽车和飞机来'运送'大脑，躺着看电视，或者长时间坐在笔记本电脑前。"[3]

诺贝尔文学奖得主石黑一雄（Kazuo Ishiguro）在他的小说《克拉拉与太阳》（*Klara and the Sun*）中描绘了一个未来世界，在这个世界里，机器人成为了孩子们的人工朋友。故事中的一个名叫克拉拉的人工朋友被带进了一户家庭，这家的小女儿生病了，书中还提出了这样一个假设：如果孩子不幸去世，克拉拉是否可以取代她？在这个设想中，身体仅仅被视为意识的载体——如果克拉拉能够完全理解孩子的语言、行为和思想，那么它的实体形态或许就变得不那么重要了。

这不仅仅是小说家的幻想。在硅谷，工程师们正在讨论"具身智能"这一概念，即人类、机器人或任何包含物质形态的智能形式。与此相对的是无实体存在的意识。人工智能最初的理念是，意识才是核心所在，而像 Siri 或 Alexis 这样的智能助手所呈现的形式并不重要。然而，随着跨学科科学家们的深入研究，这种观点正受到越来越多的质疑。他们发现，我们的身体在塑造自我认知以及带来愉悦感和幸福感方面，发挥的作用比我们通常意识到的要大得多。人工智能领域的最新突破表明，为了让机器人真正具备"智慧"，它们需要通过触摸、体验和感受来学习。

我们不能将身体与心灵的分离完全归咎于技术，因为这种讨论其实可以追溯到柏拉图和苏格拉底的时代（许多问题都可以追溯至那时）。柏拉图认为，心灵和身体是两种不同的存在，他主张相信理性思维，而非感官传递的信息。例如，看到水中的棍子是弯曲的时，不要轻易下结论！把它拿出来，就会发现它是直的。如今，我们在修图软件、视频剪辑和"另类事实"轮番轰炸下的现代经历，让这位公元前 5 世纪哲学家的观点显得尤为贴切。

在当今社会，阻碍我们获得快乐的一大障碍，是我们与自身身体及周围世界的脱节。如果说科技在某种程度上造成了这个问题，那么它也可以帮助我们找到解决方案——让我们更深刻地认识到具身智能的重要性。苏黎世大学人工智能实验室负责人罗尔夫·普法伊费尔（Rolf Pfeifer）指出："大脑始终是在与身体共同进化的过程中形成的，身体通过与外界互动来确保生存。大脑并非凭空产生于某种算法之中。"[4]

普法伊费尔认为，下一代人工智能的关键在于如何让机器人拥有真实的身体体验——这是计算机科学家们如今普遍认为实现类人智能所必需的一步。过去常有人将大脑比喻为超级计算机——接收输入、处理信息，然后输出结果。然而，这种比喻不仅不适合用来描述人类，甚至对计算机来说也是错误的。如今最前沿的机器人专家提出，与其试图通过编程让计算机了解苹果的味道，不如让它亲自体验这种感官感受。这种思考人工智能的新方式，不仅改变了我们对技术的看法，也让我们重新审视自身的本质。

晨间电视的"魔法"妙诀

如果你曾经为一份重要的工作面试过，或者尝试向老板提出加薪请求，你可能经历过这样一种身体先于意识的体验。当时，你觉得自己非常冷静且准备充分，但一开口说话，心跳就开始加速，喉咙也变得紧绷。虽然你知道自己想说什么，但声音听起来却有些奇怪，全身都在微微颤抖。你以为自己并不紧张，但实际上这一切已经超出了你的意识控制范围。你的自主神经系统（负责控制呼吸、血压等不自主行为）察觉到有大事发生，于是释放出大量肾上腺素。生理反应几乎是瞬间发生的，而一旦大脑感知到这些变化，就很难再恢复平静了。你的大脑会捕捉到身体的这些感觉，并随之变得和身体一样紧张不安。

在我职业生涯的早期，当我开始频繁出现在早间电视节目中时，我也曾遇到过类似的情况。我总是准备得非常充分，走进演播室时也从未感到紧张。然而，只要舞台监督一说"我们开始直播了"，我的自主神经系统就会自行其是。（这就是为什么它被称为自主神经系统，因为它完全不受意识控制）。无论在进入直播间之前，我表现得多么镇定自若，但每次一到关键时刻，我那突然狂跳的心脏和汗津津的手掌总会让我乱了阵脚。我尝试过深呼吸和放松练习，但都没有效果。最后，医生给我开了一种极小剂量的 β 受体阻滞剂，这种药物可以抑制肾上腺素的作用。在下一场重要演出前 30 分钟，我服用了几毫克。结果非常神奇，从此再也没有出现过这样的困扰。

事实上，服用 β 受体阻滞剂对演员、音乐家和演讲者来说是一种众所周知的策略。对于那些需要手部极其稳定的小提琴手而言，β 受体阻滞剂就如同斯特拉迪瓦里小提琴在乐器界的地位一样，是药物中的顶级之选，能起到非常关键和出色的作用，不过它的成本要比斯特拉迪瓦里小提琴低得多。这里的关键在于，这种药物并非通过让大脑平静下来发挥作用，而是直接作用于身体。我们通常认为反馈回路是从大脑到身体，但这种干预措施清楚地表明，回路也可以从身体反向影响大脑。你可以想象大脑中有一个小部分在不断扫描来自神经系统和其他身体状态的信号，并试图判断一切是否正常。答案并不是由大脑提供的，而是由身体给出的。服用 β 受体阻滞剂后，我的身体不再出现心跳加速、肌肉紧绷等肾上腺素激增的迹象，于是大脑发出"一切正常"的信号。这样一来，我可以按照计划顺利完成电视采访或发表演讲。了解身心循环机制不仅让我觉得有趣，还帮助我挽救了职业生涯。

肉毒毒素：开启幸福的密钥

在最近的一次感恩节聚餐上，我邀请餐桌上的每个人分享一件让他们心怀感激的事情。这是我们与家人、朋友之间的一个温馨传统，所以我相信大家都已经有所准备。当大家纷纷表达了对健康、新生命和美好经历的感谢之后，一位名叫卡西的年轻朋友给出了一个令人意想不到的答案。

"我要感谢肉毒毒素。"她微笑着说道。

当时她并没有进一步解释，下一个人便接着分享了自己的感恩时刻。不过，在喝完汤后收拾餐具时，我特意把卡西拉到厨房，请她详细说说。她的脸上没有一丝皱纹，考虑到她刚刚迈入 40 岁，皮肤光滑似乎更像是一种自然状态，而非值得特别感恩的理由。

"我感激肉毒毒素，因为它让我突然变得比以前更快乐了。"她解释道，"这并不是我最初注射它的目的，却是它带来的意外惊喜。"原来，几个月前她刚切除了皮肤癌，手术在她的额头上留下了一个小肿块。皮肤科医生建议通过注射大量肉毒毒素来平滑这个肿块。打完针后不久，卡西发现不仅肿块逐渐消失了，自己的心情也发生了显著变化。"我的额头动不了，所以无法皱眉。我是一个情绪表达非常丰富的人，但不能皱眉竟然改变了我的感受方式。愤怒消散得更快了，我感觉更加平静。"

她还注意到自己与母亲相处时的变化。过去她们俩总是容易情绪激动，但自从卡西的新扑克脸出现后，似乎改变了母亲对她的反应。"当我看起来更平静、更不生气时，母亲也会变得更加冷静。"她说。

"我知道这听起来可能有点儿奇怪，但我确实问过我的皮肤科医生，这种情况是否真的可能发生。她告诉我，'当然可能——实际上已经有相当不错的证据支持这一点。'"卡西补充道。

为了深入了解相关证据，我联系了肯尼思·阿恩特博士（Dr. Kenneth Arndt）。他曾是哈佛医学院的皮肤科教授，还担任过贝斯以色列女执事医疗中心的皮肤科主任。从资历上看，他是一位备受尊敬的主流医生，在同行中堪称典范。我提及这些背景信息，只是因为他与人合著了一篇开创性论文，[5] 文中提出肉毒毒素注射"可能会引发积极的情绪状态"。要是换作别人提出这样的观点，说不定会被当作……有点儿离谱的想法。

然而，当我最近与阿恩特博士交谈时，我问他是否真的认为肉毒毒素能像消除皱纹那样有效地改善情绪。

"这是完全有可能的。"他说。[6]

每年有超过 400 万人选择使用某种版本的肉毒毒素（现在它还有其他品牌名称）来抚平额头和眼周的皱纹。它通过麻痹某些面部肌肉发挥作用，使人更难做出皱眉等表情。肉毒毒素已经成为一种文化现象，无论是年轻的电影明星还是中年女性，都愿意接受这种注射。尽管肉毒毒素会攻击并麻痹神经，存在一定的风险，包括极端情况下的致命性，但人们的态度却发生了巨大转变。过去，人们担心食用受损罐头食品可能导致致命的肉毒毒素中毒，但现在那些曾经一看到罐头有丝毫凹陷就扔掉的人，却心甘情愿地花费数百甚至数千美元来注射这种毒素。

在皮肤科医生和其他专业医生使用的安全剂量下，肉毒毒素是非常可靠的。其美容效果显而易见——你无法皱眉，因此不会形成川字纹。由于大脑依赖于身体神经传递的信息，一个更为复杂的循环也可能随之发生。如果面部无法做出负面表情，那么你可能也不太容易感受到那些负面情绪。

我和朋友林恩·施努尔伯格（Lynn Schnurnberger）曾合作写过一本有趣的书，名为《肉毒毒素日记》（*The Botox Diaries*）。这本书获得众多好评，当它被美国广播公司电视台评为那个夏天必读的海滩读物时，我们还特意庆祝了一番。读者们明白书名是在开玩笑，指的是那些无论什么年纪都渴望乐趣、爱情和新奇冒险的女性。但现在回想起来，我才意识到这本书还有另一层未曾预料的意义。不皱眉，生活真的会变得更美好。如果你能够保持愉悦的表情（哪怕只是假装），大脑就不大可能产生悲伤和绝望的情绪。

虽然肉毒毒素是一项相对较新的发明，但将面部表情与情绪联系起来的观点由来已久。1872 年，查尔斯·达尔文（Charles Darwin）在他的著作中写道，我们的表情不仅是情绪的指示器，它们实际上还能引发那些情绪。如果你想了解某人的感受，模仿他们的面部表情，你就会体验到相似的情感。埃德加·爱伦·坡（Edgar Allan Poe）在早于达尔文 30 年时就提出了类似的观点（以文学形式呈现）。在他的短篇小说《失窃的信》（*The Purloined Letter*）中，一个 8 岁男孩总能在游戏中获胜，他告诉大侦探奥古斯特·杜宾（Auguste Dupin），他的秘诀就是模仿对手的面部表情，从而理解他们的想法和行为方式。杜宾也尝试了这种方法，并最终成功破案。

这一聪明的办法着实令人赞叹！

伟大的英国哲学家埃德蒙·伯克（Edmund Burke）早在 1757 年就已经领悟到了这一点。他说，通过模仿别人的面部表情和动作，你可以理解他们的想法，因为你也会不由自主地产生相同的感受。伯克自己也曾提到："我常常发现，当我模仿愤怒、平静、恐惧或勇敢的人的表情和动作时，我的内心也会自然而然地产生与之相应的情绪。"[7]

一位伟大的哲学家、一个 8 岁的男孩和一个虚构的侦探都得出了类似的结论，这确实令人着迷——尽管这一结论并不一定完全正确。因此，在达尔文之后的一个世纪，研究人员开始寻找证据，证明我们脸上展现的情绪或从他人那里模仿的情绪能够改变我们的感受。他们发现了镜像神经元，这种神经元在你做出某个身体动作以及观察别人做出相同动作时会以相同的方式放电。许多研究将镜像神经元与理解他人的目标或意图联系起来。从这个意义上说，它们似乎不仅与我们的共情能力有关，甚至可能与破解谋杀案相关。

大约在同一时期，神经科学家提出了"面部反馈假说"（facial feedback hypothesis）。简而言之，该假说认为，你脸上表现出的表情会影响你所体验到的情绪。坚定的支持者甚至认为，这种影响不是简单的调节作用，而是直接决定了你的情绪状态。

为什么会这样呢？根据研究，这一切都与传入神经元（即我们体内负责将外部世界的感官信息传递给大脑的神经纤维）有关。我们熟知视觉、听觉、嗅觉、味觉和触觉这些基本感觉，但传入神经元还在不断传递来自身体内部的各种刺激信息——从温度变化到肌肉抽搐。

大脑读取来自肌肉的刺激信号，然后复制相应的情绪："那是微笑。我们很开心！"

微笑效应

德国社会心理学家弗里茨·斯特拉克（Fritz Strack）做过一项备受关注的研究，试图揭示面部表情对我们情绪的影响究竟有多深远。[8]研究中，参与者被要求用牙齿轻轻咬住一支笔，让面部肌肉自然地呈现出类似微笑或皱眉的状态。随后，他们对一系列漫画的趣味性进行了评价。有趣的是，这些参与者并未被告知需要做出带有情感意义的表情，他们甚至没有意识到自己是在微笑或皱眉——他们的任务仅仅是专注于咬住笔。然而，这种简单的肌肉运动却向大脑传递了信号，而大脑一直在通过肌肉反馈来判断人的情绪状态。结果显示，那些面部肌肉处于微笑状态的人，普遍觉得漫画更加有趣。

尽管这项研究在可重复性方面引发了一些争议（这也是近年来科学界常见的现象），[9]但斯特拉克的结论并未因此被推翻。[10]自1988年首次发表以来，研究人员不断尝试类似的实验，并根据不同的调整得出了多样化的结果。（可以想象，许多博士学位正是基于对斯特拉克研究的深入探讨而完成的。）田纳西大学和得克萨斯农工大学的研究团队综合分析了138项相关研究的数据，[11]最终得出结论：微笑确实能够改善我们的心情。为了进一步验证这一发现，世界各地的实验室开始携手合作，共享数据资源。斯坦福大学的年轻研究者尼古拉斯·科尔斯（Nicholas Coles）也积极参与其中，他协助组织了多个实验室联合实验。科尔斯表示，初步研究表明，"微笑不仅能够放大已有的快乐情绪，还能在原本缺乏情绪波动的情况下激发愉悦感"。[12]

如果你正在思考除了面部反馈假说之外的其他可能性，比如安慰剂效应是否可能解释微笑带来的幸福感提升，那么研究人员已经提前考虑到了这一点。虽然有人认为，一旦人们预期微笑会让他们更快乐，这种效果就会自动显现，但科尔斯指出，在 29 个国家进行的 6 项实验表明，即使明确告知参与者面部表情不会影响情绪，微笑依然能带来积极的效果。[13]

小时候，我有时会在家里四处晃悠，脸上带着典型美国郊区青少年那种闷闷不乐、满腹委屈的神情。父亲戏称这种表情为"那副模样"。他会靠近我，露出夸张的笑容，温柔地说："试着笑一笑吧！"说实话，当时我对他的建议并不买账，甚至还有些反感。那时，我阅读了许多关于女性主义的书籍，了解到女性在过去几个世纪中常常被教导要通过微笑展现温顺与友善。相比之下，选美皇后和艺伎固然会微笑，但忧郁的知识分子和诺贝尔奖得主似乎并不需要这样做。然而，随着时间的推移，我对父亲的建议有了新的理解。他只是希望我能更快乐，并且直觉告诉他，微笑或许是一种简单而有效的方法。他特别喜欢纳特·金·科尔（Nat King Cole）的一首歌，这首歌鼓励人们即使面对恐惧和悲伤也要微笑，他认为这是一种让自己重拾快乐的智慧。

多年以后，当我离开家很久，父亲也渐渐老去时，他经常播放这首歌来激励自己。从埃里克·克莱普顿（Eric Clapton）到芭芭拉·史翠珊（Barbra Streisand），再到最近的 Lady Gaga，许多艺术家都演绎过这首经典歌曲。它不仅仅告诉我们情况会变好，还为我们提供了一种实际的方法——微笑可以帮助我们驱散阴霾，重新感受到阳光的温暖。

我的父亲和纳特·金·科尔都没有具体教我如何微笑，但模特泰拉·班克斯（Tyra Banks）提出了一个有趣的技巧——"眼笑"，即用眼睛和嘴巴一起微笑。她在 21 世纪初的电视节目《全美超模大赛》

（*America's Next Top Model*）中向年轻女性传授了这种方法，尤其是在新冠疫情时期，戴口罩成为常态后，这一技巧受到了更多关注。她解释说，真正的"眼笑"源于内心深处的喜悦，当我们想到令人开心的事情时，这种微笑便会自然流露。

学术上，这种微笑被称为杜兴微笑（Duchenne smile），以 19 世纪法国医生杜兴·德·布洛涅（Duchenne de Boulogne）的名字命名。他通过电流刺激研究面部肌肉，发现只有牵动眼周肌肉（即眼轮匝肌）的微笑才能真正表达内心的愉悦。研究表明，当我们学会模仿这种微笑时，心情改善的效果会更加显著。

这一切又让我们回到了肉毒毒素这个话题，以及肯尼思·阿恩特和他的同事们在一篇早期论文中提出的观点：注射肉毒毒素以减少面部皱纹可能会产生"减轻负面情绪的内在感受"这一副作用，还能让患者"不那么容易生气、悲伤和恐惧"。就药物副作用而言，这些算得上是相当不错的"副作用"了。

肉毒毒素之所以引起神经学家的关注，是因为它为研究身心联系提供了独特的视角。德国年轻研究员安德烈亚斯·亨内洛特（Andreas Hennenlotter）致力于探索注射肉毒毒素后大脑神经活动的变化。为此，他采用了现在很流行的磁共振成像技术，在不同条件下对受试者的大脑活动进行扫描。实验中，他要求受试者模仿愤怒的表情，并发现由于肉毒毒素的作用，面部肌肉无法正常收缩形成皱眉时，大脑左杏仁核的激活程度显著降低。这一研究结果或许可以为那些希望避免受虚荣心驱动而选择肉毒毒素的人提供一个合理的理由：注射肉毒毒素后，个体对愤怒及其他负面情绪的感知强度可能会有所减弱。[14]

基于这一发现，亨内洛特博士进一步探索了肉毒毒素在治疗轻度抑郁方面的潜力。在一项小型研究中，90% 的参与者在接受注射后症状得到了缓解。尽管这一数据看似过高，但其核心概念经受住了考验。[15] 阿恩特博士报告称，在针对重度抑郁患者的研究中，约 50% 的人通过肉毒毒素注射获得了改善，而对照组中接受生理盐水注射的患者改善比例仅为 15%（这正是安慰剂效应的力量所在）。尽管相关研究仍处于初期阶段，但肉毒毒素与情绪调节之间的联系似乎值得进一步探讨。

最后，无论你是否认同这些科学发现，不妨尝试在心碎或心情低落时微笑一下。也许，你真的可以借此欺骗大脑，让它相信快乐就在眼前。

第 3 章
你混乱的思维

你把甜甜圈中间的洞看作一片空白，还是将其本身视为一个实体，这纯粹是个形而上学的问题，丝毫不会影响甜甜圈的味道。

——村上春树（Haruki Murakami）

不了解身心之间的完整联系，可能会让我们无意中做出一些适得其反的行为。举个例子，如果你住在拉斯维加斯，并且手头有 55 美元想要花掉，你可以选择在轮盘赌上下注，或者用这笔钱去体验一下"粉碎罪恶之城"（Sin City Smash）提供的 10 分钟"狂怒室"活动。穿戴包括安全帽和工作服在内的防护装备后，你会拿到一把大锤或一根球棒，然后被带进一个装满可砸物品的房间。过时的电子产品（比如那些旧的家用录像播放器终于有了用武之地）以及盘子、玻璃杯等物品常常会被放置其中。据说，10 分钟的砸东西体验可以帮助你释放压抑的愤怒和压力。如果你特别生气，还可以选择花费 95 美元升级为 25 分钟的高级套餐，里面可能包含更新的电脑显示器和更精致的盘子供你破坏。

在拉斯维加斯，比砸东西更疯狂的事情确实不少。但就像其他拉斯维加斯的娱乐活动一样，这种看似有趣的体验也可能带来意想不到的后果。研究表明，狂怒室不仅无法有效释放愤怒和负面情绪，反而可能让这些情绪变得更强烈。艾奥瓦大学的一项研究发现，击打沙袋不仅不会减轻愤怒，反而会让人们变得更加愤怒且攻击性更强。[1] 这其实并不难理解，因为一旦我们意识到身心之间的联系是双向的，就会明白，当我们捶打枕头、对着毛巾尖叫或摔碎瓷器时，身体会释放出与危险、愤怒和攻击性相关的化学信号。大脑接收到这些信号后，我们的情绪状态可能会真正转向愤怒或过度攻击性。

"粉碎罪恶之城"将自己定位为一种娱乐项目，如今类似的"愤怒室"也在纽约布鲁克林、得克萨斯州奥斯汀等时尚地点逐渐流行起来。如果和一群同事一起去那里喝几杯啤酒、开怀大笑一番，倒也不会有什么坏处。不过，请不要期待离开时会感到放松和平静，因为生理反应往往与此相反——你可能会感觉更加好斗和亢奋。

我们为什么会认为让身体处于愤怒状态能够帮助心灵平静下来呢？从生理学角度来看，这种想法其实并不合理。这一观念可以追溯到弗洛伊德（Freud）（当然，他的许多其他理论也存在争议）。他认为，当负面情绪累积时，会产生类似高压锅或液压发动机中的压力，需要通过某种方式释放出来。这种释放过程被称为"宣泄"。如果不及时释放压力，它可能会导致情绪爆发。

然而，问题在于，人类并不是像茶壶那样需要定期释放蒸汽的简单装置。一位心理学家曾幽默地告诉我，弗洛伊德似乎对儿歌《我是一只小茶壶》（*I'm a Little Teapot*）的理解有点过于字面。[2] 在过去大约 50 年里，心理学家对"宣泄理论"进行了大量研究，结果几乎找不到支持弗洛伊德观点的证据。事实上，研究发现的情况恰恰相反。俄亥俄州立大学的讲席教授布拉德·布什曼（Brad Bushman）在分析了数十年的研究数据后总结道："试图通过宣泄来减少愤怒，就像用汽油灭火——只会让火焰烧得更旺。"[3]

大喊大叫会让你更愤怒

由于布什曼教授是研究攻击性和暴力成因方面的权威专家，我非常期待能与他探讨弗洛伊德理论中的这些误解。当我提到他在科学界以"破除神话者"著称时，他笑着表示认同，并补充道："我喜欢挑战那些与科学证据相悖却广为流传的观念"。

如果你觉得捶打枕头或对着毛巾大喊大叫能够帮助你缓解愤怒情绪，布什曼的研究结果可能会让你重新思考。他指出，愤怒通常伴随着高度亢奋状态。当我们感到烦躁时，血压会升高，心跳也会加速。"如果你想平息愤怒，就不应该让身体的兴奋水平进一步提高。"他说。无论是大声喊叫、踢打、尖叫，还是击打沙袋（即使是在高档健身房里），这些行为实际上都会增加生理上的亢奋感。

在一项大型研究中，布什曼将参与者分为三组。他首先通过虚构的情境让每个人都对一个批评他们的人感到愤怒。随后，第一组人被允许击打沙袋，并被告知要想象批评者的样子——"把他们的脸想象成沙袋！""尽情释放你的愤怒吧！"第二组人同样可以击打沙袋，但被要求将这一活动视为锻炼身体的方式。第三组人则被要求安静地坐着，既不踢不打，也不大声尖叫。之后，所有人都有机会面对那个让他们生气的"对手"。布什曼通过让他们用耳机向对方播放高强度噪声来衡量他们的攻击性。（相比刀枪，这种方法显然更适合实验室环境。）结果如何？无论是在哪种情况下击打沙袋的人，都比安静坐着的那一组表现出更强的攻击性。发泄不仅没有让他们平静下来，反而让他们更加愤怒。

在另一项研究中，布什曼和他的团队向参与者展示了一篇假的文章，声称发表在权威的《科学》（Science）杂志上，内容提到哈佛大学的一项研究表明发泄愤怒是有效的。虽然这一切都是虚构的，但他们希望通过这种方式测试安慰剂效应——如果人们相信某种方法能改变自己的情绪，它真的会起作用吗？

"我们成功地影响了人们的信念，"布什曼告诉我，"但即便如此，发泄仍然没有效果。"尽管参与者预期击打沙袋能够消除怒气，但那些尝试过拳击的人在实验结束后依然表现得最为愤怒和具有攻击性。"这可以称为'反安慰剂效应'，对于发泄理论来说，这应该是最具说服力的反驳了。如果一种方法即使在人们相信它有效的情况下仍然不起作用，那这就是非常有力的反驳证据。"

尽管有如此令人信服的证据表明发泄并不能真正解决问题，但根深蒂固的想法往往很难改变。自 20 世纪 80 年代以来，一家名为"猛击它！"（Wham It!）的公司一直在销售一款 40 英寸⊖高的充气袋，声称它可以帮助人们释放挫败感，只要用力击打就能"彻底解决压力和愤怒问题"。此外，一些流行心理学还建议人们将惹恼自己的前任配偶的照片放在枕头上，然后用泡沫棒敲打它。我的一位朋友为了处理他对父亲几十年来的积怨，特意花重金咨询了一位纽约上东区的心理医生，结果医生建议他在想象父亲形象的同时反复向空中挥拳。当我对这种方法提出疑问时，他显得有些不悦。

"这确实有效。"他坚持说。随后，他压低声音补充道："当我挥拳的时候，我忍不住流下了眼泪。"

我完全相信这个动作让他产生了强烈的情绪反应，但原因可能与他所想的恰恰相反。他并不是在释放对父亲的愤怒，而是在反复强化这种情绪。

布什曼告诉我："人们发泄情绪时，往往会不由自主地反复回想那些让自己生气的事情。然而，大量研究显示，这种反复思考的方式其

⊖　1 英寸 =2.54 厘米。

实是一种不太明智的选择。我们并不建议一再重温那些令你感到愤怒的瞬间。对着空气挥拳，同时不断回想自己所遭受的不公待遇，这样的方式不仅无法真正解决问题，还可能让情绪变得更加复杂。"

尽管已有许多研究表明，大喊大叫或打人不仅无法真正实现情绪的宣泄，反而可能适得其反，但为什么人们仍然习惯于用这种方式来表达情绪呢？布什曼解释道："那一刻，确实会让人感到一种短暂的舒畅感，就像吃巧克力或者使用某些物质一样，虽然它们能带来片刻的愉悦，但显然并不是解决情绪问题的最佳方式。"

那么，什么方法才是有效的呢？我该如何建议我的朋友，让他不再对着空气挥拳，而是尝试其他方式呢？布什曼的研究让我确信，试图通过身体动作来释放愤怒往往是适得其反的。也许最好的办法是学会忽略这些负面情绪。我向布什曼提到了查尔斯·达尔文的观点：表达一种情绪会使其加剧，压抑一种情绪则会让它逐渐减弱。难道多年来人们对压抑情绪的负面评价其实是错误的？或许英国人倡导的"硬汉形象"才是正确的，我们应该"保持冷静，继续前行"。

布什曼礼貌地听完了我的想法，但他并不完全认同。"从降低负面情绪的角度来看，压抑确实比发泄更好，但这两种方式对心脏和精神健康都不利。"他提出了另一种解决办法。

"让我们回到茶壶在炉灶上的比喻。当你看到压力不断积聚时，似乎只有两个选择：要么宣泄出来，要么把蒸汽憋在壶里。但实际上，还有一个更好的选项，那就是调小炉火。"

当你生气并开始大喊大叫时，你会发现自己变得更加愤怒。紧张的身体状态会向大脑发送信号，促使它进一步激发这种情绪。这就像一个两岁的孩子发脾气时，他会踢腿、捶打，身体会变得越来越激动。在这种情况下，试图通过讲道理让他冷静下来通常是无效的，但如果你把他抱起来紧紧搂住，他通常会慢慢平静下来。身体的放松会告诉过度紧张的大脑："其实事情并没有那么糟糕。"

当你感到愤怒时，想要让自己更快乐，秘诀在于降低身体的亢奋程度。这样，情绪自然也会随之平复。数到 10 再回应的老办法之所以有效，是因为随着时间推移，亢奋水平会自然下降，就像炉火逐渐减弱一样。你可以试试托马斯·杰斐逊（Thomas Jefferson）的建议：生气时数到 10，非常生气时数到 100，以此来改善心情。布什曼还给出了一些分散注意力的方法，比如抚摸小狗、泡个热水澡、散散步、点支蜡烛、做做填字游戏等，这些都可以帮助你缓解身体的紧张感。

至于去发泄室砸东西？如果你喜欢让自己满脸通红、汗流浃背、越来越愤怒，那就去吧。但如果你想让自己心情变好、更快乐，不妨考虑去宜家家居逛一逛，说不定会有意想不到的效果。

理解你纷繁复杂的内心世界

我们的大脑虽然聪明，但有时在解读身体信号时也会犯一些小错误。那天早上，我躺在床上，突然感到莫名的情绪低落，甚至不想起床。是什么让我如此沮丧呢？仔细想想，我的生活似乎并没有什么特别不对劲的地方，于是我开始带着些许忧郁思考起世界上的那些大问题。我叹了口气，翻了个身，拿起一张纸巾轻轻擦了擦红肿的、泪汪汪的眼睛。其实，我并没有哭，只是前一天眼部感染了，整晚的泪水浸湿了我的枕头。

就在纸巾举到半空中的那一刻，我突然停了下来。会不会是我的眼睛流泪和这种消沉的情绪之间有什么联系呢？虽然这些泪水是由细菌引起的，而非情绪所致，但从生理角度来看，我的身体已经经历了好几个小时的"哭泣"。大脑接收到这些神经信号后，传递出了情绪低落的信息。我原本以为自己的头脑会更聪明些，但现在看来，或许我低估了它的局限性。神经学家安东尼奥·达马西奥曾说过："所有的情绪都以身体作为舞台。"[4] 几乎就在我把情绪低落与流泪联系起来思考的那一刻，我的心态发生了明显的变化。世界似乎也没那么糟糕了。

当外部事件引发身体状态的变化时，大脑会努力去理解这些变化。然而，问题在于，身体症状并没有附带使用说明书。例如，眼睛红肿流泪可能是因为悲伤或抑郁，也可能仅仅是因为你在切洋葱准备晚餐。面对任何一组症状，一位经验丰富的医生通常会考虑多种可能的原因，并选择最有可能的那个。我们的大脑也是如此。它通常能够分辨出像切洋葱这样的简单原因，但对于其他情况，区分起来就没那么容易了。如果你感到心跳加速、手心出汗、呼吸急促，这可能意味着你对身旁的人产生了心动的感觉，也可能只是因为你感到害怕。如何判断是哪种情况呢？由于肾上腺素激增的症状非常相似，我们的大脑很容易出现误判。事实上，这种情绪的错误归因比我们意识到的要频繁得多。

有一项著名的研究很好地说明了这一点，研究人员让男性参与者走过一座摇晃的吊桥。[5] 当参与者走到桥中间时，一名女子以实验为由停下来与其交谈，并留下了电话号码。结果发现，大约有一半走过吊桥的男性后来给她打了电话。他们是因为被她吸引了吗？也许吧。但也有一种可能性是，当他们站在那里与这位女士交谈时，把心跳加速归因于她的存在，而不是承认自己其实是被吊桥吓到了。作为对照，研究人员还安排了一些男性参与者在走过一座坚固的桥时与这位女士见面。由于这座桥并不让人感到害怕，所以这些人没有像走过吊桥的男士那样出现心跳加速、手心出汗或呼吸急促的情况。最终，只有大约20%走过坚固的桥的参与者后来给这位女士打了电话。

过山车为何令人心驰神往

受到桥上实验的启发，一些通俗杂志开始推荐情侣们将乘坐过山车作为初次约会的理想选择。当潜在的约会对象在体验心跳加速、兴奋不已时，他们可能会把这种由恐惧引发的生理反应误解为"对方非常有吸引力"。毫无疑问，六旗游乐园因此获得了不少关注和收益。我深信，未来一定会有研究者去探讨，在加利福尼亚州的"巨人"过山车上，参与者以每小时 70 英里的速度从 255 英尺 ⊖ 的高空俯冲而下之后，有多少人因此建立了更亲密的关系。类似的模式或许也能解释为什么像《惊声尖叫》（ *Scream* ）、《月光光心慌慌》（ *Halloween* ）和《猛鬼街》（ *Nightmare on Elm Street* ）这样的恐怖电影在约会之夜备受青睐，并且拍了众多续集。

如今，随着我们对两性关系有了新的理解，这些现象听起来可能有些低俗。但希望我们可以将对错误归因的理解应用于更积极的方向，而不是仅仅用于暗中勾引异性。无论如何，这并不改变一个事实：我们的身体始终在发出信号，而大脑会对其进行解读——无论正确与否。

过山车和《惊声尖叫》系列电影支持了心理学家斯坦利·沙赫特（ Stanley Schacter ）和杰罗姆·辛格（ Jerome Singer ）提出的双因素情绪理论。第一因素是生理唤醒。当你的身体开始兴奋时，这种兴奋的程度决定了情绪的强度。第二因素是认知的作用。它试图弄清楚："到底是什么引发了这一切？"大脑会扫描感官输入和身体反应，努力寻找背景信息来解释当前的状态。

例如，当你在医生办公室等待检查结果时感到心跳加速，大脑可能会得出一种结论。而同样的心跳加速发生在你的爱人走进房间时，会产生完全不同的感受。在早期验证这一理论的实验中，沙赫特和辛

⊖　1 英尺 =30.48 厘米。

格给参与者注射了肾上腺素，但没有告诉他们会有什么反应，随后让他们接触表现得或兴高采烈或愤怒的人。结果发现，第二个因素开始发挥作用，参与者很快得出结论，认为自己也处于兴高采烈或愤怒的情绪中。

这项研究以及摇晃的桥让我想起了刚搬到纽约时与室友的一次对话。她从美国中西部的一个小镇来到这座城市，梦想成为一名模特。尽管外表天真，但她实际上非常精明。一天晚上，她约会的男生很晚才离开，我问她那个晚上过得怎么样。

"他说他爱我。"她回答道。

"这听起来挺认真的。"我说。

她翻了个白眼，笑着说："拜托，当时我们躺在床上，他正处在兴奋状态。那种时候可别轻易相信'我爱你'。"

我们都哈哈大笑。或许她不是个浪漫主义者，但她确实很有智慧。当人处于性兴奋状态时，心跳加速，身体的欲望达到顶点，大脑会急切地寻找情境来解释这一切。然而，在这种情况下，判断很容易出错。究竟是爱、是激情，还是单纯的身体欲望？在冷静下来后，新的信息可能会改变我们对当时的评价。

从误读中寻找积极力量

最近，我看到一张非常受欢迎的动图，是著名女演员露西尔·鲍尔（Lucille Ball）在短短几秒钟内从开怀大笑转为泪流满面。这张动图特别引人入胜。她那充满表现力的脸庞生动地展现了喜悦与痛苦这两种情绪，并且从一种情绪过渡到另一种情绪的过程显得十分自然。之所以觉得有趣，也正因为它的真实性——这两种情绪都达到了极致。或许你也遇到过这样的人，他们在情绪激动时全身颤抖、泪水涟涟，甚至分不清自己是在笑还是在哭。这真的那么难分辨吗？从生理反应的角度来看，这两种情绪确实非常相似。我们的大脑需要结合情境、背景和环境来区分它们，即便如此，两者的界限有时仍然模糊不清。我的一位朋友告诉我，每次参加婚礼时，她都会在仪式上激动得说不出话来，喉咙哽咽，眼泪在眼眶里打转。"我就坐在那里想，我是因为这对新人的未来感到无比喜悦，还是因为他们未来的幸福可能不如预期而感到一丝绝望？"

喜悦还是绝望？我们的大脑会根据身体的感觉和周围的环境输入信息，然后决定如何解读这些情绪。这意味着我们拥有巨大的潜力去改变自己的情绪状态。例如，当我的朋友在婚礼上感到哽咽时，她可以选择将这种情绪理解为悲伤，因为她的婚姻可能没有达到她在自己婚礼当天所期待的完美程度。或者，她也可以选择以更积极的方式看待同样的身体感受，告诉自己："我被这对年轻夫妇的爱情深深感染了，我感到温暖、快乐，并充满了对他们的祝福。"

"情绪是你的大脑对身体感觉的最佳猜测，"美国东北大学心理学教授莉莎·费德曼·巴瑞特解释道，她的研究专注于情绪是如何产生的。"情绪看似是我们无法控制的反应，但实际上，情绪是由我们自己创造的。"[6]

你的身体会发出信号，而潜意识会先试着去解读这些信号。不过，你并不需要完全听从那些神经元的"指挥"。你可以主动调整对这些信号的理解方式。学会重新评估身体发出的信号，不仅能让你在婚礼上更加愉悦，还能带来更多的积极影响，比如提升你在工作中获得加薪的机会，甚至改善你在卡拉 OK 中的表现等。

如果你想改变对某种情绪的解读方式，不妨先思考一下你的身体已经传递出哪些信息。比如，当你即将发表演讲、与老板会面或进行第一次约会时，你的身体会意识到即将到来的挑战，于是释放荷尔蒙让你的身体做好准备。这时，你可能会心跳加速、手心出汗、呼吸急促，然后对自己说："冷静下来！"

好主意，但这里存在一个问题。当你处于平静状态时，这些身体症状通常不会出现。如果让大脑去抗拒身体传递的所有信号，可能很难取得理想的效果。相比之下，更好的方式是从你的身体状态出发，并确保对这些信号的解读与实际情况相匹配。

既然大脑有时会误读身体传递的信息，为什么不试着以一种积极的方式给它一些引导呢？哈佛商学院的艾莉森·伍德·布鲁克斯（Alison Wood Brooks）教授提出了一个非常巧妙的想法，来帮助我们理解这一原理在现实生活中如何发挥作用。焦虑和兴奋这两种情绪是我们在日常生活中经常体验到的，它们在身体上的表现其实非常相似。无论是哪种情绪，都会让你进入一种由肾上腺素激增引发的高度唤醒状态。比如，当你即将与老板开会时，大脑可能会将这种情境解读为压力，从而让你陷入焦虑的情绪中。然而，布鲁克斯教授建议我们可以尝试做一个简单的心理转换：

与其告诉自己"我对这次会议感到紧张不安"，不如试着对自己说"我对这次会议充满期待和兴奋"。

这样一来，原本因肾上腺素飙升而产生的生理反应，就会从让人感到不适转变为令人愉悦且充满动力的感受。

这种方法真的有效吗？

在一系列实验中，[7] 布鲁克斯教授设计了多种情境，让参与者置身于可能让人感到紧张的场景之中，例如发表演讲或参加数学测试。其中有一个实验特别引人注目，甚至光是听到描述就让我感到紧张，那就是在他人面前进行卡拉 OK 表演，具体来说，是要演唱 Journey 乐队的经典歌曲 *Don't Stop Believing* 的第一段。（我唱歌向来五音不全，所以每位参与者因为参与这项挑战能获得 5 美元奖励，似乎并不算多。）

在实验开始前，她引导一部分参与者说出"我很紧张"，另一部分则表达"我很兴奋"，还有一组作为对照组，保持中立状态，不作任何表述。随后，参与者被带入另一个房间，拿到麦克风完成表演。（说实话，即使只是写到这里，我的心跳都不由自主地加快了。）表演结束后，系统通过软件对每位参与者的演唱表现进行了客观评分。

结果表明，这个干预措施虽然简单，却非常有效。那些说自己"我很兴奋"的参与者不仅得分更高，而且自我感觉也更好。在涉及公开演讲和数学测试的其他部分实验中，同样出现了这样的结果。"我很兴奋"组的表现被独立评估者认为优于其他组，同时这一组对自己的评价也更加正面。

布鲁克斯认为，焦虑转化为兴奋的技巧之所以有效，是因为这两种情绪属于她所说的"唤醒一致"（arousal congruent）。也就是说，身体在这两种情绪下的反应几乎相同，但结果却截然不同。焦虑会让人感到糟糕，并干扰表现，兴奋则是积极且令人愉快的，能够帮助我们更好地完成任务。

布鲁克斯总结道："我们如何用语言表达和思考自己的感受，实际上会影响我们真实的情绪体验。"

这项研究成果发表在美国心理学会的杂志上，研究看起来非常严谨可靠。布鲁克斯教授认为，你尝试这种方法的次数越多，你就会越快乐。我觉得她的观点很有道理。

从压力中看到希望

在写《感恩日记》时，我深刻体会到了重新审视事物的力量。生活中发生的事情我们未必总能掌控，但我们可以选择如何看待它们。无论问题多么棘手，我们都可以停下来，寻找其中的积极面。我的丈夫在这方面特别擅长。前几天晚上，他在回家的路上堵车堵了一个半小时以上，这足以让大多数人感到崩溃。

"你一定觉得挺沮丧的吧？"他终于进门时，我关切地问道。

"还好，没那么糟。"他微笑着回答。他放下公文包，在我脸颊上轻轻亲了一下。"我在车上听了一本非常有趣的书，还挺享受的。我很高兴能趁开车的时间多听完一两章呢。"

重新审视并不能改变糟糕的事情本身，但它可以帮助我们以不同的方式看待所发生的一切。几乎在任何情况下，我们都可以尝试这种思维方式。当我感到沮丧或生气时，我常常会让自己停下来，静下心来思考：这件事中有没有值得感恩或积极的一面呢？我会耐心地待在原地，直到找到哪怕一点点的亮点，来为我的心情带来一丝温暖和慰藉。

焦虑与兴奋的实验告诉我们，重新构建（或者更具体地说，重新命名）同样可以作用于情绪管理。就像我的丈夫把原本令人疲惫不堪的晚间通勤时间转变成了享受听有声书的美好时光一样，我们也可以通过这种方式，为自己正在经历的情绪找到一个新的、更加积极的解读角度。

情绪重构可能会带来意想不到且持久的积极影响。在一项研究中，即将参加 GRE 的学生被邀请到实验室参加模拟测试。[8] 考试通常会让大多数考生感到紧张，而当这是一场关乎未来的重要考试时，压力会更加明显。研究表明，焦虑往往会削弱人的表现，但在这项实验中，一些学生被告知身体的兴奋感实际上有助于提升表现。他们被告知，紧张的能量是身体调动起来全力以赴的一种表现，这种焦虑不仅不会损害成绩，反而可能帮助他们取得更好的结果。

结果如何？接受"焦虑有益"心理暗示的学生在模拟 GRE 测试中的表现显著提高。[9] 不仅如此，当他们在一两个月后参加真正的 GRE

考试时，成绩依然保持在较高水平。领导这项研究的杰里米·贾米森（Jeremy Jamieson）教授称这一过程为"重新评估"。他认为，当我们意识到焦虑的存在，并期待它带来不同的结果时，这种期待真的会产生积极的影响。

贾米森教授在哈佛大学做博士后期间完成了这项研究。（很高兴看到关于身心联系的研究得到了常春藤盟校的认可！）

如今，他是罗切斯特大学的副教授。当我称赞他关于模拟 GRE 测试研究的成果时，他谦逊地转移了话题，反而兴奋地向我介绍了他最近发表在《自然》（Nature）杂志上的一篇论文。这篇论文进一步探讨了如何以积极的方式重新理解压力。他和同事们与来自不同种族、社会经济背景的学生展开合作，共同探索以积极正面的角度看待压力所带来的长期影响。

他说："人们普遍认为压力是负面的，一旦感受到身体的压力反应，就会想尽办法摆脱它。但实际上，压力有多种形式，我们希望教会人们将压力视为一种有用的资源。"[10]

压力是有益的？这个观点可能听起来有些陌生，甚至很少有人提到过。其实，压力反应早在很久以前就进化出来了，它最初的目的是保护我们（或者我们的祖先）免受身体上的危险。过去几十年里，研究人员普遍认为，当我们面对的是日常情绪紧张，而非突发的身体挑战时，压力期间体内激素的变化可能会带来一些负面影响。例如，肾上腺素激增和皮质醇水平上升，这种反应或许能帮助你从一头冲过来的野牛面前逃生，但如果压力事件是参加一个你不认识任何人的晚宴，那么这种反应可能就显得不太合适了。在上述两种情况下，压力反应都会让血液集中在身体的核心部位，而不是流向四肢。（没错，当你感到害怕时，你的脚真的会变得冰凉。）这种反应在面对野牛攻击时，可以减少失血过多致死的风险，但在晚宴上，它可能只会让你更想穿上一双毛茸茸的拖鞋来取暖。

贾米森教授指出，关于压力反应与现代问题不相容的传统观点或许需要重新审视，或者换个角度去理解。

他说："压力反应实际上是一套帮助我们应对艰难挑战的工具。兴奋的表现并不一定是负面的。"身体的变化本身并没有害处，关键在于我们如何看待它们。"对生理应激反应进行积极解读，意味着理解心跳加速是在为大脑输送更多富含氧气的血液，从而让我们能够更快地处理事情。这些变化其实是身体在调动更多能量，让我们更专注、更有活力。"

这种方法的巧妙之处在于，它让身体和大脑不再相互对抗，而是协同工作，共同为我们的成功做好准备。"压力的本质是投入。如果你不在乎，就不会感到压力，"他说，"有时，我们需要进入高度兴奋的状态才能发挥出最佳水平。传统建议告诉我们，遇到压力时要退一步、休息一下，但这未必是最好的方法。有时候，我们需要勇敢地面对困难。"

心理学家卡罗尔·德韦克（Carol Dweck）开创性地研究了固定型思维模式和成长型思维模式之间的差异。固定型思维的人倾向于将所有经历视为证明自己聪明或无能的证据，成长型思维的人则把每一次测试或挑战都看作提升自我的机会。拥有成长型思维的人更容易因过程本身而投入，因为他们不怕失败，努力和困难的意义也因此发生了转变。当你面对未知时，你不会觉得自己笨，而是会感到兴奋，因为你的神经元正在建立新的连接，让你变得更聪明。

贾米森和他的团队意识到，"压力有益"的观点与成长型思维之间存在很强的协同作用。如果我们能够将兴奋状态下身体的反应视为令人兴奋且可控的，那么挑战就会变得更加有趣且易于应对。"与其试图摆脱压力，不如把它当作一种工具，"他说，"这样的心态转变可能会带来巨大的不同。"

　　几天后，我受邀为 400 人做了一场关于感恩的演讲。走上台时，我才意识到自己忘了服用平时用来缓解紧张的 β 受体阻滞剂。（也许是我的潜意识故意忘记的？）不过没关系，我给了观众一个灿烂的笑容，感觉完全掌控住了局面。演讲开始后不久，我的心突然狂跳起来，全身发热、汗流浃背。

　　过去，我可能会陷入自我怀疑——"我的声音会颤抖，这次肯定搞砸了！"但现在，我知道这些症状只是暂时的。我告诉自己："这是兴奋的表现，我已经准备好大展身手了！"果然，不到一分钟，症状就消失了，我继续以饱满的热情完成了演讲。

　　贾米森教授目前正在研究 β 受体阻滞剂是否真的会让表演变得平淡无奇，尤其是对歌手和音乐家而言。初步结果显示，观众能够感知到情绪的变化，适度的积极压力反而会让表演更具吸引力。

　　那天的演讲是我多年来表现最好的一次。也许正是因为我学会了让身心协同工作，才取得了这样的效果。这个想法让我对未来充满期待！

第 4 章
让感官带给你快乐

身体稍向前倾，让吉他贴近胸膛，这样，音乐的诗歌便能在你的心中久久回荡。

——安德烈斯·塞戈维亚（Andrés Segovia）

最近，一位邻居拿着一个刚出炉的大面包来到我家门前。她刚刚把房子挂牌出售，房产经纪人建议她在厨房多花些时间。在房产经纪人之间一直流传着这样一条经验：空气中弥漫着令人感到舒适的气味，会让潜在的买家感到温馨惬意，从而更愿意出价购买。我觉得光靠面粉和糖就能达到这种效果似乎有些夸张，于是我向邻居道谢后，开始对这个现象进行一些研究。

很快我便发现，气味确实对情绪和情感有着强大的影响。哈佛大学分子与细胞生物学系主任文卡特什·穆尔蒂（Venkatesh Murthy）表示，气味几乎瞬间就能抵达大脑的边缘系统，而边缘系统正是负责情绪和记忆的部分。这就是为什么气味如此容易唤起怀旧情感。比如，某天下午你可能会突然想起大学时的男友，然后意识到附近有人喷了相同的香水。最近，我打开阁楼里的一盒旧玩具，闻到了我大儿子蹒跚学步时抓在手里的毛绒玩具的味道。尽管这气味有些刺鼻，但它却让我回忆起当时两岁儿子的快乐时光，以至于我实在舍不得把心爱的玩具扔掉。

大脑的结构解释了为什么记忆和气味之间有如此紧密的联系。毛绒玩具的气味直接进入了我的海马体，那里也是存储记忆的地方。在我有任何意识思考之前，气味和记忆就已经自然地融合在一起了。布朗大学的心理学家蕾切尔·赫茨（Rachel Herz）说，这类气味能够"增强积极情绪，减轻消极情绪状态"。虽然其他人可能会觉得旧毛绒玩具的味道有点儿难闻，但对我来说，它唤起了儿子童年的快乐和阳光，让我的心情一整天都变得格外美好。

除了与快乐记忆的联系外，气味还能以其他方式让我们感到满足或愉悦。例如，澳大利亚的一项研究表明，新割的青草的气味能让人感到更加放松和快乐。从我们对大脑结构的了解来看，你可能会猜测，闻到新割的青草的气味会立刻让人联想到在户外欢快玩耍的记忆。这听起来合情合理，但实际上情况要复杂得多。昆士兰大学负责这项研究的神经科学家尼克·拉维迪斯博士（Dr. Nick Lavidis）指出，草本身就有让人感到愉悦的能力。当草被割断时，它会释放出某些化学物质，这些物质会影响人的内分泌系统，而内分泌系统正是调节压力激素的地方。因此，即使你童年时从未接触过草地，新割的草仍然可以通过改变你的激素水平来影响你的心情。

这一切又让我想起了邻居卖房时用的那招。我没有找到任何研究证明新鲜出炉的面包（像割草那样）含有可以直接改善心情的化学物质，所以烤面包这一招主要是通过唤起美好的回忆来发挥作用。这话不假，但我认识的人里，没几个是在家里经常闻到新鲜出炉的面包香气的。对某些人来说，这种气味可能直接绕过海马体，毫无影响，随后理性大脑就会开始运作：哦，他们是想让这里闻起来像在烤面包。该不会是为了掩盖霉味吧？至少，我愿意这么想，因为相信我们对自己的思想和情绪大多能够掌控，这会让人感到安心。但事实并非总是如此。即使与你的生活毫无直接关联，一种宜人的气味也能将它的甜美悄然植入你的脑海，或许是在唤醒某种根植于进化深处的记忆。对于我们的远古祖先来说，春天绽放的花朵意味着安全而充足的食物来源。这种对甜美气味的愉悦联想，至今仍留存在我们心中。

凯特·科尔（Kat Cole）在 21 世纪初掌管 Cinnabon 公司时，深知感官的力量可以超越我们的理性思维。那些年，任何走过商场或机场的人都会记得那扑面而来的甜蛋糕的香气，它如同狂欢节招揽顾客的吆喝声一般，强烈地吸引着你走进去。科尔当时刚 30 岁出头，已经担任过猫头鹰餐厅（Hooters）的总裁，她明白，最直接的感官体验往往是促成大额销售的最佳工具。如果你想说服人们去品尝一种含有 880卡路里、脂肪和糖分含量是糖霜甜甜圈五倍的零食，那就不能让理性大脑有任何发挥的余地。

科尔发起了一场感官攻势。她把烤箱放在店铺的最前面，这样烤制肉桂卷的香味就能轻易地飘散到公共区域。她还建议店长每隔 30 分钟就在烤箱里放上肉桂和红糖片，以增强肉桂卷的香气。"这种诱惑黏糊糊的，美味无比，叫人难以抗拒。"她愉快地说道。为了防止香味顺着通风管道飘走，无法渗透到行人区域，她特意选用了法律允许的最弱功率的抽油烟机。如果你是那种平时只喜欢吃酸奶，但有一天却不知不觉走进了机场的 Cinnabon 店，那你得感谢科尔，因为她深谙感官的力量。

我们对周围环境对自身的影响认识得越深刻，就越能明白其对幸福感的作用。要是你想吃肉桂卷，尽管敞开了吃。要是你被诱惑着去做了事后会后悔的事，那意识到自己是如何受影响的，会对你大有益处。善用感官，我们的积极情绪就能得到增强。关键在于，要懂得如何凭借它们让自己收获幸福，而不只是胡吃海塞，把自己撑个肚圆。

触摸月亮

让身体参与任何爱好或活动都会对我们的感觉产生影响——身体参与得越多，这种影响就越明显。以思维为中心的爱情和幸福观认为，你坠入爱河或感受到快乐——你的大脑会释放支持和增强这种感觉的激素。但是，正如许多其他行为一样，我们现在发现，在爱情游戏中，思维未必是主导因素。当你与爱人亲密互动、给婴儿哺乳或抚摸狗狗时，催产素（oxytocin）就会释放出来。它有时被称为"拥抱激素"，因为人们认为它能产生与身体亲密接触相伴的情感联结。感官体验带来了情感感受。

几年前在加州大学洛杉矶分校进行的一项研究中，[1]95 人同意参与一项关于催产素释放的研究。其中 65 人抽了血，然后接受 15 分钟的按摩。（作为研究对象，能享受一次舒适的背部按摩算是不错的福利。）对照组的人只是安静地坐着。按摩结束后，按摩组的催产素水平上升了，其他人的则没有变化。

喜剧演员兼前深夜节目主持人詹姆斯·柯登（James Corden）曾开玩笑说，他觉得按摩这个概念非常奇怪。他觉得跟妻子说"有人要给我全身按摩，但就是会漏掉一小块地方"很怪异。这是一句很有趣的话，但他也有他的道理。当你与爱人激情缠绵时所涉及的激素和神经递质，在按摩过程中同样会被激活。古希腊医生希波克拉底（Hippocrates）认为按摩能让人更快乐，他把按摩称为"揉搓"，这说法还挺有趣的，也很准确。

我承认，我对按摩的态度，跟詹姆斯·柯登一样。如果有人要给我按摩，我希望他先喜欢我。我的那些会去按摩的朋友觉得这很可笑，并指出按摩带来的愉悦完全是身体上的。我明白，大多数按摩师和他们的客户也都清楚界限在哪里。但我们的身体和大脑紧密相连，催产素的释放有时会让人感到困惑。我在社交新闻网站 Reddit 上看到过好几场讨论，有人在讨论中思考自己是否会爱上按摩师。我在加利福尼亚的一位朋友问常帮他按摩的按摩师是否也有过这种经历，对方很快点了点头。"人们喜欢你的触摸，然后会将这种感觉与其他情感联系起来，"这位专业按摩师说道，"反过来也一样。你在给某人按摩时，大脑会认为你一定很在乎他。"

触摸是极大的快乐源泉，我并不是说要放弃按摩。任何能增加快乐激素释放的事物，都有助于让我们感觉更积极、更渴望、更有动力。触摸或许也是我们感到安全和放松的最重要的身体体验之一。婴儿烦躁不安时想要被抱着、被抚摸，成年人也是如此。我们寻求情感慰藉的第一站往往是身体——触摸能带来安慰、亲密感和安全感。治疗性触摸的作用也可能非常强大。当你的身体在专业按摩师的触摸下放松时，你的情绪会变得不那么压抑，紧张感也会得到释放。被触摸能让你感知到自己的身体在世界上的位置，提醒你生活在自己的身体里。它不仅让你在世间游走，还承载着你所有的喜怒哀乐。

18 世纪德国哲学家约翰·戈特弗里德·赫尔德（Johann Gottfried Herder）曾大量论述美学和我们的感官。在试图理解何为美时，他说，被视为"最高级"的视觉感官远不如触觉重要，他认为触觉有塑造我们对世界的认知的力量。他说："一切有形之物唯有通过触觉才能被感知。"他认为，对于盲人来说，触觉完全可以替代视觉。在一段感人至深的文字中，他写道，如果盲人"渴望增强自己的感官，那么他会希望拥有更长的手臂，以便更清晰、更确切地触摸月球表面，而不是希望拥有眼睛去仰望它"。[2]

更长的手臂去触摸月亮。这是多么奇妙的想法！也是对我们的身体能以多种方式给我们带来快乐的绝妙提醒。人人都试图重写笛卡尔的"我思故我在"，赫尔德也提出了自己更简洁有力的版本：

"我触故我在！"

水母与汽车：意想不到的联系

最近一次旅行时，第一天我怀着无比兴奋的心情跑到酒店的码头，毫不犹豫地跳进了地中海那冰冷刺骨的海水里。在略显波涛汹涌的海水中畅游，我感到精神焕发，还以为是海水的冰冷让我皮肤发麻。但很快，那种麻的感觉就变成了刺痛，于是我转身游回岸边。上了沙滩后，我发现自己的胳膊和腿上出现了鲜红的条纹，而且开始肿起来——原来是水母蜇了我。

海里或水族馆里的水母看起来并不起眼，它们几乎是透明的，皮肤薄得可以直接吸收氧气（根本不需要肺）。皮肤下面的一层布满了神经，能对刺激做出反应。水母就是这样一种只有神经而没有大脑的生物。你可能会觉得，我那相对发达的大脑应该让我在海里更聪明一些——但猜猜看，我和水母谁安然无恙，谁身上留下了持续数周的"鞭痕"？

任何生物的首要目标都是生存下去。无论是水母还是人类，身体的系统首先都是为了生存而设定的。人类大约存在了 25 万年，与螃蟹和水母这类以某种形式存活了约 5 亿年的物种相比，我们简直就是新手。水母不过是些感觉器官。当它们触须上的神经感知到我的存在时，便向我发起攻击，想把我赶走。这招还真管用。水母并没有思考这个过程（要知道，它没有大脑），我也不能往心里去。这纯粹是一种生理反应，是对刺激的本能回应。

当然，人类的反应链要复杂得多，但感官引领反应这一基本原理是相似的。认识到我们的思维大脑有时并没有我们想象的那么能掌控一切，会让人感到无比解脱。这有助于解释那些原本可能让我们困惑的行为。思考水母的反应以及人类的类似反应，甚至帮助我修复了婚姻中最大的裂痕。

事情是这样的。我和丈夫经常一起在漫长的高速公路和黑暗的乡村道路上旅行。他是个好司机，通常都是他开车——但当你在车里待的时间足够长，难免会发生一些小插曲。每次他猛踩刹车或急转弯避开另一辆车时，我都会不由自主地发出一声非常响亮且清晰的惊呼。这声因惊恐而发出的尖叫总是脱口而出——相信我，如果能忍住我肯定会忍住，因为每次这样我丈夫都觉得很烦。我们可能在车里吵得比在其他任何地方都多。

水母事件后的那个晚上，我们上了车，我跟丈夫分享了我对身心反应的新认识。他以为我惊呼是在批评他的驾驶技术，其实那只是我的身体反应快于大脑。"你以为我惊呼是在对你开车评头论足，可这完全是下意识的反应。"我解释道。

我指出，他的动作——急刹车或急转弯——也是出于本能，是对路上危险情况的反射性反应。他的本能有实际用途：保命。我的本能来自同样的源头，但结果就没那么有价值了。我的身体感知到危险，释放出肾上腺素，导致我猛地吸了一口气。你可能会以为这个瞬间过去了就没事了，但事实并非如此。这不由自主的惊呼引发了一系列连锁反应。（再次证明我们比水母复杂多了。）我的大脑捕捉到了生理状态的变化——肾上腺素升高、心跳加快……吸的那口气——并发出情绪信号，让我感到焦虑、紧张或害怕。要过上一两分钟我才能再次平静下来。在黑暗的道路上以每小时 60 英里的速度行驶，那一两分钟可真是漫长。

如果我们的思维和情绪能够先于身体反应，我或许就不会倒吸一口凉气了。我只需要安静地告诉自己坐稳，然后放心让他开车就好。然而，现实总是提醒我们——感觉往往比思考来得更快。虽然我不确定这能否让我们在未来的车程中更加平静，但它确实为我们两人带来了新的理解。原来，我们的大脑并不总是像计算机一样冷静而理性地掌控一切。"条件反射"这个词通常带有负面含义，因为它似乎代表了那些未经深思熟虑的举动。但事实上，就像水母那样简单的生物也会依赖本能行动一样，这种快速反应也是我们人类日常生活中不可或缺的一部分。

幸福的核心

由于在感恩和积极情绪方面投入了很多思考，所以我开始好奇：我们的身体会发出哪些信号来提醒大脑有好事发生呢？我们本能地对危险做出即时反应，这合乎情理，但面对快乐、美好、幸福和爱时，我们的身体又会如何回应呢？如果我们能找到那些触发快乐的瞬间——那些让我们感到惊喜和愉悦的时刻，或许就能找到一种更自然、更本能的方式让自己变得更快乐。

事实证明，身心之间的联系在帮助我们感受美好和警示危险时一样强大。随着对这个主题的研究越来越深入，我越发觉得，认为我们的大脑在无须身体参与时能单独让我们感到快乐的想法是不切实际的。

当我们谈论感官时，通常会想到五种基本感官——视觉、听觉、味觉、触觉和嗅觉，但这些只是我们从外部世界接收到的感觉。实际上，还有一整套神经通路将身体内部的感觉传递给大脑。比如，你肚子发出的咕噜声？这是你的身体向大脑发送的信息，而大脑可能会解读为你感到饥饿、焦虑，或者是因为昨晚吃多了墨西哥玉米卷而导致的不适。令人惊喜的是，研究表明，那些更善于感知自己身体内部感觉的人往往更幸福和积极。留意自己的心跳或呼吸节奏，不仅会让你更了解自己，还能让你与周围环境相处得更加自在。

"爱与幸福这类积极情绪源自身体"这一浪漫观点可以追溯到古希腊人和古罗马人。亚里士多德曾将心脏描述为情感的中心，而莎士比亚在一首十四行诗中写道，"我的眼睛和心正在进行一场生死搏斗"，他完全没有把大脑当作情感的来源。19世纪的伟大诗人克里斯蒂娜·罗塞蒂（Christina Rosetti）也曾欣喜地写道，"我的心就像一只歌唱的鸟儿"——这是一种对快乐的美好描绘，让人一读便能感同身受。

直到文艺复兴时期，人们对医学和解剖学有了更深入的了解，人们才开始对将心脏作为情感中心的观念产生怀疑。17世纪初，英国物理学家威廉·哈维（William Harvey）揭示了血液循环系统的运作原理，从此改变了上述传统观念。科学家们最终承认，心脏虽然重要，但它只是一个机械性的器官，并非精神和情感的核心。从医学角度来看，威廉·哈维的观点无疑是正确的，但认为身体是伟大情感的一部分这一观点也并非毫无道理。事实上，亚里士多德、罗塞蒂和莎士比亚的观点可能比我们意识到的更接近真相。情感不仅仅是大脑的产物，它们也会通过身体表现出来。有时，我们甚至会先感受到身体上的变化，然后再去寻找其背后的原因。

在一项国际研究中，来自不同文化和地域的人们都认为特定的情感总是与身体的相同部位相关联。研究人员观察到，无论是基本情感还是复杂情感，都存在"一致的身体感觉模式"。没错，无论身处世界的哪个角落，当人们感到幸福或爱意时，都会觉得这种感觉源自胸部。当你兴高采烈地穿过公园去见心爱的人时，那种愉悦的感觉并非仅仅是一个比喻——它是一种非常真实的生理体验。

我无意破坏你在公园中奔向心爱之人时的那种愉悦感的浪漫色彩，但这种感觉背后可能有着非常具体的生理原因。尽管研究人员仍在探讨身体感觉与情绪之间的联系，但我们已经知道，一个被称为"躯体感觉网络"（somatosensory network）的系统正在不断地将身体的信息传递给大脑。此外，连接脑干与胸部和腹部的迷走神经也可能参与到身心情绪循环中。因此，我们的情绪并不仅仅停留在头脑中，它们还会深深扎根于我们的身体之中。情绪显然会影响我们的身体感受，但由于这些系统是双向运作的，我们也可以通过身体来改善自己的情绪状态。例如，深呼吸可以帮助缓解身体的紧张感，减轻胸口的沉重感。随着身体逐渐放松，你的情绪状态也会悄然发生变化。其实，你对自己快乐的掌控力可能比你想象的要大得多。只需深吸一口气，你就能感受到其中的奥秘。

幸福四激素

如今，如果你向科学家询问幸福和快乐，你会听到很多关于多巴胺（dopamine）、血清素（serotonin）、催产素（oxytocin）和内啡肽（endorphins）的讨论。虽然很难将这些化学物质写成一首美妙的诗，但它们确实是我们的身体释放出来，让我们感到快乐的激素。由于这四种激素在幸福中扮演着重要角色，我习惯将它们称为"幸福四激素"。

我花了不少时间阅读有关快乐的学术研究，发现其中很多都涉及对"幸福四激素"水平的测量。例如，研究表明，当我们进行亲密行为或食用某些食物时，多巴胺水平会显著上升，这完全合乎情理。我们是追求快乐的生物，我们的身体构造使得那些有助于物种生存的行为也能给我们带来感官上的满足。这样一来，我们会更愿意反复去做这些事情。亲密行为和进食就属于这一类，但令人意外的是，许多其他常见的活动——比如针织和钩编——同样能提升多巴胺水平。在一项针对来自多个国家的 3500 名编织爱好者的调查中，超过 80% 的人表示，编织后他们感到更加开心。虽然围上一条暖和的围巾确实让人舒服，但从漫长的进化角度来看，编织可能并没有起到太大的作用。

不过，这其中确实有一些有趣的现象发生，而且似乎与我们的大脑试图解读身体行为有关。像木工、蛋糕装饰和陶艺这样的爱好，都需要手部重复动作，这种动作不仅能改变大脑中幸福四激素的水平，还能让我们的大脑平静下来。当你通过触觉亲自制作东西时，身心之间的联系会被愉快地激活。

哈佛商学院的迈克尔·诺顿（Michael Norton）和杜兰大学的丹尼尔·莫雄（Daniel Mochon）等研究人员想知道，人们对自己动手制作的项目会有怎样的感受。在一项实验中，他们让一些人用宜家的材料自己组装一个储物盒，另一些人则直接得到一个已经组装好的储物盒。随后，他们请每个人估计自己愿意为这个储物盒支付多少钱。可以想象，自己动手做的储物盒可能不如现成的那么完美。然而，实验结果却显示，人们对自己动手做的储物盒估价要高得多，并且愿意支付的价格明显高于那些没有参与制作的人。[3]

在另一项实验中，研究人员让人们折纸青蛙和纸鹤。对于外人来说，完成的作品可能看起来更像是揉皱的纸片，而非栩栩如生的动物，但创作者们对自己的作品却非常满意。当被要求给这些作品定价时，他们认为这些作品价值不菲。甚至可以说，他们更喜欢自己折的纸艺品，而不是专家的作品。

当你自己动手制作东西时，你不仅会更看重它，还会从中获得巨大的心理满足感。这种体验会让你感到由衷的快乐。亲身参与活动能够以一种让你全身心投入的方式刺激你的大脑，无论年龄大小都是如此。乐高积木最初是为孩子设计的玩具，但现在却成了许多成年人的最爱，他们愿意花费数百美元购买复杂的拼装套装。（拥有5900块积木的泰姬陵套装显然不适合孩子。）无论是孩子还是大人，拼搭积木时那种富有节奏感的动作总能带来满满的愉悦体验。当作品完成后，搭建者往往会希望珍藏自己的乐高创作，因为这是属于他们的独特成果，充满了特别的意义，并且能够让他们感到无比开心。

无论你选择拼乐高积木，还是尝试面包烘焙、编织或雕刻这样的活动，你都能在两个方面获得积极的结果。我们的身体其实并不适合长时间静坐不动——这也是为什么很多人在尝试冥想或其他正念技巧时会感到不安。得克萨斯大学医学院的精神病学家卡丽·巴伦（Carrie Barron）指出，动手做的爱好可能是完美的解决方案。这类爱好具有重复的特点，在行动与放松之间达到了恰当的平衡。你的身体在活动中得到了锻炼，而你的大脑可以专注于手头的任务。一旦完成，你会实实在在地拥有一件成果。这是身心协同作用让你感到快乐的完美体现。

何处寻觅真实的自我

一句流传了几个世纪的格言提醒我们，无论身处何地，你都无法摆脱自我。这在 Instagram 上是个热门话题，作家尼尔·盖曼（Neil Gaiman）也在他的书中借一个角色表达了这样的思考："有些人认为换个地方生活就能找到快乐，但最终发现事情并非如此。无论你走到哪里，你都带着自己的本性。如果你明白我的意思的话。"[4]

我完全理解这句话的意思，并且我认为盖曼是一位非常出色的作家，但他提到的"无论你走到哪里，你都带着自己的本性"这一观点并不完全准确。因为我们要带着的那个"真实的自己"，究竟是谁呢？

或许你会觉得，真实的自己就是那个藏在大脑里、负责做决策的人。但实际上，你的大脑深藏在头骨之中，无法独立运作。它需要来自身体和环境的信息来帮助理解任何情况。当然，大脑会处理大量的过往经历，并依赖这些经验来预测和规划未来。然而，这些经验可能会被当下新发现的事物推翻。我一直都是福尔摩斯的忠实粉丝，这位虚构的侦探以其惊人的推理能力和非凡的智慧令人着迷。无论是原著中的描写，还是由罗伯特·唐尼（Robert Downey）或本尼迪克特·康伯巴奇（Benedict Cumberbatch）（我个人最喜欢的一位演员）主演的影视作品中，聪明绝顶的福尔摩斯总是四处奔波，观察事物、收集证据。他所处的物质世界的经验不断影响着他的思维过程。

那么，真正的你是否就是你的肉体呢？其实不然。你的皮肤、骨骼和略显灰白的头发都可以通过锻炼、饮食甚至一盒护肤产品而改变。你的情绪状态，也就是你随身携带的那个"你"，也会随着身体通过五种感官接收到的信息而发生变化。虽然想象中，拥有一个由所有经历塑造而成的核心性格是一件美好的事情，但实际上，我们的情绪反应更多地是由当下的环境信息以及身体的感受所引导的。当你把自己带到另一个地方时，你可能会更快乐，因为环境会影响你的心情、态度以及对世界的幸福感。

例如，你在客厅沙发上获得的感官体验与你在大海里游泳时的感受截然不同。当你凝视一堵砖墙时，与平静地眺望辽阔的蓝色大海时，你对自己和周围世界的感受也会有所不同。假如我们在不同的地方问你感到多快乐，你的回答可能会有所变化。你对生活的总体看法——是积极还是消极——也会因此而改变。当你从沙发上起身，走向海边时，你随身携带的内心的"自己"其实已经悄然发生了改变。

那么，你在哪里会感受到最深刻的幸福？我们又可以怎样去维持这样美好的状态呢？这就是我接下来想要探索的问题。

第二部分

地球上最让人幸福的地方

你身处何处对你的幸福感和整体健康状况至关重要。某些环境会深刻地影响你的情绪和神经通路。以下为你介绍如何找到能带来积极效果的最佳去处。

第5章
为何蓝色和绿色是最能带来幸福感的颜色

让大自然的宁静如阳光倾洒树木般流入你的心田。

——约翰·缪尔（John Muir）

旅行是一件多么令人愉悦的事情啊！谁会不喜欢呢？通过旅行，我们能够暂时摆脱日常生活的琐碎，进入一个充满新鲜感官体验的全新世界。在这样的环境中，我们会感到更加清醒和充满活力。打破惯常的生活节奏，让我们的身体不再处于"自动驾驶"状态，哪怕只是走在街上，你也会觉得充满了乐趣与新奇。身体对这些新的感受保持敏感，并迅速将信息传递给大脑，而大脑也会以不同于平常的方式记录下这些独特的经历。这种增强的感官意识，正是我们对假期的记忆如此深刻的原因之一。

其实，一次愉快的旅行并不一定需要昂贵或奢华的安排。回想当年，我们的孩子还小，经济条件也有限，但我们依然享受了许多美好的时光。比如，一家人常常一起去划独木舟，在夜晚搭起帐篷，围着篝火做饭。至今，孩子们对那些有趣的细节还是津津乐道，比如为了防止熊来觅食，他们会把吃剩的辣椒埋进土里——这可是在家里从未有过的体验！任何不同于日常生活的感官刺激，都会改变我们的神经通路，成为塑造我们个性的一部分。

同时，假期往往让我们有更多机会亲近大自然，而这一点点变化，却能极大地提升我们的幸福感。几代以来，父母总是鼓励孩子多到户外"呼吸新鲜空气"，而事实证明，他们确实很有远见。相比室内的循环空气，户外的新鲜空气中含有更多的氧气，随着血液中氧气含量的增加，我们的身心都会发生积极的变化。你会发现自己变得更加开心、放松，记忆力更敏锐，头脑也更加清晰。剑桥大学的一项研究甚至表明，经常进行户外活动的孩子，近视的风险也会降低。[1]（如果我早知道这一点，或许就不会从二年级开始就戴眼镜了！）

当你置身于自然环境之中，无论是绿意盎然的公园、连绵起伏的山峦，还是潺潺流淌的溪水、波光粼粼的湖泊，甚至是广阔的海洋，你的情绪都会得到显著改善。萨塞克斯大学的心理学家乔治·麦凯伦（George MacKerron）可能是目前在研究地点与幸福感之间关系方面，收集了最多数据的学者之一。他不想关注人们总体的幸福感，而是希望通过了解每个人每时每刻的具体感受，来揭示幸福背后的秘密。例如，当我们说"我很开心"的时候，我们究竟身处何方？看到了什么？又经历了什么？

为了探索这些问题，他发起了一个名为"快乐地图"的项目。通过一款应用程序，参与者会在随机时间收到提示音，并被询问当前的心情如何。借助 GPS 技术，系统可以准确记录他们的地理位置。截至目前，这项研究已经吸引了超过 66 000 名参与者，收集了多达 400 万条数据。通过对这些数据的分析，麦凯伦发现，人们在户外或自然环境中时，通常会感到最幸福。"我们往往低估了户外活动带给我们的快乐。"他说。进一步研究表明，"无论是在哪种类型的绿色或自然栖息地中，人们的情绪都会显著提升"。[2]

几个世纪以来，诗人和哲学家一直歌颂大自然的美好，现在，科学数据也证实了他们的观点。麦凯伦的研究显示，户外活动带来的幸福感，与和朋友在一起或从事自己喜欢的活动相当。

正如麦凯伦所说："我们天生就能从自然空间中获得恢复和放松，它们为我们创造了更多快乐的瞬间。"

创造这些快乐的瞬间，其影响可能比你想象的更加深远。毕竟，人生不就是由无数个这样的瞬间组成的吗？也许，你在户外度过的每一个快乐时刻，都会让你对生活的整体看法变得更加积极。闭上眼睛，回忆那些让你感到喜悦、感激或幸福的瞬间，你会发现，这些画面几乎总是与自然相关。

即使是在城市环境中，只要有一点点自然元素的存在，也能显著改善我们的心情和幸福感。麦凯伦在英国开展的研究表明，当人们靠近公园、街道上的树木，或者河流、运河等水域时，情绪都会有所提升。

其他研究也支持这一观点。例如，在一项著名的研究中，医院中的患者如果其病房窗户朝向绿色植物或公园，而非砖墙，患者术后恢复速度更快，疼痛感也更少。[3] 工作时，如果能看到窗外的自然景色，人们也会更喜欢自己的工作。心理学家马克·伯曼（Marc Berman）的一项研究让我印象深刻。他发现，人们在乡间散步 50 分钟后，记忆测试的成绩明显优于在城市中步行相同时间的人。[4] 伯曼将此归因于所谓的"柔性吸引力"。在大自然中，你所听到的声音和看到的景象能吸引你的注意力，但又不会像城市里的霓虹灯和熙熙攘攘的人群那样让人分心。当你沉浸在大自然轻柔的声音和景色中时，身体会放松下来——没有任何事物会让你高度警觉——你的思绪也能自由地游走，去思考其他话题和问题。[5]

与大自然的互动形式多种多样。在湖中游泳可能会给你带来一系列益处，包括全方位改变你的感官体验。绕湖漫步，或是仅仅坐在岸边眺望，也会给身体带来其他变化。伯曼和几位同事最近发表了一份报告，就如何利用自然改善心理健康提出了建议，还根据不同的"剂量"和"接触方式"对亲近自然的体验进行了分类。这种表述已经说明了一切——暗示着大自然就是最好的良药。[6]

身处自然环境会在诸多方面影响你的身体。多项研究表明，待在户外时，你的心率和血压会降低。[7] 还有一项综合研究发现，大量证据显示，身处自然环境能降低皮质醇水平，而皮质醇通常被视为压力的生物标志物。[8] 亲近一次自然可能和服用一剂抗焦虑药物一样有效。更棒的是，阳光、绿色公园和繁花几乎从不会有副作用。奇怪的是，比起我们周围的自然环境，我们却更愿意相信实验室里研制出来的能提升情绪的药物。

让阳光照进来

大自然总能带给我们愉悦的心情，因此当听到阳光与快乐之间存在联系时，你一定不会感到意外。当我们形容某人是"一道阳光"时，其实是在说他为每一次聚会都带来了温暖和欢乐。阳光与好心情之间的关系远不止是一种比喻。尽管这种影响可能或隐或显，但大多数人在晴朗的日子里总会比在阴雨天感觉更加愉快。从科学角度来看，这与神经递质血清素（serotonin）有关，它与幸福感和满足感密切相关。研究表明，在阳光明媚的日子里，我们的血清素水平似乎会有所提升，这也正是为什么我们常常觉得阳光让人心情舒畅。

杨百翰大学的一项研究发现，充足的日照与积极的情绪之间有着显著的关联。其他天气因素并未显示出类似的影响。然而，研究人员提到的"日照时间减少"的时期，也就是冬季，却往往伴随着更多的抑郁情绪和心理健康问题。[9]

该研究的负责人马克·比彻博士（Dr. Mark Beecher）表示："我们

尝试分析了各种天气条件，比如阴天、雨天以及空气污染等，但这些因素并未对情绪产生明显影响。"他补充道，"真正关键的是日出到日落之间的时间长短。"[10]

有些人对缺乏阳光的反应尤为强烈，以至于季节性情感障碍（seasonal affective disorder，SAD）这一诊断一度成为热门话题。"SAD"这个缩写不仅容易记忆，还催生了许多相关疗法，例如通过模拟阳光的光照设备来改善情绪。虽然这些方法的效果仍有待进一步验证，但如果明亮的灯光或阳光充足的地方能够让你感觉更好，那不妨试试看。

虽然我们无法掌控天气，但它对我们的影响却比想象中更为深远。一位专注于决策制定的研究人员通过对 682 份真实的大学录取案例进行分析后发现，"阴天会让书呆子显得更出色"。他的研究表明，天气状况与人们对特定成就的看法之间存在着令人惊讶的联系。具体来说，在阴天时，申请人的学术成绩会被赋予更高的权重；而在晴天时，非学术方面的表现则更容易受到青睐。换句话说，长曲棍球队队长在阳光灿烂的日子里可能会给招生官留下深刻印象，而那些依靠微积分和物理全 A 成绩的学生，可能希望自己的申请能在阴天被审阅。这项研究结果具有显著的统计学意义，表明当天的天气状况——无论是晴天还是阴天——可能会使录取概率相差约 12%。[11]

天气对我们的影响远不止于此。一项针对全球 26 个股票交易所的研究发现，"阳光明媚的日子通常与每日股票收益呈正相关"。[12]专家们在购买股票时固然会考虑诸如利润、市场份额和管理潜力等基本面因素，但作为人类，我们也难免受到一些难以用理性分析解释的因素影响。为什么阳光会让市场行情上涨？研究人员推测，这是因为阳光让人感到愉悦，从而促使交易员更愿意采取行动并买入股票。

或许你不会因为天气预报就决定抛售微软的股票，但这种现象背后的故事确实引人深思，其影响也远远超出了纳斯达克的范畴。当我们心情愉快时，往往会做出更加乐观的选择，同时也会变得更加宽容，更倾向于依赖直觉和冲动行事。这或许可以解释为什么加勒比海岛屿上的礼品店总能成功出售鳄鱼玩偶和霓虹灯闪烁的酒杯，而这些小玩意儿一旦带回家，似乎失去了原有的吸引力。

阳光不仅能提升我们的血清素水平，让我们感到更加快乐，还会悄然改变我们的行为方式。大脑接收到了这些积极信号，有时却难以准确解读其来源。例如，在阳光明媚的日子里买股票的人可能会坚称自己看好这只股票的前景，甚至会对天气带来的好心情影响了他们的决定这种解释嗤之以鼻。但实际上，他们的大脑只是错误地将阳光带来的愉悦感归因于股票本身的表现。这就是心理学中的"错误归因"效应再次发挥作用的一个典型例子。

前几天的一个早晨，我醒来时发现外面正下着雨，而我的日程表上恰好有一个去车管所的预约。上周我去那里办理将驾照更换为实名的手续时，一位脾气不太好的工作人员无端拒绝了我的一份身份证明文件。这次我准备了更加完善的材料，应该是万无一失，但在出门前，我突然想到，如果阴天会让人们的情绪变得更差，那么对于那位已经有些暴躁的工作人员来说，情况可能会更加糟糕。于是，我赶紧上网更改了预约时间。虽然我无法确定第二天的阳光是否真的能让事情进展得更加顺利，但我注意到自己在那天的笑容更多了，那位工作人员的态度也变得友好起来。他仔细查看了我的材料，并表示一切都没有问题。

为何拥抱树木有益身心

从 19 世纪亨利·戴维·梭罗（Henry David Thoreau）的超验主义者（transcendentalist），到 20 世纪 60 年代那些热爱拥抱树木的嬉皮士，大自然赋予我们的快乐力量一直被人们津津乐道。他们说得没错——那些追求和平与爱的嬉皮士，走在了正确的道路上。拥抱一棵树，甚至只是简单地接触大自然，都会促使我们体内释放催产素，这种激素与爱和亲密感密切相关。2020年春天，在新冠疫情刚刚开始的时候，冰岛部分地区的护林员开始清理通往树林的小路，让人们可以更靠近它们。如果那时你无法拥抱朋友，那么不妨试试拥抱一棵树吧！一位美国国家森林的管理者解释说，拥抱树木的感觉会从脚趾开始，沿着身体一路传递到大脑，让你充满能量，准备好迎接新的一天和新的挑战。[13]

拥抱树木的乐趣之一在于它（或多或少）也会"拥抱"你。德国博物学家彼得·渥雷本（Peter Wohlleben）在他的畅销书《树的秘密生命》（*The Hidden Life of Trees*）中指出，树木不仅是社交高手，还充满了感性。它们相互扶持，并找到了独特的交流方式。虽然我们可能无法直接听到这些交流，但通过触摸树木或置身于森林之中，我们依然能够感受到它们的存在。其他森林生态学家，比如苏珊娜·西马德（Suzanne Simard），则进一步表明，树木形成了一个紧密相连的群体，通过地下网络重新分配水、碳和氮等资源，以造福整个群体。她提到，树木之间会通过释放与人类神经递质相似的化学信号进行相互回应。

萨里大学的一项研究表明，拥抱树木可以有效降低压力激素水平，同时帮助降低血压。（当然，如果你觉得拥抱树木有点儿害羞或尴尬，那可能会让血压短暂升高哦！）不过，我们也可以用一种更形象的方式来理解"拥抱"——那就是用你的所有感官去感受森林的美好。轻轻触摸树木光滑的树皮，深吸一口松香浓郁的空气，你会发现，身处森林之中时，身体会自然传递出宁静与舒适的信息。你的生理系统逐渐平静下来，大脑也会随之放松并做出积极反应。

当我们为抱树派喝彩的同时，也不得不提到他们的伙伴——那些倡导"花的力量"的人,他们发现了鲜花的独特魅力。心理学家们对鲜花为何能带给我们如此多的愉悦给出了多种解释,而且有证据表明,仅仅是看着鲜花就能提升让人感到愉悦的多巴胺水平。在人类早期,那些依赖大自然获取食物的人看到鲜花时就知道,食物和浆果很快就会到来。或许正因如此,直到今天,当我们看到鲜花时,仍然会不由自主地产生希望和期待的感觉,并对大自然的慷慨馈赠心怀感激。

高端花店老板刘易斯·米勒(Lewis Miller)曾通过一些公共装置艺术——他称之为"鲜花快闪"——在地铁口和建筑工地附近为人们带来惊喜。有一天晚上,他在纽约市一家医院附近的垃圾桶里装满了鲜花和樱花,让这个普通的垃圾桶瞬间变得生机勃勃。这是他向医护人员表达感激之情的一种方式。他的目标始终是通过鲜花让人们感到幸福和快乐。正如他所说:"鲜花是情绪的提升剂,也是压力的缓解剂。"[14]

花店老板认为鲜花是一种表达和获得感激之情的好方法,这一点并不令人意外,科学研究也证实了他的观点。罗格斯大学的心理学家珍妮特·哈维兰 - 琼斯(Jeannette Haviland-Jones)进行了几项关于鲜花对情绪影响的研究。她发现,鲜花不仅能立刻提升人们的幸福感,还能让这种愉悦的心情持续数天之久。在一项实验中,她分别送给人们三种不同的礼物:一支蜡烛、一篮水果或一束花。结果表明,收到花的人比收到其他礼物的人更少感到沮丧和焦虑,同时也更常表达感激之情。她总结道,鲜花对"我们的情绪健康有着显著的积极影响"。[15]

我们住在郊区的那些年里,我丈夫每周都会给我送花。无论我当时正在做什么,我总会停下来修剪花茎,把花插进花瓶里,然后给他一个吻以示感谢。送花这种行为虽然听起来有些老套,但它确实能让我们感到开心。任何能够改善心情和提升幸福感的事情,都不应该被视为过时。

科学家们一直在探索某些花朵凭借其艳丽色彩和精致外形所获得

的优势。不管具体原因是什么，我们只需通过观赏就能从中受益良多。当你面前摆放着美丽的鲜花时，你无需刻意思考自己有多感激，那种感激之情会自然而然地涌上心头。

最近，在我们的乡间别墅，我从树林边缘采摘了一些白色的花。我把它们带回家，插在花瓶里，这才发现它们放在厨房里真的让我心情变得更好。当我丈夫回到家时，他笑着指出我摘的是杂草，而不是真正的花。好吧，我确实没什么园艺天赋，但这些"杂草"依然让我感到无比开心。有时候，鲜花与杂草之间的区别，也许只在于我们自己的心态。

蓝色之悦

几年前，在芝加哥的一次巡回宣传活动中，我安排了一系列充实的演讲和媒体采访。之前因工作来过芝加哥，我以为这次行程会像以往一样充满压力。然而，在录制完一档广播节目后，主持人邀请我一起去湖滨步道散步。半小时后，我们漫步在一条小路上，一边是绿意盎然的公园，另一边是波光粼粼的密歇根湖。划船的人向我们挥手致意，一群玩桨板的人从我们身旁轻轻滑过。

"真是太美了！"我不禁感叹。

她点头回应："临近水边让我更加热爱这座城市。"

受她的启发，第二天清晨，我早早起床，去探索芝加哥另一处迷人的滨水区——穿过市中心的 1 英里左右的河滨步道。尽管时间尚早，但已经有不少人在散步或骑自行车。我在一家靠近水边的咖啡馆停下来，点了一杯卡布奇诺，慢慢品尝。那一刻，我感到无比放松——在河滨漫步让这一天更像是假日，而非紧张的工作日。带着这样平静而愉悦的心情，我前往下一场采访现场。

在此之前，我已经了解到身体可以通过多种方式让我们感到快乐（或不快乐），而现在，我亲身体验到了环境对情绪的深远影响。在芝加哥靠近水的地方，我意外地感受到了一种特别的幸福感——其实，这本不该让我感到惊讶。研究表明，人们在蓝色空间（如河流、湖泊、运河、溪流和池塘）附近时，往往会有更多愉悦的时刻。与在城市街道上相比，这种差异就像做家务与和朋友外出社交之间的区别一样显著。

水似乎以多种方式施展着它的魔力。在大自然中，它的形态更富于变化。在海边，海浪不断涌来又退去，既规律又变幻莫测。在湖边、河边或溪边，水总是流动着，其表面随着气流变化，倒映天空和太阳的色彩。它是大自然中"柔性吸引力"的极致体现，提供了一种既能吸引我们的感官，又不会让我们分心的景象。水与自然的简单韵律会让我们产生一种平静的感觉，这种感觉会渗透到我们的身体里。紧绷的肌肉可能会放松下来，压力激素皮质醇的水平也会下降。血压会降低，快速跳动的心脏会逐渐恢复到正常的节奏。我们的大脑会迅速察觉到这些身体的变化，并将这种积极的身体感受转化为整体幸福感的提升。

为了更深入地了解蓝色空间的力量，我联系了心理学家马修·怀特（Mathew White）。他在环境与幸福感领域的研究成果斐然。在他领导的众多项目中，有一项研究覆盖了 18 个欧洲国家，调查了靠近自然环境对健康的益处。怀特本人过去住在英国的一处海滩附近，但英国脱欧后，他搬到了维也纳，住在（昔日的）皇家森林边缘。当我与他分享我对水与情感的想法时，我们立刻产生了共鸣。知道我对感恩之情感兴趣，怀特说："当你问人们'今天你对什么心怀感激'时，答案常常与户外活动有关。"他补充道，"我注意到了这一点，然后开始思考——为什么大自然如此美好？"[16]

有趣的是，许多关于自然与幸福感的研究都将水排除在外。"那些研究者认为水的影响太大，以至于可能会干扰研究结果，"怀特笑着说，"因为人人都喜欢水，其积极影响实在难以忽视。"

我问怀特，他是否认为蓝色空间与自然中的其他场景相比有着不同的影响。他解释说，两者之间并不存在竞争关系。"这不是蓝色与绿色的对立。实际上，最吸引人的地方往往是两者的交界之处，比如河岸或海岸边。人们并不一定喜欢被困在漂于大海中央的船上。"

水对我们有着立竿见影的影响，能带来令人身心愉悦的体验。潺潺溪流的轻柔声响、湍急溪流的清凉触感以及湖面闪烁的阳光，既令人感到宁静又引人入胜。水的反光、色彩和声音吸引着我们的注意力，激发着情感。不过，水并非总是美好的。"如果 20 英尺高的巨浪朝你的房子袭来，那将是灾难性的。"怀特说。作为在东南亚做过研究的专家，他并未低估海啸和登革热等自然问题的危险，也清楚这些危害可能会让人们因噎废食，不敢享受水带来的好处。"我们必须诚实地看待利弊，但到目前为止，水对精神健康的益处还没有得到恰当的量化。我们需要恢复这种平衡。这就是我的主张。"他边笑边补充道。

大海的召唤

在水边感受到宁静，或许深深植根于我们的进化基因之中。怀特提到，数千年前，人类迁徙时常常沿着水路和河流前行。他们在靠近水源的地方定居，因为那里让他们感到安全，并最终在那里建立了城市。"我们在水边感到舒适，因为这是我们进化历程中停留了很长时间的地方。它不仅为我们提供了重要的资源，还满足了我们许多基本的生活需求。"在希腊神话中，世界被分为三部分——宙斯掌管天空，哈迪斯掌管冥界，波塞冬掌管海洋。古希腊文化、古罗马文化和古埃及文化（以及其他许多文化）都崇拜拥有原始力量的水神。"在我们的文化传承中，有一种深刻的理念，那就是水是值得我们特别关注的重要自然象征之一。"

在我非常喜欢的凯特·肖邦（Kate Chopin）写的《觉醒》（*The Awakening*）这本书中，女主人公在困惑和痛苦时会被大海深深吸引。作者巧妙地捕捉到了水的节奏和力量所带来的抚慰："大海的声音充满诱惑，永不停息，低语着、呼喊着、呢喃着，邀请灵魂在孤独的深渊中游荡；迷失于内心沉思的迷宫之中。"尽管故事以悲剧收场，但即使女主人公最终陷入绝望，那也是在大海温柔的低语声中。

欧洲一些浪漫的城市，因为水道的存在而增添了无尽的魅力。巴黎塞纳河上的桥梁，无数次出现在电影中的爱情场景里，或许只有威尼斯纵横交错的运河能与之相提并论。在伦敦，沿着泰晤士河漫步总能让人感到愉悦；在阿姆斯特丹，那些如诗如画的运河更是这座城市的灵魂所在。如果你恰好在荷兰的"国王节"到访，会发现运河上挤满了载满欢庆人群的船只，在城市中穿梭，热闹非凡。

说到世界各地的著名水道，我可以滔滔不绝地讲下去。毕竟，地球表面约有 71% 被水覆盖，这样的例子数不胜数。美国也有许多引人注目的蓝色空间。比如密歇根州，那里有 41% 的面积被水占据，而且无论住在哪里，人们距离最近的水域都不会超过 6 英里。如果你生活在较为干旱的美国西部地区，这可能会让你感到惊讶。不过，包括奥斯汀、波士顿、西雅图、明尼阿波利斯和旧金山在内的许多城市，都已经投入了数十亿美元，将滨水区改造成公共空间，为市民提供更多亲近自然的机会。纽约市目前正在伊斯特河沿岸投资 1 亿美元，修建一条长约 0.3 英里的步道。虽然对于这条相当于 8 个街区长度的海滨大道是否值得如此高昂的成本可能存在争议，但我能理解背后的初衷。这条步道计划连接城市多年来开发的其他滨水路径，而这些路径已经对周边社区产生了深远的积极影响。毕竟，靠近水的地方总能让人心情愉悦。

当城市投入资金改造当地的水道时，这种投资不仅能改善环境，还能显著提升人们的心理健康和幸福感。正如怀特所说："社会投资回报率非常高。"在一个案例中，他的团队对英国一个工人社区的海滩进行了改造。这片海滩对美国人来说尤其具有吸引力，因为"五月花号"正是从这里启航的。然而，这片历史遗迹所在的区域曾经被忽视，显得破败不堪，垃圾遍地。怀特与一位景观设计师合作，不仅改善了通往海滩的道路，还打造了一个类似剧院的空间，让人们能够聚集在一起，单纯地欣赏和享受大海的美好。他还收集了改造前后人们心情和幸福感的数据。"改造之后，他们的健康状况、幸福感和生活满意度都得到了显著提高。"他说。

人们总是喜欢在水域附近停留。年轻人常常来这里闲逛、喝啤酒（"我年轻时也这样做过，所以对此并不反对。"怀特笑着说），现在这片区域已经变成了一个更加多元化、包容性更强的社区空间。老年人开始在这里一起吃午饭，各个年龄段的人无论何时来这里的次数都变得更加频繁。"如果这里的景色换成火车站，甚至是一个普通的公园，效果可能不会这么好，"怀特解释道，"水成为了人们聚集的催化剂。"

当演员雷恩·威尔森（Rainn Wilson）拍摄一部关于让人们感到最幸福的地方的电视系列节目时，他选择了冰岛作为第一站。尽管冰岛的名字让人联想到寒冷，但它的气候其实并没有那么极端——冬季平均气温约为 33 华氏度（0.5 摄氏度），夏季约为 55 华氏度（12.8 摄氏度）。然而，冰岛以其温泉闻名，这些温泉在大多数城镇和城市中都是活动和社交的核心场所。围绕这些地热温泉形成的仪式和传统，或许是这个国家幸福指数高的关键所在。

威尔逊指出："冰岛人是一个非常注重社交的民族，他们热衷于共同享受温泉带来的放松体验。"[17]

在美国及世界其他地区，人们愿意支付高额溢价以居住在靠近水域的地方。例如，湖边房产的价格通常比距离稍远的房产高出约 50%，若想靠近大海，则可能需要投入数百万美元。然而，怀特的研究表明，人们无需居住在紧邻水域的位置即可获得其益处——仅通过定期前往水域进行休闲活动即可显著提升身心健康状态。研究发现，每周至少接触蓝色空间 120 分钟的人相较于未有类似经历者表现出更佳的身体健康状况及更高的幸福感。

怀特进一步解释道："无论是选择在周日进行两小时的步行，还是以分多次每次半小时的方式，具体形式并不重要。关键在于如何将这一活动合理融入日常生活，从而有效提升个人的整体幸福感。"

水对人类情绪的影响极为深远，即使不直接接触水体亦能产生积极效果。一项实验显示，女性参与者在骑健身自行车时，观看海景（蓝色组）或乡村景色（绿色组）的视频画面比观看城市景观的画面或空白墙面更能提升愉悦感。此外，蓝色组参与者普遍认为骑行时间过得更快，并且更倾向于重复参与该运动。

即使只是城市广场上喷泉发出的流水声，也足以让人感到意外的着迷。水总能带给我们希望与幸运的感觉——这也许正是我们喜欢向喷泉投掷硬币，并带着满足感注视它们缓缓沉入水底的原因。试想一下，如果没有特莱维喷泉，罗马会失去多少魅力呢？这座美丽的喷泉以其流动的水景吸引了无数游客，每年人们投入其中的硬币价值超过 150 万美元。而这些硬币最终会被收集起来，用于支持当地的慈善事业，为更多人带来帮助和温暖。

在阅读了许多关于蓝色空间的研究之后，我决定在客厅的桌子上添置一个小巧的迷你瀑布。它价格实惠，只需 35 美元，还配有一个小马达，能让水轻轻从几块灰色石头上流淌下来。虽然这并不是什么昂贵或特别时尚的装饰品，但在一个冬日的晚上，当几位朋友来我家里共进晚餐时，我还是把它摆了出来。结果，每个人都对它表现出浓厚的兴趣，赞不绝口。在聚会的不同时刻，我注意到有人会暂时从我们的谈话中分心，静静地注视着那不断喷涌的水流。或许如果不是因为天色已暗，他们可能会更专注于窗外的景色，但小瀑布让室内多了一丝自然的气息。那柔和的流水声和迷人的动态画面，悄然改变了那个夜晚的氛围。

随后，我向马修·怀特提出了一个问题：他是否认为壁炉里温暖跳动的火焰也能像水一样，为我们提供一种安静且充满变化的视觉享受，营造出既舒适又不会过分干扰注意力的背景氛围。

"当然可以！"他笑着回答道，"当你凝视壁炉中的火光或是欣赏水流时，你的大脑便能从日常琐事中解脱出来，获得片刻的放松，并允许思绪自由地驰骋。那么，这些思绪会带我们去往何处呢？我很期待了解答案。也许，它们会引领我们前往某个令人愉悦的地方。"

彩虹的魔力

大约 40 年前，著名自然学家 E. O. 威尔逊（E.O. Wilson）提出了一种观点：人类天生渴望与其他生物建立联系。这一"亲生命性"（biophilia）假说后来被广泛应用于解释许多现象，比如我们为何会与宠物建立起深厚的情感纽带，或者为什么在办公室里摆放真实的植物（而非塑料植物）能带来积极的心理影响。它也解释了如今情感支持动物逐渐被人们接受的原因——例如，如果你的心理健康需要，甚至可以带着一头猪登上飞机。我还知道一个有趣的故事：有位朋友住在 10 楼的公寓里，他坚持在阳台上种了一棵巨大的树，尽管这棵树看起来有些危险，但他表示，这棵树的存在确实帮助他缓解了抑郁情绪。试想一下，如果换成一堆砖头或是一摞书，恐怕房东不会同意吧？显然，这种对生命的连接感深深吸引着我们。许多研究者对此深感兴趣，并用"亲生命性"来解读我们在自然环境中感受到的各种积极情绪。

然而，这其中肯定还有其他因素在发挥作用。毕竟，"亲生命性"主要关注的是生物层面的联系，而自然界中还有许多非生物的现象同样让我们着迷。怀特博士曾饶有兴趣地指出，水其实是一种非生物的环境元素，也就是说，水本身并不是活的，因此并不完全符合"亲生命性"的理论框架。（"虽然水里可能有几条鱼，但我们讨论的重点并不是鱼。"怀特博士解释道。）就像岩石和彩虹一样，水也是一种非生物的自然元素，但它依然能够深深地吸引我们的注意力。那么，如果生物之间的联系不是唯一的答案，究竟是什么魔力让这些自然景象如此打动人心呢？

我的家位于康涅狄格州，房子朝西。每到夏日傍晚，当落日余晖洒下绚丽的橙色和红色光芒时，无论是孩子还是大人都会迫不及待地跑到露台上欣赏这场大自然的光影盛宴。每个人都会静静地站在那里，感受这份来自自然的喜悦与震撼。我们不禁思考：是什么让日落、彩虹以及其他自然景观拥有如此强大的吸引力，让我们停下脚步，甚至发出由衷的赞叹？在那些瞬间，我们的身体究竟经历了怎样的变化，让我们感到如此幸福和满足？

"这就是那个价值百万美元的问题。"怀特博士笑着说道。

或许答案隐藏在他提到的一个关键概念中：短暂现象的重要性。每当环境发生任何细微的变化，我们的感官都会变得更加敏锐，身体也会随之进入一种高度警觉的状态。那种兴奋的感觉是真实存在的，因为我们的每一个细胞都在为即将体验的新事物做好准备。

日落的魅力之一在于其色彩的瞬息万变：天空在短时间内绽放出绚丽光芒，随后迅速隐没于黑暗之中。人们渴望抓住这一稍纵即逝的时刻，在其消逝前尽情感受。同样，当我们目睹彩虹那耀眼的色彩与独特的弧线时，往往会立刻停下手中的事务进行拍摄，因为我们深知这一奇观转瞬即逝。

怀特进一步指出："倘若彩虹能够全天在空中悬挂，它将逐渐沦为背景的一部分，失去原有的吸引力。然而，正是短暂性赋予了它独特的魅力——我们需要立即欣赏它，否则便会错失良机。"

相较于绿色空间所带来的缓慢而持续的舒适感，转瞬即逝的现象（如日落或彩虹）展现出截然不同的特质。前者通过柔和的变化为思维提供宁静的背景，后者则以迅捷的速度捕获我们的全部注意力，激发即时而强烈的反应。

怀特总结道："这类似于槲寄生下的魔力——此刻的愉悦值得珍视，因为它稍纵即逝。"

一些持续时间较长的事件和地点同样能够带给我们快乐。那么，我们怎么判断哪些事情或地方会让我们感到幸福呢？我在进一步探索中发现，答案往往并不像我们想象的那样显而易见。

第6章
让你感到幸福的地方

我们塑造建筑，而后建筑重塑我们。

——温斯顿·丘吉尔（Winston Churchill）

聆听寂静，无声胜有声。

——鲁米（Rumi）

在我刚结婚的时候，我站在海边的一座小木屋前，对丈夫说："如果我们能住在这里，我会感到无比幸福。"那时，那座小木屋并不出售，即便出售我们也买不起。然而，这句话却开启了我的一段寻找能让内心真正快乐的完美之地的旅程。后来，在佛蒙特州的一座农舍里，我也曾有过同样的感慨——从那里可以俯瞰一片田野，安格斯牛群悠闲地吃着草。还有一次是在瑞士阿尔卑斯山深处的小镇索利奥，我们徒步五天才到达那里。当时那里没有网络，手机信号也很微弱，几乎没人会说英语。尽管如此，我依然觉得，仅仅是看着那里的风景，就足以让我感到满足和喜悦。但同时我也意识到，如果真的生活在那里，除了欣赏美景，我可能无法做太多其他事情。

让我们感到幸福的地方，往往是那些让我们感到最自由且能够尽情释放精神与想象力的空间。如果你召集一群作家或艺术家，聊起创作的话题，迟早会有人问："你在哪里工作状态最佳？"这不仅仅是一个关于如何找到便宜房租或安静环境的问题。我们与外界环境的互动，实际上也会成为一种情感上的共鸣和创意上的启发。每天所看到的景象不仅会影响我们的思维方式和心情，还会潜移默化地改变我们创作的内容。当你凝视着美丽的日落或辽阔的大海时，你会自然而然地对这个世界心怀感激。这种快乐无需刻意追求，它会悄然降临。

地域感贯穿于许多伟大的艺术作品之中。法国印象派画家克劳德·莫奈（Claude Monet）在他位于吉维尼的乡间住所寻得了创作灵感，他那著名的《睡莲》系列画作描绘的正是他在自家花园中所见到的景象。如今，吉维尼已成为一个热门旅游胜地，吸引了无数游客前来参观莫奈的故居和花园。人们不仅想欣赏那里的美丽景色，更希望通过身临其境，感受一些莫奈的艺术气息。可以说，一个人赋予了一个地方灵魂，这个地方反过来也塑造了这个人。

另一位印象派画家保罗·塞尚（Paul Cézanne）则在法国乡村的另一端——普罗旺斯的艾克斯镇找到了自己的理想之地。这里同样吸引着众多艺术爱好者，他们渴望站在塞尚曾经站过的地方，试图重现他眼中的世界。塞尚在圣维克多山的山坡上创作了大约 90 幅作品，为了纪念他，小镇在山坡上放置了几幅作品的复制品。他在艾克斯的工作室虽然只使用了短短几年（1902—1906 年），如今却成为游客们争相打卡的景点，甚至开设了一家礼品店。网站上这样描述道："正是在这里，在劳维斯山丘，置身于他最熟悉的事物之中……你将最深切地感受到这位画家的存在。"

在艺术家曾经生活或工作过的地方探寻他们的精神，并不像听起来那样不切实际。无论是塞尚、莫奈还是无数其他艺术家，他们都从周围的自然环境中汲取灵感，激发了自己的创造力。空气、光线和景色等看似平凡的因素，实际上都在潜移默化中影响着他们的神经元，塑造了他们作为艺术家的独特个性。即使你不相信鬼魂的存在，也可以通过感受这些相同的物质灵感，去更好地理解他们的内心世界。

假如让你在一处风景如画、空气清新、阳光明媚，拥有壮丽山景和成片棕榈树的地方，与一个阴暗潮湿、布满生锈管道的环境之间做出选择，你一定会毫不犹豫地选择前者。我们常常觉得，美丽的环境能够提升我们的幸福感，这种直觉其实是有道理的。华威大学的研究团队进行了一项深入研究，他们将英国各地不同地点的"风景优美程度"与人们的幸福感及健康状况联系起来。这项研究试图超越我们已知的"绿地对人有益"的观点，结果表明，在城市、乡村和郊区，"环境的美感可能对我们的幸福感产生可量化的积极影响"。[1] 美丽的地方不仅让我们感到更快乐，而且这种快乐往往是在我们毫无察觉的情况下，通过身体层面悄然产生的。

每年发布的《世界幸福报告》(World Happiness Report)都会列出全球最幸福的国家排名，而芬兰已经连续六年荣登榜首。丹麦、冰岛、荷兰和挪威也经常位列前十名。尽管这些国家的幸福背后涉及许多复杂的社会、政治和经济因素，难以被其他国家轻易复刻，但芬兰人最近决定分享一些他们可以传授的幸福秘诀。他们邀请世界各地的人报名参加免费的"幸福大师课"，吸引了约 15 万人参与抽签。最终，14 名幸运儿获得了前往一个被松林环绕的湖边度假村的机会，学习芬兰人基于自然、健康、设计和美食这四大主题构建的幸福之道。

由于这些主题似乎都与身体的实际体验密切相关，我向芬兰旅游局的一位高管发送了电子邮件，希望能了解更多关于他们的幸福秘诀。然而，我收到的是一封自动回复，对方表示她将在接下来的一个月里休假，无法查看邮件——这让我猜测，或许享受长假正是芬兰人幸福的秘诀之一。活动的公关人员解释说，芬兰人的幸福源于与自然的亲密接触——"充满活力的森林、迷人的湖泊以及生机勃勃的群岛"。无论这是不是一种营销策略，她的话确实有道理：当我们置身于大自然的美好怀抱中，花时间享受在美丽的湖畔品尝健康美食的乐趣时，更容易感受到内心的满足与喜悦。如果这一切还能由别人买单，那就更加完美了！那么，有木质香气的松林和清新的湖泊是否足以让所有人都达到芬兰人的幸福水平呢？也许并不完全如此。但无论如何，这无疑是一个值得尝试的起点。

杂乱背后的数学法则

我们大多数人可能不会搬到芬兰、普罗旺斯的艾克斯，或者一片远离尘嚣的绿地去生活，但在离家更近的地方，我们依然可以找到打造快乐空间的小窍门。其实，只要让你的生活环境更加符合自己的喜好，就能显著提升幸福感。整理收纳相关主题的书籍、电视节目和社交媒体帖子之所以一直备受关注，其中一个重要的原因在于，整洁的线条和规律的模式能够让我们感到身心舒缓。试想一下，面对一堆未洗的衣物或一张摆满脏盘子的桌子，你是否会感到一种莫名的不适？这种感觉就像在徒步时突然看到一条蛇——你的身体会本能地紧张起来，因为"这里似乎有些不对劲"。当遇到蛇时，大脑会迅速处理这种反应，并告诉你如何避开危险；而面对杂乱无章的环境，身体和大脑却容易出现不同步的情况。虽然大脑知道那些脏盘子是你自己留下的，但身体仍然会感受到一种微妙的不适感，从而让你的心情逐渐低落。

令人惊喜的是，有一种特别的现象能够显著减轻我们的身体压力，并让大脑产生愉悦的 α 波，那就是当我们注视分形（fractal）图案时。多年来，我一直对分形有所耳闻，但不得不说，它们对我来说始终带着一种神秘感，甚至有时让人感到难以捉摸。

分形的本质可以简单理解为：它们是一种非规则形状，在任何尺度下都保持一致的特性，无论放大还是缩小，都不会失去其独特性。比如，海浪拍打后形成的泡沫、河流分支时的水流轨迹，以及松果的螺旋结构，这些都可以看作分形的表现形式。而我们日常生活中最常见的分形之一就是树木——树干与主枝之间的夹角会在更小的枝条上重复出现，甚至连树叶上的叶脉也常常呈现出相同的规律性图案。

"分形"这一概念最早由杰出的法裔美籍学者伯努瓦·曼德布罗特（Benoit Mandelbrot）于 1975 年提出，他试图用这个词来描述那些看似几何上杂乱无章的事物（例如海岸线或山脉），实际上隐藏着某种几何秩序。他认为，相比我们通常认为简单的几何形状，这些复杂的分形图案更能反映自然界的本质。"云朵并非完美的球体，山峦并非标准的圆锥，海岸线并非规则的圆形，树皮并非绝对平滑，闪电也不会沿直线行进。"他在经典著作《大自然的分形几何学》（*The Fractal Geometry of Nature*）中如此阐述。

或许对于数学家来说，分形只是一场充满趣味的智力游戏，而对于普通人而言，它似乎并不直接相关。然而，研究表明，分形可能与我们的幸福感息息相关。俄勒冈大学的物理学家理查德·泰勒（Richard Taylor）通过实验发现，观看分形图案会激活大脑中与聆听音乐时相同的区域。当人们凝视分形图像时，往往会感到更加愉悦和放松。"从某种程度上说，我们的视觉系统天生就具备理解分形的能力。"[2]泰勒博士这样总结道。

自然环境中处处可见分形的踪迹，而我们的身体在这样的环境中往往感到最幸福、最舒适。这些场景看起来熟悉且亲切，能让我们的内心感到安全。下次当你有机会带孩子外出，在天空布满蓬松白云的时候，不妨问问他们看到了什么。也许他们会告诉你，那像一只鸟、一只猫，甚至像一条龙！这不仅仅是孩子们的幻想，更是因为他们发现了大自然中不断重复的分形图案，而我们从中获得了极大的愉悦感。

塞尚和莫奈在创作那些美丽的画作和自然主义场景时，虽然并未明确思考过分形的概念（毕竟当时这一术语尚未诞生），但他们显然已经意识到，某些环境元素能够让他们感到放松并激发创造力。因此，不妨让身体引领你去寻找那些充满分形美感的地方，相信你会从中收获更多的幸福感和愉悦感。

最快乐的建筑

大学本科时，我有幸成为文森特·斯库利（Vincent Scully）教授大课中的一员。斯库利是一位才华横溢的艺术与建筑学教授。我成长于郊区，对斯库利推崇的重要建筑和现代设计风格知之甚少。他生动地描述了纽约市的西格拉姆大厦（Seagram Building），他说，这座大厦引领了一种彻底改变世界的风格，听完他的讲解，我迫不及待地想亲眼看看这座备受赞誉的大楼。

几个月后，我第一次乘火车前往曼哈顿，兴奋地沿着公园大道前行，期待着被震撼的感觉。然而，不知为何，我竟径直从西格拉姆大厦前走过，完全没有注意到它。我又在那几条街区来回走了几次，才意识到："难道这就是它吗？"一座实用的玻璃建筑，前面还有一个广场。虽然看起来还不错，但我站在那里时，却完全感受不到任何热情或激动。为什么我无法像斯库利教授那样充满激情呢？

我们的建筑环境有时在理论上看似合理，至少对建筑师来说是如此，却未必能真正触动我们的心灵，让我们感到愉悦。西格拉姆大厦是 20 世纪中叶国际风格的典范，这种风格以扁平、几何形状的建筑为主，通常配有玻璃幕墙。当时的建筑师们认为，这种极简主义的设计和裸露的材料是对前几代繁复华丽建筑的一种反叛。设计师兼城市规划师勒·柯布西耶（Le Corbusier）也领导了一场类似的运动，使用更粗糙的材料，这种风格后来被称为"粗野主义"（brutalist）。你所在城镇的图书馆、学校、公寓楼或市政厅中，或许就有体现这种风格的建筑。

尽管这种风格非常实用且注重功能，但它往往显得冷酷且缺乏灵魂。这个名字确实很好地反映了它的特点。很少有人会在靠近一座粗野主义建筑时感受到快乐。

如果你希望找到能让你感到幸福的建筑，那么后现代建筑中的柔和曲线和折中风格可能是更好的选择。该运动的领军人物之一，建筑师兼理论家罗伯特·文丘里（Robert Venturi）似乎道出了关键。他建议采用"混合而非纯粹……扭曲而非直接……含糊而非明确……冗余而非简单"的元素。[3] 分形研究人员可能会为这种观点喝彩。泰勒等人发现，最让我们感到愉悦的城市天际线往往与"诸如圆形和方形之类的欧几里得人造形状"截然不同。幸运的是，在许多城市中，我们正逐渐看到更多融入自然灵感的设计——这些柔和的曲线和复杂的图案不仅让人联想到大自然的美好，还能让我们在欣赏它们时感受到生活的丰富与美好。

文丘里等人常被认为开创了一种极具现代感的设计理念，但那种能够触动内心深处并改变我们感受的建筑其实已存在了数千年。如果你有机会去欧洲旅行，不妨花些时间参观几乎任何一个小镇上的古老教堂。即使不是那些著名的教堂，那高耸的天花板和精美的装饰也很有可能会让你立刻感到心怀感激和备受鼓舞。说到宏伟的大教堂，无论你是否是基督徒或有宗教信仰，都能感受到它们所营造的那种令人惊叹的氛围。这些建筑的设计师们希望通过空间布局和细节设计让人们一进入其中就产生敬畏之情，而这一切无须复杂的理论解释即可实现。我曾与几位学识渊博的朋友一同参观过许多大教堂，他们向我详细解释了建筑为何是哥特式、巴洛克式或文艺复兴式的，以及某些符号背后的深刻含义。这些知识固然有趣，但那一刻，我更愿意沉浸在建筑本身带来的感动之中。伟大的建筑总能以独特的方式触动我们的内心深处，让我们感受到心灵的宁静与喜悦。

几年前，我去巴塞罗那旅游时，像所有游客一样，也参观了圣家堂（Sagrada Familia）。这座宏伟的罗马天主教地标建筑始建于 1882 年，由杰出的加泰罗尼亚建筑师安东尼·高迪（Antoni Gaudi）设计。尽管它至今仍未完工，但从网上找到的照片中可以看到，这座建筑依然令人叹为观止。据我了解，目前它已完成约 70%，完工后将成为世界上最高的教堂。即便如此，每年仍有约 300 万游客慕名而来，惊叹于其非凡的尖塔、雕塑、立面和整体设计。漫步其中，或者更妙的是坐在长椅上静静感受，你会发现高迪的设计中完全没有僵硬的几何线条。相反，这座教堂内外都充满了有机的形状、形式以及与自然主题紧密相连的细节。或许你的大脑正在努力解读这些象征意义，但你的身体早已悄然放松下来，感受到一种难以言喻的舒适与自在。

在视觉美学中，能让人们感到愉悦的关键元素通常包括开阔的空间感、宏大的规模以及与自然和谐共存的感觉。无论是站在山顶俯瞰壮丽的景色，还是走进一座高耸的哥特式教堂，又或是置身于高迪的杰作之中，你都会体验到这种发自内心的愉悦。在这样的环境中，你的身体会自然而然地告诉你："一切都很好。"

回到自己的家中，你也可以通过一些小改变来增强生活中的幸福感。例如，摆放一些赏心悦目的植物，比如蕨类植物（这是分形的经典例子），或者选择天然水晶制成的书挡（同样充满分形之美）。如果你的房子有高高的天花板和充足的自然光，那么恭喜你，你已经走在提升居住幸福感的路上了！而对于住在格局较为方正的公寓中的朋友来说，不妨尝试用柔软的靠枕、图案丰富的艺术品或壁挂来打破单调的几何线条，为家居环境增添一份温馨与活力。尽管设计师们每年都在讨论流行趋势，但那些中世纪教堂所传递的美感提醒着我们：真正能打动人心的形式永远不会过时。

嘘，请安静

当你欣赏美景，内心涌起一阵愉悦时，或许并未完全意识到身体对周围环境的其他反应。树叶沙沙作响、微风轻轻吹拂，或是远处鸟儿的鸣唱，这些声音即使你没有刻意留意，也能为你带来一种发自内心的平静感。而如果你仍然感到快乐，那肯定不会被刺耳的电钻声、汽车警报声，或是割草机和空调发出的恼人嗡嗡声所打扰。

我们身体对声音的本能反应使得噪声成为影响幸福感的重要因素之一。当声音传入你的耳朵时，它会穿过鼓膜，振动中耳的小骨头。随后，在一个极其复杂的过程中，声音波通过充满液体的内耳耳蜗以及成千上万的感觉细胞转化为电信号，并传递到大脑。这一过程是自动发生的，你无法控制。

身体会将响亮的噪声视为一种警报信号，从而进入高度戒备状态。马蒂亚斯·巴斯纳（Mathias Basner）是医生、研究员，同时也是睡眠方面的专家，目前就职于宾夕法尼亚大学。[4] 他曾在世界各地开展研究，探讨噪声对睡眠、健康和幸福感的影响。他表示，噪声会导致人体释放肾上腺素和皮质醇等压力激素。身处噪声环境中，你可能会感到更加焦虑和紧张，甚至不开心，即便自己也不清楚具体原因。

我不确定世界是否变得更嘈杂了，但可以肯定的是，餐馆确实如此。一些餐馆老板可能认为高分贝意味着活力与乐趣，但嘈杂的人声、震耳欲聋的音乐以及现代餐厅设计，却让许多地方从原本的有趣变得令人难以忍受。过去，高档餐厅通常配备舒适的长椅、厚重的桌布以及壁纸或窗帘，这些材料能够吸收部分噪声。然而如今，简约风格盛行，硬质表面、裸露的不锈钢和木质地板随处可见，导致噪声在空间中不断回荡。

前几天，我和丈夫与朋友一起在一家餐馆用餐后回家，突然意识到自己的心情变得非常糟糕。我喜欢我们的朋友，食物也很美味，但房间实在太吵了，我们不得不费力才能听清对方说话。我感觉自己仿佛度过了两个小时的紧张时光，而非放松愉快的时刻。

喧闹的房间会让你心情不佳，这还仅仅是问题的开始。除了毁掉一个美好的夜晚，过多的噪声还会增加患高血压、心脏病和中风的风险。研究表明，它可能还与癌症、糖尿病和肥胖有关。几年前，世界卫生组织的一项研究调查了对健康构成威胁的环境因素，将空气污染列为首位，交通噪声紧随其后位列第二。他们指出，仅在欧洲，每年就有相当于 100 万年的健康寿命因噪声的破坏性影响而丧失。[5]

人们认为自己会自然而然地适应噪声，但这一观点已被证明并不正确。虽然过了一段时间后，你可能不会明显察觉到噪声的干扰，但你的身体却从未真正完全适应。环境心理学家阿利纳·布朗扎夫特（Arline Bronzaft）曾研究过一所城市学校的孩子，这所学校紧邻一条火车轨道，每隔四五分钟就有非常吵的火车轰隆隆驶过。她发现，到了六年级时，那些长期面对火车噪声的孩子在阅读成绩上比学校安静一侧的孩子落后了将近一年。整整一年的学习时光就这样被过多的噪声悄然夺走了！这一结果令人震惊，引发了公众的高度关注和强烈反响。[6]教育委员会随后同意在学校天花板安装隔音板，交通管理局也采取措施让轨道更加安静。来自莱曼学院的布朗扎夫特教授因此成为了社区中的英雄。后来，她再次跟进研究，发现当教室变得安静后，学校两侧的孩子的阅读水平逐渐趋于一致。那时布朗扎夫特离开了学术界，全职投身于研究噪声如何影响社区以及对人类健康的潜在危害。

除了将手指塞进耳朵里，我们并没有其他天生的方式来减轻周围的噪声。我们有眼皮可以闭上眼睛，却没有"耳皮"来屏蔽声音。即使在睡觉时，我们的鼓膜、耳蜗和听觉神经也从未停止工作。它们一直在振动并传递信号。正如巴斯纳博士所描述的那样，听觉系统具有

"守望者"的功能，即使在我们睡着时，它也会持续监测周围环境的变化。[7]

如果你住在嘈杂的地方，即便你自认为睡得很安稳，你的身体可能整晚都在释放压力激素。在巴斯纳博士及其团队进行的多项研究中，暴露在交通噪声中的人们夜间频繁醒来，睡眠质量受到严重影响，睡眠变得支离破碎。有趣的是，这些人往往不记得这些干扰，甚至告诉研究人员自己很快就入睡了，且从未醒来。"睡得真香！"他们这样报告——然而，记录下来的生理信号却讲述了一个截然不同的故事。也许噪声引起的短暂醒来的时间太短，以至于无法被有意识地记住，但身体已经记录下了这些问题，而长期的健康风险依然存在。

噪声不仅会影响夜晚的休息，在白天同样会破坏你的快乐，即便你并未意识到这一点。此刻，我正在我最喜欢的图书馆里写作，外面街道上正在进行极其嘈杂的施工。我不禁抱怨这声音有多么烦人，而坐在对面的朋友只是轻轻耸了耸肩。"我已经完全听不到它了。"他说。

我想告诉他，他可能觉得自己没听见，但其实他的身体正在默默记录每一次回响。或许他并不知道，自己体内的肾上腺素和皮质醇水平可能比他意识到的要高得多。如果他回家后发现自己对伴侣态度急躁，这很可能是一种生理反应，而非完全出于有意识的选择。我觉得这一点很重要，他应该了解。我认为我们都应该明白，即使在潜意识层面没有完全察觉到周围的变化，我们的身体依然在悄然影响着我们的情绪和行为。深入了解自身复杂系统内部所发生的一切，可以帮助我们更敏锐地感知自己的幸福、感受和健康状况。不过，在当时的情境下，我只是默默地把注意力转回了笔记本电脑。有时候，静谧的声音确实有着独特的魅力。

生活在城市中的人们早已习惯了各种噪声——警笛声经常出现，街道上驶过的卡车隆隆作响，隔壁的施工声更是不绝于耳……这些噪声似乎从未停歇。对于住在公寓楼里的人来说，楼上邻居的脚步声可能会让人格外烦躁。我们的身体天生会对脚步声保持警惕，将其视为潜在威胁，因此当我们听到这些声音时，会自动释放大量危险信号和激素。等到大脑终于意识到唯一的"威胁"只是楼上某人穿着高跟鞋走过瓷砖地板时，我们的平衡感可能早已被打破。

近年来，白噪声机变得越来越受欢迎。它们通过产生人类耳朵能听到的所有频率来工作，据说可以创造出一种令人平静的声音，掩盖其他噪声，帮助人们更好地集中注意力或入睡。我认识很多晚上使用这种机器的人，也有人选择在手机上下载相关应用程序，以便随时使用。然而，对我来说，白噪声听起来更像是我们在收音机上找台时听到的那种恼人的静电声。除此之外，还有粉红噪声应用程序，它更注重较低频率的声音（比如雨声），以及更低频的棕噪声。如果你喜欢暴风雨拍打海滩的声音，那么棕噪声可能更适合你。

尽管这些声音看似有趣，但巴斯纳博士提醒我们，整晚开着噪声机可能并非完全没有副作用。无论是白噪声、粉红噪声还是棕噪声，它们都会让内耳产生共鸣，并将声音转化为神经信号传递给大脑。虽然我们的意识可能不再察觉这些声音的存在，但身体却始终保持着警觉状态。听觉神经无论白天还是夜晚都处于活跃模式。目前，我们尚不清楚听觉系统长期得不到休息和恢复的机会时，会对健康造成怎样的影响。

意大利医生卢西亚诺·贝尔纳迪（Luciano Bernardi）曾进行了一项有趣的实验，研究音乐对我们身体和大脑的生理影响。他为几十名志愿者播放了不同曲目的音乐，观察不同的节奏和声音模式如何影响他们的生理指标。结果显示，音乐确实会引起呼吸频率、血压和心率的变化。然而，最令人惊讶的是一个意想不到的发现：曲目之间的两分钟静默竟然产生了最显著的效果。这些短暂的间歇比任何所谓的放松音乐更能让人感到放松。[8]

面对噪声问题，我并没有完美的解决方案。耳机确实可以在某些情况下提供帮助，比如在飞机上或乘火车通勤时。但在婚礼上，如果乐队的声音太大以至于无法与伴侣交谈，或者在餐厅里想和朋友聊天时，耳机的作用就显得微乎其微了。或许最好的办法是偶尔让耳朵从噪声中得到片刻休息。你可以抽空去附近的公园散步，或者选择在一个安静的图书馆角落阅读一本书，而不是待在嘈杂的咖啡馆里。更好的建议可能是给自己创造一些机会，聆听鸟儿的鸣叫声。研究表明，经常在线聆听鸟鸣声的人，其焦虑和抑郁水平有所降低，交通噪声则会增加抑郁情绪。[9]另一项研究通过收集 1292 名参与者的智能手机数据，进一步证实了这一观点："日常接触鸟类的生活场景与心理健康状况的长期改善密切相关。"这种益处不仅适用于健康人群，也适用于那些曾经被诊断患有抑郁症的人。

前几天，我走到家里的露台上，发现丈夫正坐在那里，他把 iPad 放在腿上，目光望向远方。

"一切都还好吗？"我轻声问道。

"鸟儿太吵了。"他笑着回答。

我坐到他旁边，也开始静静地倾听。我们听到了知更鸟清脆的鸣叫、金翅雀婉转的颤音、雀鸟杂乱的歌声，以及啄木鸟兴奋的鸣叫。这些小鸟的叫声传得很远，那看似嘈杂的声音却意外地让人感到无比愉悦。如果我当时参与情绪调查，我一定会说那一刻自己感到格外开心。我们常常被提醒要停下脚步闻闻玫瑰花香，但为了健康和幸福，或许学会倾听鸟鸣也是一种更好的选择。

第7章
为何葡萄酒在
巴黎品尝起来
更美味

每一次新的体验都像一扇窗，为心灵
打开更广阔的视野。经历过这样的成长，
我们的内心将永远拥有更宽广的格局。

——奥利弗·温德尔·霍姆斯
（Oliver Wendell Holmes）

让我们一起尝试一个小实验吧！闭上眼睛，回想一下你曾经感到快乐、幸福和满足的时刻。（来试试看吧，我在这里等着你哦！）或许，你的脑海中会浮现出一个特别的地方——也许是微风轻拂的沙滩，有壮丽日出的山顶，或者是一家有温暖灯光的温馨小酒馆。你会发现，这种具体的场景比泛泛的"快乐"更容易被回忆起来。其实，你的快乐之地不必是遥远的异国他乡，也不需要花费太多金钱。比如，当我邀请一位朋友参与这个小实验时，她闭上眼睛，脸上立刻浮现出了笑容。她最快乐的记忆是在一家略显简陋的面馆里，她和伴侣第一次一起品尝清酒，并在那里坠入了爱河。

我们的大脑总是喜欢将抽象的情感与具体的事物或体验联系起来。一旦你将某个地方认定为自己的"快乐之地"，每次回到那里，你的大脑都会重新唤起这种美好的记忆。这并不是因为大脑懒惰，而是因为它本质上就像一台预测机器，会根据过去的经历来推测接下来会发生什么。我们可以利用这一点，让自己更多地感受到积极的情绪。那些曾经让你感到快乐的地方，早已在你的大脑中留下了深刻的印记。当你再次回到这些地方时，那种真实的幸福感便会油然而生。

对我来说，巴黎就是这样一座充满魔力的城市。我在巴黎旅行时有过许多愉快的经历，所以每次来到这里，我的心情都会格外轻松愉悦。最近一次和丈夫去巴黎时，我却遇到了一个小插曲——出现了严重的过敏反应，为此跑了两次药店，还去了一趟当地的诊所。我们爬上一座经典老建筑那有些破旧的楼梯，来到了医生的办公室。这位法国医生坐在一张大木桌后面，桌上一边堆满了文件夹，另一边摆放着一个像莎士比亚笔下的约里克一样的头骨。医生本人是一位年长的绅士，穿着一件蓝色的运动夹克，围着一条白色的羊绒围巾。（幸运的是，这次就诊非常顺利，他只是给我签了个处方单就结束了。）

后来，当我服下抗组胺药，和丈夫聊起这一天的经历时，我忍不住感叹道："这真是太有趣了！"丈夫看着我，一脸困惑。他实在不明白，为什么我会觉得把半天时间浪费在看病上有趣呢？我笑着解释说，这次意外的冒险经历让我感到兴奋：那个头骨、那条围巾，还有整个过程都显得如此独特和难忘！现在回想起来，如果这件事发生在其他地方，我可能不会这么觉得。但正因为我的大脑已经将巴黎与快乐、愉悦、幸福和趣味紧密相连，所以在巴黎发生的一切都被赋予了不同的意义。地点真的能够改变我们在日常生活中所获得的满足感。

重要的不是喝什么，而是在哪里喝

旅行结束后，我的丈夫罗恩走进了我们所住地方的葡萄酒商店。他告诉店主，我们在巴黎品尝了一些非常出色的葡萄酒，希望能买上一两瓶带回家慢慢享用。他们聊起了葡萄品种和年份，店主—— 一位名叫艾拉的开朗又博学的人——微笑着点了点头。

"我可以把这些酒卖给你，"艾拉带着一丝狡黠的笑容说道，"不过别指望它们能完全还原你在巴黎时的味道哦！"

罗恩思索了一会儿才明白他的意思，随后忍不住笑了起来。的确，葡萄园可以将当年的葡萄出口到世界各地，但那些浪漫的咖啡馆、迷人的街道，以及月光下塞纳河畔的美景，却是无法一同打包带走的。在巴黎，我们品味的不只是葡萄酒本身，还有那独特的氛围。你以为自己钟爱的是杯中的美酒，其实你的感官早已沉浸在周围的种种体验中，尽情享受着这一切。就像人们在摇晃的桥上或过山车上会因情感的错误归因而感到困惑一样，在世界上最美丽浪漫的城市之一的一家迷人咖啡馆里品尝的葡萄酒，也会因为环境的影响而显得格外美味。事实上，葡萄酒可能只是带来快乐的一个小因素，却因此获得了超出它应得的赞誉。

艾拉凭直觉认为，我们品尝葡萄酒（以及其他饮品）时，其实是调动了所有的感官参与其中。这一观点得到了许多实验的支持。我有幸与牛津大学的心理学家查尔斯·斯彭斯（Charles Spence）进行了一次充满趣味的交流。他发表了超过 1000 篇关于所谓"跨模态"的论文。作为牛津大学某研究实验室的负责人，他专注于研究我们身体的多感官输入如何共同作用，从而影响我们的日常感知。大多数研究人员一生都专注于单一感官的研究，比如视觉或听觉，而斯彭斯对不同感官信息之间的相互重叠产生了浓厚的兴趣。"我们的感官一直在彼此对话，而且常常是以我们未曾察觉或意识到的方式进行的。"[1]他向我解释道。

你看到的不仅仅是眼睛捕捉到的画面，闻到的也不仅仅是鼻子嗅到的气味——大脑需要处理这些信息，才能赋予它们意义。而这个处理过程相当复杂。感官输入发生的地点甚至会彻底改变我们对其的感知方式。正如斯彭斯所提到的"普罗旺斯玫瑰悖论"所示：你在度假时品尝的葡萄酒或食物，与你在家中试图重现那种体验时品尝的，味道往往是不同的。斯彭斯进一步解释说："部分原因在于环境氛围带来的暗示——空气的气味、周围环境的整体体验都会产生影响。此外，通常情况下，我们在度假时心情更加放松，而好心情会让食物和饮品尝起来更加美味。"

你不必走得太远，就能感受到环境对感官体验的影响。斯彭斯曾进行过一次有趣的品酒实验，邀请了 3000 人品尝里奥哈葡萄酒，并设置了四种不同的条件，包括灯光和声音的变化。大多数参与者表示，当房间灯光为红色而非绿色时，他们觉得葡萄酒"果味更浓郁"；当背景音乐柔和而非响亮时，葡萄酒显得"更甜美"。虽然葡萄酒鉴赏家们常常热衷于讨论土壤和发酵的细微差别，但实际上，我们身体的感受对味道的影响远比我们意识到的要大得多。

身心之间的互动是一个持续的循环过程。斯彭斯解释道："我们的大脑会构建一个关于未来事件的心理模型，'我们生活在这些预测的世界里，而不是实际体验的世界里'。"这可以很好地解释为什么当给葡萄酒专家一瓶贴着昂贵标签的酒时，即便里面的酒被悄悄换成了便宜的，他们仍然会给出很高的评价。加州理工学院和斯坦福大学的研究人员发现，人们不仅仅是主观认为酒更好，他们的大脑对酒的反应也确实不同。通过磁共振成像扫描，研究人员发现，当人们认为自己在品尝一瓶价值 90 美元的赤霞珠葡萄酒时，与认为自己在品尝同款但标价 10 美元的葡萄酒时，大脑中不同的愉悦中枢会被激活。大脑中的内侧眶额皮质部分会变得更加兴奋，从而让人觉得酒的味道更好。[2]

我们通常认为每种感官都是独立且可靠的：如果某种食物在你家尝起来很甜，那么在我家也应该是一样的味道。然而，许多环境因素都会改变我们的体验，而这种情况并不仅限于葡萄酒。查尔斯·斯彭斯曾在伦敦 SOHO 区布置了三个房间进行威士忌品鉴实验，他发现通过调整环境，可以将参与者对威士忌风味和口感的评分提高 10%~20%。

其中一个房间装饰了绿色灯光、草地、槌球门柱，还播放着割草机和鸟鸣声等夏日的声音。在这种环境中品尝威士忌的人，普遍给出了很高的"草香"评分。而在另一个用粉红色和红色装饰的房间里，天花板上传来清脆的叮当声，品鉴者更容易注意到威士忌的甜味。

斯彭斯总结道："人们拿着同一杯酒，在不同的房间里却尝到了完全不同的味道。"最后，当参与者查看自己的评分卡时，才意识到这并不是我们在欺骗他们，而是他们的感知被环境所影响了。

无论是周围的环境、颜色、声音，还是坐着或站着的舒适度，都会对我们的感知产生影响。例如，2022 年，杰克·丹尼（Jack Daniels）[⊖]推出了其保税威士忌，并特意制作了一段背景音乐以提升饮酒体验。公司解释说，钢琴高音、低沉缓慢的大提琴声和节奏明快的小提琴声能够凸显出威士忌中的甜味、木质香气和辛香风味。这款威士忌获得了极高的评价，当然，50 度的酒精度数可能也在一定程度上提升了人们的整体感受。

如果你想在家举办一场令人难忘的晚宴，或许可以试着把更多的时间花在烹饪之外的小细节上。比如，大厨查尔斯·米歇尔（Charles Michel）曾用雪豌豆、蘑菇、豆芽和其他食材制作了一道沙拉，模仿他在纽约现代艺术博物馆看到的一幅康定斯基（Kandinsky）的画作。斯彭斯对此非常感兴趣，于是邀请他到实验室进行实验。结果发现，人们认为这道充满艺术感的沙拉比同样食材随意混合或简单摆盘的版本要美味 29%。

斯彭斯解释道："食物的美学和背后的故事性会直接影响我们对它的喜爱程度。"他还提到，使用有棱角的盘子盛放奶酪会让奶酪尝起来更尖锐，圆形白色盘子上的甜点则比方形或黑色盘子上的甜点显得

⊖ 美国知名蒸馏酒厂。——译者注

更甜美。至于为什么草莓慕斯放在白色碗里会比放在黑色碗里甜 10%，虽然我无法确切解释，但斯彭斯的研究确实得出了这样的结论。

从餐具的重量到灯光的亮度，每一个小细节都会影响你对一顿饭的喜爱程度。例如，给客人提供沉甸甸的勺子，他们会觉得这顿饭比用轻飘飘的餐具享用时更加美味。[3] 阿多尼·路易斯·阿杜里斯（Adoni Luis Aduriz）是西班牙米其林二星餐厅 Mugaritz 的主厨，他与学者合作研究如何让用餐体验更加愉悦。他的餐厅位于两座小镇的交界处，周围环绕着高大的橡树，只能开车前往。尽管他在精心设计包含十几道精致且富有创意的菜品上投入了大量心血，但他深知，用餐的愉悦感并不仅仅来自于盘中的食物。"Mugaritz 不仅仅是餐厅本身，还包括通往餐厅的道路，以及从车窗望出去能看到的乡村景色，"这位厨师说道，"Mugaritz 的魅力也离不开它独特的环境。"[4]

有一次，一位慷慨的同事带我去曼哈顿中城的 Gabriel Kreuther 餐厅享用午餐，这家餐厅同样拥有两颗米其林星。虽然餐厅位于市中心，外面没有高大的橡树，但一坐下，餐厅经理就贴心地递给我一个丝绸脚凳来放置手提包（也许他以为我是拿着香奈儿包来的，而不是价格亲民的普通包）。这一小小的举动立刻让我感到自己正期待着一场特别的美食体验。我们坐在一间宽敞而美丽的房间里，四周摆满了艺术品，天花板是木梁结构，墙壁上装饰着手绘的壁纸。我欣赏着那些精美的陶瓷盘子，每一只都是为特定菜品量身定制的，还有那些超长的餐具，拿在手里感觉非常舒适，看起来像是手工锻造的。至于那天吃了什么，我已经记不太清了。但我清楚记得，当一道菜的盖子被揭开时，冒出了一股浓烟，那一刻的画面至今仍留在我的记忆中。我对那次午餐的美好回忆几乎完全依赖于身处那个房间的体验，而非食物的实际味道。

我敢肯定，有些高级美食的狂热爱好者能够准确说出他们在任何一家米其林星级餐厅里吃过的每一道菜，甚至愿意坐在街角只为品尝到世界上最好的 Osetra 鱼子酱和松露酱。然而，斯彭斯坚信，那些认为吃东西仅仅是关于食物本身的人其实是在自欺欺人。我们的身体会通过所有感官接收信息，并将它们融合在一起，从而判断某样东西是否令人满意或愉悦。

赫斯顿·布鲁门撒尔（Heston Blumenthal）是英国最著名的厨师之一，经营着三家米其林三星餐厅，经常出现在电视节目中，还曾为皇室成员烹饪过。他大力推崇"多感官烹饪"的价值，在他位于伦敦郊外约一小时车程的 Fat Duck 餐厅里，有一道很有名的海鲜菜肴。食客们在享用大比目鱼、鲭鱼、小鳗鱼、贻贝等美食时，可以通过耳机聆听海浪的拍打声、海鸥的叫声和过往船只的声音。布鲁门撒尔说："我们用眼睛、耳朵、鼻子、记忆、想象力和肠胃共同品尝食物。"他进一步解释道，食物其实是"大脑和肠胃之间的对话，由心灵来调解"。[5]

布鲁门撒尔相信，仅仅听到海浪声就能改变你吃蜗牛的体验，而那些愿意花费几百美元在 Fat Duck 餐厅享受完整体验的食客大概也会认同这一点。我们的大脑依靠身体所有感官的输入来决定我们在任何情况或时刻的幸福感。我们可能并不清楚是什么具体因素带来了快乐。在 Fat Duck 餐厅用餐的人们或许会对他们品尝到的美味佳肴感到惊叹，也许只有少数人会足够敏锐地意识到："这顿晚餐的美妙之处不仅在于食物，还在于我听到了最棒的声音！"

大脑是一台预测机器

"眼见为实"这类说法流行，是有其深层原因的。在相机、Photoshop 和 Instagram 的滤镜出现之前，我们几乎没有理由去怀疑自己亲眼看到的信息。即便如今我们知道视觉信息可能会被误导，但我们的本能反应仍然很难改变。

我的一位朋友常常提到她和丈夫手机上不同的天气预报软件带来的有趣对比。如果预报显示有 40% 的降雨概率，她的软件会用雨滴图案来呈现，并标注"40%"；而她丈夫的软件则会用云朵与阳光混合的图案来呈现，并标注"60%"。他们明白，这两个软件实际上提供的是一样的天气预报，只是呈现方式不同。然而，这种认知并没有真正改变他们的感受。

"我的软件像是个忧郁派，而他的更像是个乐观派。"她笑着说道，"虽然我们可以拿这个开玩笑，但它确实会影响我们各自的情绪。"

如果你看到一张下雨的照片，你的大脑会迅速接收到视觉信息，并提醒你带上雨伞！当然，从理性角度来说，你的大脑也能计算出有 60% 的概率不会下雨。然而，人类并非进化到能够以统计学的方式看待世界。想象一下，如果我们的祖先听到前方树林中有沙沙声，那可能是老虎靠近的声音，那么他们的第一反应是逃跑，而不是停下来分析声音来源。正是这种本能让他们得以生存下来，成为我们的祖先。

如今，许多神经科学家将大脑描述为一台"预测机器"。它通过感官接收外界信息，然后对正在发生的事情做出假设。感官信息通过身体传入，大脑则负责感知和预测，两者之间不断进行着互动。然而，有时这种循环会产生错误信息，就像视觉错觉一样。即使你知道其中的原理，大脑仍然无法完全按照逻辑解读这些信息。不过，幸好还有另一部分大脑保持着清醒，确保我们不会完全迷失在这些错觉之中。

漫步云端，会发生什么

我最近登上了高达 1300 英尺的一座新建筑顶端，这座大楼号称是曼哈顿中城最高的摩天大楼。[6] 考虑到这座城市中拥有众多知名观景台的高楼（帝国大厦曾出现在无数电视剧和电影中），这个全新的观景台被设计成一种全方位的感官体验。我带上了一个我认识的五岁小男孩，他是我的客人，我想对于他那天真无邪的眼睛来说，应该比我这双见多识广的眼睛更能带来激动人心的体验。

没想到的是，这次经历比我想象中的更加特别。

我们乘电梯来到 93 层，走进了一个由窗户和镜子构成的巨大房间，镜面反射层层叠叠，仿佛无穷无尽。我们透过窗户俯瞰脚下的纽约城，低头看向地板时，映入眼帘的又是我们自己的倒影，仿佛置身于无尽的镜像之中。穿过其他房间，那里充满了气球和云朵的装饰，我们来到另一个区域，那里有一个圆形的玻璃地板，悬空伸向城市上空。站在透明的地板上，仿佛除了空气，你和脚下 1000 英尺外的人行道之间别无他物。我注视着人们小心翼翼地从不透明的部分踏上玻璃地板。虽然这里非常安全，四周都是落地玻璃窗，但有些人还是犹豫不决，大多数人似乎至少有那么一瞬间感到不安。

我牵起五岁男孩的手，一有空位，我们就踏上了玻璃地板。我立刻感到一种奇怪的感觉。不是头晕，确切地说，更像是一种不协调感。我知道脚下的玻璃坚固无比，不会破碎和掉落，但身体的每一根神经都在尖叫："快离开！不安全！"

然而，五岁的男孩完全没有这种反应。他穿着亮蓝色的运动鞋，稳稳地站在那里，对着镜头露出大大的笑容。当我给他看那些照片时我发现，照片里的他仿佛悬在城市上空，他看起来很高兴，但似乎并不觉得特别惊讶。

在曼哈顿高空摇摇晃晃地走动可能还不算太令人不安。如果你有机会站在美国大峡谷西缘 4000 英尺高的玻璃平台上，那才真正是一种震撼的体验。那里有一座 U 形悬臂桥向外延伸 70 英尺，让你感觉仿佛在空中行走，脚下只有陡峭的悬崖。我想，很少有人去天空步道是为了欣赏那耗费四年时间建成的令人惊叹的工程奇迹。大家去那里更多的是为了感受刺激——以及那种奇特的迷失感，当身体和大脑有着截然不同的感受时，这种体验尤为强烈。自 2007 年天空步道开放以来，已有数百万人穿上纸鞋套（以保护玻璃），踏上当时同类玻璃悬臂中最大的一个。2016 年，中国也在重庆附近建成了一个更大的玻璃栈道，比天空步道长 5 米。

天空步道的建造者在其网站上承诺，它足以承受 70 架满载的波音 747 飞机的重量，所以站在上面完全不用担心玻璃会破裂。你很安全。然而，你的感官系统并不会去看网站上的说明。它们对人类祖先 700 万年的漫游历程以及智人出现后的约 20 万年中进化而来的本能神经反馈做出反应。无论你踏上玻璃悬臂时多么理性（我自认为极其理性），你都无法真正战胜这种深植于人类历史中的本能。

耶鲁大学哲学系的讲席教授塔玛尔·绍博·根德勒（Tamar Szabó Gendler）同时也是心理学和认知科学教授，她最近提出了一种新概念，用来解释为什么在某些情况下，我们的知识（比如"玻璃是安全的"）与身体的感受（比如"这很危险"）会出现脱节。她说，除了我们理性的信念之外，还有一种她称之为"直觉"的东西——这些模式源于"我们自身的经历以及遗传自祖先的经验"，并深深印刻在我们的脑海中。信念是有意形成的，虽然改变起来并不容易，但确实是可能的。"直觉"是"关联性的、自动的、非理性的"。[7] 它会在你没有意识到的情况下悄然发生，并且常常与你的理性认知产生冲突。

备受尊敬的心理学家保罗·罗津（Paul Rozin）多年来一直在研究这种心理与行为之间的不一致现象。[8] 他曾给人们提供一个全新的、完全干净的且经过消毒的便盆，让他们用它来喝汤。他们的反应想必也正是你现在的感觉——"哎呀，太恶心了，绝对不行"。他还尝试让人们品尝一种形状像狗屎的软糖——光是想想就觉得让人难以接受，我几乎都写不下去了，更别说吃它了。当然，也没有其他人愿意尝试。此外，还有些实验更是令人难以启齿，比如让一些人把干净的假橡胶呕吐物靠近自己的脸。尽管人们知道这些东西都是无害且安全的，但他们的身体却会本能地产生强烈的排斥反应。

在大多数身心互动中，我们会自然地出现一些生理反应，比如心跳加速或肾上腺素激增。随后，大脑会迅速扫描这些症状、情境和环境，试图弄清楚到底发生了什么。最终，身心通常能够达成一致。然而，在面对玻璃栈道这样的情况时，事情就变得不同了。因为此时你的感官输入与你的意识大脑之间产生了对抗，而这种矛盾根本无法轻易调和。

在悠闲的徒步旅行中，沿着小径前行时，我们会依赖视觉信息来判断何时跨过石头，以及如何避开危险的悬崖。通常情况下，我们接收到的视觉信息对意识来说是完全合理的，因此我们的行动和反应都能顺利进行。（当然，除非你像我一样，经常被树根绊倒。）然而，当我们踏上大峡谷上方的玻璃观景台，或者站在曼哈顿街道上方 1000 英尺处的透明平台时，视觉系统会告诉我们，我们正朝着悬崖边缘迈步。尽管我们的大脑意识试图介入，并提醒自己"没关系"，但这一次，"一切正常"的信号似乎并没有起到多大的作用。

这一切对我来说非常有道理，但我仍然感到困惑：为什么那个五岁的男孩却能表现得如此镇定？他接收到的视觉信息和我们是一样的，但无论他显得多么聪明、多么成熟，五岁孩子的大脑中，规划和执行功能尚未完全发展起来。这些功能主要集中在额叶区域，而额叶是大脑中最后发育成熟的部分。研究表明，直到青少年时期，额叶仍在继续发育，甚至可能要到三十多岁才会完全成熟。因此，孩子的"预测机器"还未能全速运转，它还不懂得如何处理和转换复杂的视觉输入。这种未发育成熟的能力意味着父母和看护人需要扮演他的"成熟大脑"，为他提供额外的支持。但从积极的一面来看，这也让孩子的身心冲突显得更加温和，不会像成年人那样强烈。

面包师悖论

我们的身体每时每刻都在传递大量的感官信息，但大脑只会接收其中非常少的一部分。相信大家都曾有过这样的经历：在街上寻找一家特定的商店时，却不知不觉地走过了它。当你回头再去找时，可能会疑惑自己怎么会错过了那醒目的招牌和明亮的橱窗展示。其实，这并不是因为我们的大脑懒惰，而是因为它只处理那些绝对必要的信息。每一秒钟，数百万甚至数十亿比特的视觉信息会涌入你的眼睛。当光线照射到视网膜时，它会通过视神经向大脑发送电信号，并直接传送到一个叫作丘脑的大脑区域（丘脑还会接收来自身体其他感官的信息）。丘脑非常擅长整合和重新包装这些传入的信息，并将其分发到大脑的其他部分，但并非所有信息都能被大脑筛选出来并记住。第一次经过那家商店时，虽然你的眼睛"看到了"它，但大脑却没有真正记录下这一事件。

我们的大脑进化是为了从物理环境中获取信息，并帮助我们更好地生存。通常来说，那些我们可以看到、感受到或触摸到的事物，对我们的影响远大于那些没有实际物理体验的概念。如果你发现自己难以理解理论物理或非欧几里得几何等抽象学科的内容，请不要担心，你并不孤单。人类的大脑进化是为了优先关注那些直接且紧迫的问题，而这些问题大多通过我们的感官来感知。因此，一些最具前瞻性的学校正在鼓励孩子们通过身体体验来学习，而不仅仅是坐在书桌前死记硬背。例如，想想那些蹒跚学步的孩子们，他们快乐地唱着"头、肩膀、膝盖和脚趾"，并通过实际触摸自己的身体部位来学习它们的名字。随着年龄的增长，如果让学生用积木和绳子搭建金门大桥模型，他们会比单纯盯着练习册更容易理解和掌握几何与物理的知识。

神经生物学家还提到了一个有趣的例子，称为"面包师悖论"（the baker baker paradox）。研究表明，人们更容易记住某人是面包师这一事实，而不是记住他的名字叫贝克。这是因为听到"面包师"这一职业时，我们会联想到相关的感官元素，比如新鲜面包的香气和白色的工作帽。相比之下，一个随机的名字往往很快就会被遗忘，因为我们对它没有任何具体的联想。然而，当我们不仅想象这种关联，还能通过实际体验来强化记忆时，这种联系会变得更加深刻和持久。例如，如果那个告诉你他是面包师的人同时递给你一个美味的巧克力纸杯蛋糕，让你品尝它的味道，那么他极有可能会深深地印在你的记忆中。

所有这些关于感官力量的有趣信息，启发了一些提升记忆力的好方法。其中一种策略是利用地点关联的力量——将你想记住的内容与某个特定地点联系起来。比如，要记住一份包含橙子、香蕉和奥利奥饼干的购物清单，你可以在脑海中走过自己的家，想象橙子放在门厅的桌子上，香蕉挂在吊灯上，饼干沿着楼梯往上爬。当你到达杂货店时，只需在脑海中再过一遍这个场景，你就会想起（并买下）你需要的所有东西。说实话，我这辈子都没能成功做到这一点。大多数时候，我们的大脑更依赖于直接的物理信息。如果我看到厨房里空着的水果碗，我就会立刻记得去买香蕉。

我的孩子们以前很喜欢一本叫《别忘了买培根》（*Don't Forget the Bacon*）的绘本。这本书讲的是一个小男孩拿着妈妈给的购物清单出门买东西，清单上写着"六个农场鸡蛋、一块下午茶蛋糕、一磅梨，别忘了买培根"。他提着篮子出门，一路上反复念叨清单上的内容，但每次经过有趣的东西时，他的脑子里就会用其他物品替换掉清单上的东西。六个农场鸡蛋变成了六个晾衣夹，一磅梨变成了一段楼梯，一块下午茶蛋糕则变成了他的披风。[⊖]书中句子的韵律和插图非常迷人，我认为作者佩特·哈群斯（Pat Hutchins）并没有比取悦她的小读者更深的意图（她在五十多本书中都很好地做到了这一点）。然而，这个故事在我看来是一个很好的例子，展示了我们的大脑是如何实际运作的。我们通常依靠即时的感官体验来指导行动。虽然大脑能够处理抽象概念，但在有具体实物元素的情况下，记忆效果会更好。故事中的小男孩可以很快记住"一段楼梯"，因为他正从楼梯上跑下来；而要记住买梨这件事，则需要等到后来他在农场摊位上看到梨时才能想起来。

　　我们从各种感官接收到的大量信息，有时甚至显得有些杂乱无章，但它们却决定了我们每时每刻、每一天的幸福感。比如，我在巴黎时会感到无比幸福，而我的朋友在她常去的面馆也会感到快乐。那些特别的地方之所以特别，是因为它们触动了我们的感官。一旦我们了解了感官的力量，就可以在生活中以实用的方式运用它们，从而提升日常的幸福感。外部的事物确实会影响我们的感知，那么身体内部的情况又如何呢？我的下一个目标是探索我们的身体是如何让我们感到快乐或者不快乐的。

⊖　这些词英语发音相近。——译者注

第三部分

爱、运动与饮食的惊人力量

从散步到饮食，某些身体活动就像是天然的"身体增强剂"——它们能让我们的心情变得更加积极向上。我们对身体所做的其他一些事情，比如节食减肥，却往往无法真正提升我们的幸福感，甚至可能成为一种"身体否定剂"。现在，正是一个绝佳的时机，开始将那些能够带来深刻快乐与感恩之情的美好事物融入我们的生活。

第8章
身体积极性的真正内涵

> 我慢慢明白，头脑的追求和身体的需求其实是不同的。虽然头脑能够激发身体的反应，但它的某些欲望或许并不真实；而身体，就像一头由本能驱动的动物，它需要什么就渴望什么。
>
> ——克莱尔·梅苏德（Claire Messud），《阁楼里的女人》（*The Woman Upstairs*）

如果你在 Instagram 或其他社交媒体上花些时间，就会发现 #BoPo[⊖] 这个标签被广泛使用。无论是女性还是男性，无论身材高矮胖瘦，很多人都加入了"身体积极性"的行列，倡导接受所有身体形态的美丽，并呼吁我们摒弃社会和媒体设定的那些不切实际的标准（偶尔也有男性），将反身材焦虑的各种变体作为宣传口号。例如，"你本来的样子就很美""你已经足够好了""爱你的身体"等。

虽然这个标签在社交媒体上非常流行，但仅仅从外表的角度对身体持积极态度似乎忽略了更重要的层面。只有当我们从更广阔的视角来看待身体时，身体积极性的意义才能真正显现出来。赞美粗壮的大腿、产后妊娠纹或腹部赘肉固然重要，但这并不是核心所在。外表的美只是我们的身体向世界传递信息的一部分，而这些信息远比单纯的

⊖ #BoPo 是 "Body Positivity"（身体积极性）的缩写标签。——译者注

外貌更加丰富和深刻。

以多芬公司的"真美"宣传活动为例，尽管投入了巨额资金，但这种看似善意的举动实际上收效有限。该活动旨在赞美各种体型，但它似乎暗示着，就身体而言，体型是唯一重要的因素。在其早期的一则广告中，女性需要选择穿过标有"美丽"或"普通"的两扇门之一。那些选择了"普通"门的女性后来被告知，她们可能做出了错误的选择。然而，除了大多数人都属于"普通"这一事实之外，难道美丽和普通就是女性定义自己的唯一选择吗？也许有些女性更愿意通过善良、聪明、风趣或成为好朋友来定义自己，但这些选项却常常被忽视。

即使是在评价自己的外在形象时，简单地将身体划分为"美丽"或"普通"也是过于片面且令人反感的。事实上，你不必称自己为"美丽"，就能意识到自己的身体强壮、健康、健美、能干，并且能够正常运转。为了帮助人们认识到身体的功能不仅仅在于外表，一些治疗师开始提倡用"身体中立"来取代"身体积极性"。如果你觉得对着镜子告诉自己很美是一件尴尬或困难的事情，那么不妨试着放下镜子带来的困扰。身体中立的支持者认为，我们不需要对自己的身体持过度积极或消极的态度，只需学会接纳它，不再过多纠结于它的外观。毕竟，你的身体只是你的一部分，而不是全部。

但先别急着下结论！你的身体当然就是你，不然还能是谁呢？学会以更包容的态度看待自己的身体，并不意味着要回到笛卡尔那种将身心视为两个独立实体的旧观念。科学和哲学花了几个世纪才从这种错误的观点中走出来，认识到身心其实是密不可分的整体。我们无法忽视身体的作用，它每时每刻都在与大脑协同工作，传递信息并塑造出独一无二的你。

每个人都渴望自己的身体能适应周遭的环境，从而在生活的关键领域展现出更好的状态。当我们真正理解身体的需求和意图时，就能感受到身体带来的积极力量——并且可以通过触觉、亲密关系以及当下的体验来提升自己的幸福感。那么，现在就让我们一起迈出这一步，试着去拥抱这种新的视角吧！

当下的你与未来的你

大多数时候，我们的身体运作得相当不错。为了延续物种，我们需要繁衍后代，而我们的身体本能地渴望性爱。为了维持生命，我们需要热量，而进食往往会带给我们愉悦感。运动对心血管系统和整体健康有益，当我们进行剧烈运动时，通常会感到身心舒畅。

至少理论上应该是这样的。然而，我们的身体虽然运转良好，但我们处在一个充满社会、文化和经济压力的复杂世界中。这些外部因素可能会干扰原本协调良好的生理机制。比如，当你和朋友在酒吧喝龙舌兰酒时，你可能沉浸在喧闹的氛围、欢乐的情绪以及社交互动中。这些强烈的感官刺激可能会让你忽略身体发出的信号，比如"再喝一口酒可能会导致你接下来整晚都在马桶上度过"。

有一个问题一直让我反复思考：为什么我们的身体有时会做出让我们不开心的事情？我们偶尔会喝得太多，经常吃得过多，甚至常常忘记运动或锻炼。如果我们的身体如此聪明，为什么它不能帮助我们每天都保持在正轨上，并让我们的生活充满快乐呢？答案似乎在于，我们的身体更倾向于活在当下。当你触摸、品尝、聆听、观看或嗅闻时，你的身体会对当下的刺激做出反应。它不会去预测未来会发生什么。我们聪明的身体每时每刻都在尽可能多地吸收周围的感官体验，并将这些信息传递给大脑进行解读。然而，身体并不会费心去将这些信息置于更大的背景中，也不会对它们进行价值判断。

我们常听说，人类是唯一能够真正为未来做打算的生物。我不知道这是否完全正确——我见过的许多狗似乎也很聪明，只要主人一进门，它们就知道要出去散步了。但不可否认的是，我们的祖先的确学会了种植作物、耐心等待，并在数月后收获食物。这一农业上的革命无疑极大地改善了人类的生活。然而，这种对当下与未来的理解尚未完全渗透到我们生活的其他方面。

我们在播种和收获方面或许已经取得了成功，但在许多其他活动中，我们仍然依赖于感官和当下的体验来决定如何行动。身体的基本目标是享受当下的每一刻。尽管为未来做规划有许多好处，但身体的核心任务是确保我们能够活到未来。在这种情况下，大脑往往会听从身体的指挥，不会轻易推翻追求即时快乐和生存的指令。至于未来？嗯，当然很重要，但我们不妨等到明天再好好考虑吧。

如果你发现自己在为退休储蓄而感到吃力，或者难以抗拒冰箱里那块巧克力蛋糕的诱惑，请不要过于责备自己。每个人都会遇到这样的挑战，给自己一些宽容和理解吧。这并不是个人或道德上的问题，而是因为我们的身体天生倾向于抓住当下的机会。正如演员罗宾·威廉姆斯（Robin Williams）在《死亡诗社》（*Dead Poets Society*）中所说的："及时行乐吧。"[1] 我们的身体总是希望充分利用眼前的资源。如果明天能否到来都充满不确定性，那么为什么还要去担心它呢？

这种"活在当下"的态度在物资匮乏的时代是有意义的。尽管你可能认为我们的思维已经适应了如今更加富足的生活环境，但实际上并非如此。进化是一个缓慢的过程，我们的身体仍然习惯于抓住眼前的一切，而很少考虑未来会发生什么。当我们思考未来的自己——2 年、5 年甚至 10 年后的自己时，这几乎就像在谈论一个完全陌生的人。[2] 对于那些更倾向于活在当下的人来说，现在的自己和未来的自己似乎并没有太多联系。假设你问一个熟人，是想要现在就拿到100美元，还是愿意等到明年拿到120美元，几乎所有人都会选择立即拿到钱。在许多研究我们如何感知未来的实验中，这样的结果反复出现。人们的回答都是，"我现在就要，谢谢"。经济学家们对这种现象既感到困惑又有些沮丧。除非你的储蓄账户能够获得20%的利息（这可不容易），否则从财务角度来看，一年后拿到120美元显然更有价值。然而，我们大多数人都更倾向于立刻把那张100美元的钞票握在手里。正如罗宾·威廉姆斯在同一部电影中所说：把握当下，享受每一天。

最近，在一次聚会上，我与一群30多岁的人聊天，他们十年前一起从商学院毕业。大家认真地听着他们的朋友贾里德讲述他正在计划的一次重大职业变动。其中一位同学提到，这个计划虽然短期内潜力巨大，但长期来看可能存在较大的风险。

"我已经考虑过这些风险了，"贾里德笑着说，"不过那是未来的贾里德需要面对的问题，让他去操心吧。"（他的语气略带调侃，用词也稍微粗俗了一些。）

大家都笑了起来，但贾里德其实并不是完全在开玩笑。神经影像学研究表明，当人们被要求思考当下的自己和未来的自己时，大脑中激活的区域截然不同。这种差异非常显著，以至于与未来的自我相关的神经活动，与我们在思考其他人时所表现出的活动非常相似。对于我在聚会上遇到的这位朋友来说，他当下追求的职业回报让他感到无比兴奋。相比之下，未来的贾里德在他的身体和大脑中所表现出的存在感，并不比房间对面的服务员更强烈。

哈佛大学的心理学家丹尼尔·吉尔伯特（Daniel Gilbert）的研究发现，如果我们问人们在未来10年内会有多大变化，他们通常不会预期自己会有太大的转变。[3] 他们认为自己会继续喜欢同样的音乐和电影，拥有相同的性格以及相似的朋友。然而，当回顾过去的10年时，大多数人会意识到自己实际上已经发生了很大的变化。这种认知上的脱节在任何年龄段都存在。无论你是 20 岁、40 岁还是 60 岁，你都能清楚地看到自己过去的变化，但却很难意识到这种变化还会继续发生。我们往往以为自己现在的样子就是永远的样子，未来的自己显得遥不可及，难以想象。

身体在呼唤：拥抱当下

虽然我们可能对未来的自己不够关心，但同样地，我们也未必完全发挥出了当下的潜力。英国著名哲学家罗曼·克兹纳里奇（Roman Krznaric）指出，"及时行乐"这一理念似乎已经被扭曲，他甚至将其形容为一种"世纪性的存在主义挑战"。[4] 2000 年前，罗马诗人贺拉斯（Horace）在他的《颂歌集》（Odes）中首次提出这一说法时，其初衷远没有如今的"只管去做"那种激进的意味。贺拉斯更希望我们从每一天的新鲜感中汲取美好，发现生活中的机会与快乐。然而，如今我们常常通过信用卡（一键购物）来追求所谓的"抓住当下"，或者以克兹纳里奇所描述的那种"极端个人主义的'你只活一次'的心态"来行动（这种心态将短暂的新奇和刺激置于一切之上）。

同时，我们还因为远离现实生活中的感官体验，用屏幕上传递的虚拟事件替代真实感受，而削弱了对当下的真正投入。前几天，我刚看完朋友几个月前推荐的一部热门电视剧的第六季。[这部剧碰巧是《吉尔莫女孩》（Gilmore Girls），不过别急着评判——每个人或许都有自己的小乐趣。]我在跑步机或健身脚踏车上会边锻炼边刷剧，独自在家、懒得动弹的晚上，我也会躺着看剧。在开始看最后一季之前，我拿出计算器简单计算了一下。这部剧之前在有线电视上播过，每季 21 集，每集 44 分钟。算下来，我已经花了 5544 分钟在这部剧上——相当于将近整整四天的时间。

这个数字让我感到惊讶，但仔细想想，其实也不足为奇。大多数美国人每天花大约 3 小时看电视，无论是通过电脑、手机、平板电脑还是其他设备。（如果再加上浏览网站、社交媒体、电子游戏、电子邮件和短信的时间，总屏幕使用时间还会更多。）如果你能活到 80 岁，那么光是看电视就差不多要用掉 10 年的时间。

10 年是一段非常漫长的时光。想象一下，当你的孙辈们围坐在你身边，请你分享人生中那些令人难忘的经历时，你可能不会提到自己最爱的《宋飞正传》（Seinfeld）剧集，也不会谈起（即使听起来更高雅一些的）《黑道家族》（The Sopranos）、《火线》（The Wire）或《绝命毒师》（Breaking Bad）。我们最深刻的记忆往往来自亲身经历，是全身心投入其中的时刻。看电视时，虽然你可能会被情节逗笑或感动落泪，但要真正感受到发自内心的快乐、难以忘怀的情感或是深深的感激，我们需要一种比屏幕所能提供的更加丰富和真实的体验。正如克兹纳里奇所说："如果我让你把握当下，享受此时此刻的美好，你大概不会选择打开电视，开始换台。"[5]

那么，你该如何把握当下？诗人安德鲁·马维尔（Andrew Marvell）给出了极具说服力的答案——以感官欢愉对抗时光流逝。在其 17 世纪名作《致羞怯的情人》（To His Coy Mistress）中，诗人用瑰丽的诗行向爱人描绘：若能拥有数百载光阴，他将如何虔诚膜拜她的美丽——"两百年倾慕每处峰峦""三万年礼赞其余风光"。然而诗章骤然转折：这终是奢望！尘世光阴如白驹过隙！待到死亡降临，她珍藏的贞洁"终将归于尘土"，诗人炽热的欲望"亦化作灰烬"。字字泣血间，他呼唤着：趁韶华未逝，让我们纵情欢爱。

有人告诉我，英国寄宿学校里的男生过去常常背诵马维尔的诗，以便在约会时吟诵，这无疑是有史以来最出色的求爱工具之一。我还记得第一次读这首诗是在高中，当时觉得它完全合情合理。（尽管如此，我花了许多年才真正付诸行动。）马维尔的激情深深打动了我，让我相信，我们应该让生活充满爱的热情。及时行乐！立刻去感受尘世的美好与欢愉！马维尔的这首诗或许是史上最伟大的关于及时行乐的论述之一。

触碰的乐趣

对我们大多数人而言，身体渴望触摸、感官享受以及亲密关系带来的愉悦。如果不受其他需求的干扰，我们的本能会自然地追随马维尔那充满吸引力的建议。然而，我们并不总是给予身体追求快乐的机会。克兹纳里奇担忧，他所提到的"希腊罗马（Greco-Koman）道德理想和苦行基督教教义的遗产"让人们对身体的快乐产生了一种不恰当的排斥感。"2000 多年来，一直存在着一场针对快乐的漫长战争。"他说。[6]

那么，我们如何结束这场战争，重新找回身体渴望的体验，从而获得真正的幸福呢？如果我们真心希望以积极的态度对待自己的身体，就需要认识到它们对物质性和简单感官体验的渴求——这些体验能够带给我们快乐或愉悦。甚至我们的语言也透露出对感官联系的向往。当我们期待再次见到某人时，我们会说"保持联系"；当我们很久没有给朋友打电话时，我们会为"失去联系"而道歉。实际上，我们也失去了视觉、嗅觉和听觉上的连接，但这些表达方式并没有像"失去联系"那样自然流畅。

早在 20 世纪 60 年代，佛罗里达大学的一位心理学家决定研究情侣在咖啡馆交谈时相互触碰的频率。[7]他在世界各地进行了观察，并报告了从波多黎各圣胡安每小时 180 次触碰的最高纪录到伦敦 0 次触碰的最低纪录。他的家乡佛罗里达州的盖恩斯维尔仅有可怜的 2 次触碰。法国则介于两者之间，为每小时 110 次。触碰的方式也有所不同：大多数情况下是短暂地触碰手和肩膀，但在波多黎各，他观察到的触碰时间更长，甚至延伸到了脸部和手臂。这种跨文化的差异在本质上是有道理的，尽管这些数字乍一看可能有些夸张。每小时触碰 180 次相当于每分钟 3 次，这听起来更像是影片中的情节，而非普通的咖啡馆对话。

即便如此，我仍然愿意去圣胡安，因为当我与喜欢的人坐在一起时，我的第一反应往往是触碰他们的手臂、摩挲他们的手或者轻捏他们的肩膀。然而，如今我基本上克制住了这种冲动，因为在美国家庭中，身体触碰正逐渐被视为一种禁忌。一位年长的朋友曾告诉我，有一天他在工作时感到非常不安，因为一位同事因情绪崩溃而哭着告诉他，她父亲刚刚去世。他的本能反应是伸出手给她一个同情的拥抱，或者让她靠在自己肩上哭泣。但在诉讼频发的美国社会环境中，哪怕只是称赞一下别人的衣着都可能被指控为骚扰，所以他最终选择了克制。

我们这个对触碰心存顾虑的社会，或许最初是出于善意的考虑，但它也在一定程度上阻碍了通过感官联系所带来的诸多积极影响。我非常认同尊重自己的身体以及他人的身体，但我们同时应该认识到，大多数人的身体其实都渴望适当的触碰。尊重身体并不意味着将自己完全封闭起来。最美好的身体触碰能够改变我们的情绪，激发感恩、快乐和亲密感，而表达安慰与亲密感最简单也最有力的方式之一就是适度的触碰。例如，在孩子做演讲前轻轻拍拍他们的背（如今在许多学校已被禁止），可以让他们更有信心，或者让他们对阅读产生更大的兴趣。几十年来的研究表明，婴儿天生渴望身体上的亲近。那些在福利机构中成长且缺乏足够触碰的孩子，即便其他生理需求都得到了满足，仍然可能面临严重的发育障碍。（因此，请尽早且经常地拥抱你的孩子吧！）

一项令人痛心的研究无意间揭示了触碰的重要性。20 世纪 80 年代，在罗马尼亚，堕胎和避孕受到限制，导致一代被遗弃的孩子由国家抚养，成千上万的婴儿最终被送进孤儿院，而那里却没有足够的人手来照顾他们。有些孩子遭受了虐待，有些孩子虽然能吃饱饭，但无人给予关爱。没有人拥抱他们，也没有人抚摸他们。后来，世界各地收养这些孩子的父母发现，他们无法弥补这种早期身体接触缺失给孩子带来的影响。这些孩子不仅出现了情感问题，如双相障碍和精神分裂症，更令人惊讶的是，他们还出现了身体问题，包括免疫系统功能减弱。

我们早已了解触觉的力量，忽视它无疑是一个巨大的错误。早在 18 世纪，哲学家约翰·戈特弗里德·赫尔德就指出，幼儿在托儿所里通过"抓握、举起、称重、触摸和用双手双脚测量东西"不断积累经验，这种方式学到的东西"远比单纯听讲解或观察要多得多"。[8]

当有人轻柔地触碰你时，你更有可能愿意与他合作或接受他的请求。触碰不仅能降低压力水平，还能促使释放与愉悦感相关的激素。触碰悲伤或痛苦的人会产生抚慰效果，这是言语难以企及的。一项研究发现，即使隔着障碍物彼此看不见，人们也能通过短暂地触碰对方的前臂来传达诸如同情、感激和恐惧之类的情绪。我们的身体如此敏感，以至于当有人触碰你时，你真的能感受到他们的关怀与同情。

触碰本身具有超越社会联系的内在价值。有时，很难将触碰带来的身体影响与随之而来的社会和情感联系区分开来，但这两者是可以独立存在的。在一项研究中，一组老年人定期接受探访，探访者与他们交谈并带来欢乐；另一组老年人则在探访中增加了按摩环节。结果显示，第二组不仅报告了更大的情感益处，其认知能力也有了显著提升。这表明，触碰本身就能创造积极的体验。

指纹的印记

我们的身体天生具备通过触觉感知世界的能力，每个指尖上都分布着成千上万的感受器，其灵敏度极高，甚至能够感知到比人类头发丝一半还要小的物体细节。这些感受器各自激活一个被称为"感受野"（receptive field）的神经元。在指尖，这些感受野密集排列——每个感受野覆盖的面积还不到 1/10 英寸。为了更好地理解这意味着什么，你可以尝试用两支削尖的铅笔，将它们靠得很近地放在手腕背面或指尖上。（或者邀请朋友帮你一起完成这个有趣的实验——这也是与你想要了解的人互动的好方法。）两支铅笔需要相隔多远，你才能感觉到是两个不同的点？由于指尖的每个神经元覆盖的区域非常小，因此即使两支铅笔靠得很近，你也能分辨出它们是两个独立的点。现在，不妨在身体的其他部位（如躯干或腿部）重复这个实验。由于这些部位的感受器较少，你（或你的朋友）可能需要将铅笔隔得更远一些，大概 1 英寸或更远，才能感受到两个不同的点。

许多玩具公司发明了一种游戏，让幼儿把手伸进装满物品的盒子里，通过触摸、挤压和感受来探索里面的东西。包装上通常会强调这种游戏具有很高的教育价值。然而，实际上，尽管这个游戏可能很有趣，但幼儿的感觉神经元放电过程是完全自然发生的，无须额外教导。手和手指上的神经元会向大脑准确传递所触摸或感受到的信息，而这一过程无须任何有意识的干预。不过，大脑需要一些时间来处理这些信息。例如，婴儿的指尖可能会先传递出"毛绒球"的图像，但大脑需要稍长时间才能理解并处理这些信息。

　　研究人员长期以来一直认为，我们指纹上的螺旋状纹路除了在《犯罪现场调查》（*CSI*）中能帮助识别凶手之外，肯定还有其他用途，只是具体用途一直不明确。新的研究表明，这些纹路与特定的感觉区域密切相关。连接指尖感受区域的神经纤维之间的距离与指纹上的纹路和脊线高度吻合。这种神奇的能力使我们能够察觉到细微的质地、压力或形状差异。[9]

　　我们的大脑似乎有两种路径来处理指尖、手部以及其他感受器不断传递的感觉信息。与疼痛处理类似，感觉信息首先传送到大脑中负责处理直接细节的部分，让我们不用看就能分辨出自己触摸的是带刺的仙人掌还是柔软的花朵。感觉神经元报告质地、温度、位置、压力和形状的区别，而不添加任何情感色彩。与此同时，另一条感觉路径通往大脑中处理社交和情感信息的区域——这正是为什么恋人的轻抚与老板的推搡之触会给人截然不同的感受。

　　触觉是我们自身的重要组成部分，一位牛津大学教授曾表示，"它为我们提供了对外部世界最可靠、最确切的认知"。[10] 触觉的缓慢和亲密感知使其比视觉带来的快速、冷淡的感知更具影响力。我们对自身在世界中的位置以及对自己身份的认知，很大程度上依赖于身体的感觉。这也是"身体中立"运动看似偏离重点的另一个原因。毕竟，身体体验定义了我们世界的很大一部分，因此我们无法对其持完全中立的态度。

最柔软的肌肤

　　我并不是一个容易冲动购物的人，但如果走进一家商店，看到精心陈列的护手霜，我就很难不被吸引。我的床头柜上总是摆满了各种各样的乳液，每天早晚都会使用，因为我喜欢双手柔软的感觉。而且，我的手提包里也总会放着小管护手霜，方便白天随时使用。

我们大多数人花在皮肤护理上的时间比身体其他部位都要多，这完全可以理解，毕竟皮肤是人体最大的器官。美国人每年在护肤产品上的花费高达200亿美元，希望借此让自己看起来更加光彩照人。我明白，其中很大一部分开销是为了追求美丽，但我们同样非常在意皮肤的实际感受。由于皮肤上有大量的感觉神经末梢，所以当皮肤变得粗糙、刺痛或极度干燥时，我们能够立刻察觉到不适，也许是因为保持皮肤柔软能让我们的感觉神经元更灵敏。

触觉带来的愉悦感往往来自最简单的事物。前几天，我在采访一位知名名人时，她的狗突然跑进房间，跳到了我旁边的沙发上。这位名人满怀歉意地试图把狗抱走，但可爱的拉米（一只查理王小猎犬）正忙着舔我的胳膊和手，完全没被干扰。于是，我欣然开始抚摸它的后背，很快它就依偎在我的腿边睡着了。接下来将近三个小时的采访中，我一直用手轻轻抚摸着它柔软的、毛茸茸的后背，一遍又一遍。有一次，拉米醒了，期待地看着它的主人，而我意识到自己不想让它离开我身边，去亲近它更熟悉的伙伴。触摸它柔软温暖的毛皮所带来的感官体验让我感到无比快乐和放松。

拉米（像大多数狗一样）知道自己想要被抚摸。在此之前，我并没有意识到自己的身体也同样渴望这种温柔的触碰——但它确实如此。那么，抚摸一块柔软的毛毯或一块天鹅绒能否带来同样的镇静效果呢？可能在一定程度上会有相似的感受，但并不会完全相同。我们的感官能够在信息传达到大脑之前捕捉到情绪的变化。我指尖的神经感受到了狗身体的温暖以及它动作的细微变化。传递给神经元的信息远比我意识大脑所意识到的要丰富得多，这引发了一种自动的放松反应。我的血压降低了，皮质醇水平也随之下降了。如果拉米突然紧张起来或者准备攻击，我的身体会比我的大脑更快地察觉到危险信号。

如今，一些医院设立了这样的项目：志愿治疗犬（及其主人）会来到住院部楼层，挨个病房探访有兴趣与它们互动的病人。病人经常抚摸和拥抱这些毛茸茸的小动物不仅能降低压力水平，还能缓解焦虑情绪。约翰斯·霍普金斯大学的医学教授戴尔·尼达姆（Dale Needham）甚至证明了将狗带进重症监护室的好处。他认为，医生们应该考虑减少对药物的依赖，更多地采用包括"动物辅助治疗"在内的非药物干预手段。[11]

换句话说，触摸的力量真的非常强大。

第 9 章
愉悦身心的饮食方案

适度饮食，少食多餐，尝遍百味。这些便是幸福的秘诀。

——茉莉亚·查尔德（Julia Child）

《纽约客》（*New Yorker*）上有一幅漫画总让我忍俊不禁。画中，一位女士正认真地在健身垫上做负重深蹲，而她旁边的另一位女士却懒洋洋地摊开四肢，吃着一袋薯片。漫画的标题写道："什么？教练刚刚说，'要听从身体的声音。'"

确实，锻炼能够让我们的心情更加愉悦，身体也更加健康。然而，身心之间的协作并不总是像我们期望的那样完美。相信很多人都能感同身受——就像那位女士觉得自己的身体渴望舒舒服服地躺着，再配上一包美味的薯片。（我个人可能更倾向于来点儿巧克力！）

有些食物确实能带给我们快乐。我曾问过很多人，如果这是他们最后一餐，会点些什么。答案五花八门：有人选择了蘑菇比萨，有人钟情于菲力牛排，还有位来自慕尼黑的朋友提到了血肠。甚至有人完全跳过了主菜，只想要一份冰淇淋圣代。尽管大家的选择各不相同，但每个人听到这个问题时都会露出一丝微笑，然后陷入沉思，想象着哪种食物能让自己感到最快乐、最满足。

我们的身体会向大脑传递积极信号，引导我们选择那些有助于健康和幸福的食物。然而，这些奖赏中枢早在很久以前就已形成，至今仍未完全适应现代生活的需求。过去，盐是一种稀缺资源，因此所有动物都在寻找它。当你的狗舔你出汗的手臂时，虽然它可能是在表达爱意，但更多时候它只是想要盐分。美食作家马克·比特曼（Mark Bittman）指出，自从人类开始开采盐矿之后，盐变得非常丰富，但"石器时代的冲动并不会因为不再适用于现代社会就自动消失"。[1] 所以，当漫画中的女士觉得身体在告诉她要吃薯片时，她可能是在回应一个对咸味食物有着深深渴望的愉悦中枢——这一中枢已被食品制造商加以利用，让我们渴望一些其实不再真正需要的东西。

就像我们之前遇到的许多信号（从背痛到品酒）一样，身体发出的信息会经过大脑的过滤，并被赋予多种不同的解读方式。这有点儿像在美国选举之夜收听福克斯新闻、美国有线电视新闻网和微软全国广播公司。它们获取的是同样的数据，但会以截然不同的方式解读这些数据的意义。

社会和文化的种种影响让我们的意识思维变得更加复杂，也让我们更难清晰地听到身体发出的真实信息。例如，每年 7 月 4 日，大约 35 000 人会聚集在科尼岛观看纳森国际吃热狗大赛。目前的世界纪录是 10 分钟内吃下 76 个热狗。还有一个名为"美国职业大胃王联盟"（没错，这个名字是真的）的组织负责记录美国其他比赛中的冠军选手所吞食的食物量。这些比赛涉及的食物种类极其繁多，包括比萨、辣椒、苹果派、虾、玉米粥、葡萄、水果蛋糕、蟹饼、烘豆、墨西哥玉米卷、甜甜圈、泡菜、意大利面、西瓜、火鸡、墨西哥卷饼和芦笋（获胜者在 10 分钟内吃下了 12 磅油炸芦笋）。至于那些涉及蛋黄酱和黄油的纪录，我实在不想提及，因为光是想想就让我感到不适。

当然，这就是重点所在。我们的身体并不希望我们在 6 分钟内吃下 16 品脱 [⊖] 的香草冰激淋（这是 2017 年印第安纳州博览会的纪录），或者一口气吃掉 34 个卡诺利甜点。这些虽然只是极端的例子，但几乎每个人都有过类似的经历——在节日聚餐后站起来，抱怨"我吃太多了"或者"我真的撑得不行了"。其实，如果我们能在主菜吃到一半时放下叉子，稍作等待，身体很可能会告诉我们它已经不再感到饥饿了。然而，听从这个信号就意味着要忽略那张摆满南瓜派、苹果派、樱桃派以及周围人都称赞美味的自制巧克力慕斯的丰盛甜品桌。

我的大儿子是一个非常特别的人，他真的会放下手中的餐具，倾听身体的声音。他晚餐吃得少且慢，当我问他是否需要再来一些时，他总是说："让我再等几分钟再决定。"他已经知道妈妈做的烤鸡有多么美味（相信我，确实如此），但现在他会耐心等待身体发出的信号，来判断自己是否真的还需要再来一份。遗憾的是，我们大多数人并不会这样做。胃里的消化激素需要一点时间才能向大脑传递饱腹感的信息，而大多数人在第二份食物快吃完时，这些激素才开始发挥作用。

大多数流行的减肥饮食方法采取的恰恰是相反的策略。它们提供一个严格的饮食计划，完全忽略了身体的实际需求。试想一下，如果我们真正倾听身体的声音，卷心菜减肥法或七天柠檬汁加辣椒粉排毒法还会流行起来吗？地球上没有任何一个群体会把卷心菜或柠檬汁当作正常的天然饮食方式。那么，为什么我们要把这些方法视为合理的饮食选择呢？正如美食作家马克·比特曼所说："保持平衡有益，陷入失衡有害。千真万确，就是如此。"²

了解自己的身体对我们大有裨益。当我与布朗大学的行为与正念专家贾德森·布鲁尔博士交谈时，他告诉我："想要改变行为，唯一的办法就是用心留意，我特别喜欢这种简单的方法。这和所谓意

　　⊖　1 品脱≈0.47 升。

志力的神奇功效毫无关联，关键在于认清某一行为所带来的益处已不复存在。"[3]

大量研究表明，我们食用的高度加工食品旨在刺激大脑的愉悦中枢，这使得我们更难以抗拒过度进食。布鲁尔认为，虽然糖和脂肪能带来愉悦感，但"你的身体能够识别何时摄入过量。如果你用心留意，就会适时停止进食"。

布鲁尔开发了一系列饮食应用程序，帮助人们通过自问问题来更好地理解身体在经历各种食物渴望时的真实需求。你是不是只是感到焦躁不安？你最近什么时候吃的东西？你的肚子是否在咕咕叫？如果你 30 分钟前刚吃过东西，那么很可能你的身体感受到的并非真正的饥饿。这些应用程序帮助你区分压力、无聊和真正的饥饿感，从而做出更恰当的反应。

"用技术来帮助人们倾听自己的身体，这难道不是很讽刺吗？"我问道。

"确实有些讽刺，"他说，"但在一开始，有一个中立的引导者是有帮助的。最终，我们希望人们不再依赖这些应用程序。在某个时刻，你会听到自己聪明的身体对你说：'嘿，你在做什么？暴饮暴食的感觉并不好。'"

煎饼与法式吐司的难题

前几天晚上，我邀请了一些朋友来家里吃饭。我准备了南瓜汤、凯撒沙拉、烤三文鱼、香料饭和芦笋，最后还端出了一块特别美味的芝士蛋糕作为甜点。餐桌上的一位男士笑着说他已经吃得很饱了——但还是毫不犹豫地切了一大块蛋糕。

"吃芝士蛋糕跟饱不饱真的没关系。"他说。

我们都笑了，但他的话确实很有道理。我爸爸以前常开玩笑说，人有一个胃用来吃正餐，还有一个胃用来吃甜点——我信了很长时间，现在想起来都有点儿不好意思。六年级的时候，我们学到牛有四个胃来消化食物，结果我在一次测验中因为答"牛的胃是人的两倍"而丢了分。现在回想起来，老师可能并没有完全理解我的错误不仅仅是数学上的问题。

虽然我对人体解剖学的理解可能不够准确，但我认为我们的身体确实能够区分正餐和甜点的想法是对的。人只有一个胃和一套消化系统，但确实存在这样的情况：身体对一种食物感到满足，却对另一种食物充满渴望并做好了进食的准备。研究人员将这种现象称为"感官特异性饱腹感"（sensory-specific satiety）。你的身体总是渴望尝试新的口味和口感——这是非常明智的，因为多样化的食物能提供更丰富的营养。你可以自己做个试验：吃一两个苹果，你可能就不再想吃了，但如果有一只梨或一个菠萝，你或许会乐意继续吃下去。这就是自助餐如此令人又爱又恨的原因。当你看到各种各样的选择，比如法式吐司、煎饼、鸡蛋、香肠、培根时，你会忍不住都想尝一尝。

在纽约市或加利福尼亚州的顶级法式餐厅中，大厨们巧妙地利用了我们对新口味的喜爱，精心设计了多道菜式的品尝菜单，每份价格高达数百美元。你只品尝到每一道精心制作的菜肴一两口，就在你的味觉尚未完全适应时，这道菜便被撤走，随之而来的是另一道令人惊喜的美味。这种持续不断的感官享受，正是身体让我们感到快乐的完美体现。或许我们会好奇，这些顶级大厨是否因为他们的才华横溢而获得了更多的认可，毕竟从来没有人能吃到足够多的某道菜，以至于让它失去最初的新鲜感。

除非你有无尽的时间和金钱，否则你不太可能经常去这些顶级法式餐厅用餐。不过，他们的某些做法在家里也能借鉴。欧洲工商管理

学院 - 索邦大学行为实验室的讲席教授皮埃尔·尚东（Pierre Chandon）告诉我，将关注点从"吃什么"转移到"怎么吃"以及"吃多少"上，能让每个人都更快乐。我们交谈时，他身后的书架上摆满了他研究的纪念品，比如 7-Eleven 便利店里那种超大杯的汽水，虽然价格实惠，但并不能带来多少真正的快乐。他还摆着一尊伊壁鸠鲁的半身像，这位 2000 年前的希腊哲学家早就明白，明智之人追求的是食物带来的快乐，而非单纯的数量。

尚东告诉我："在最初的几口，感官享受会达到顶峰，然后随着继续进食逐渐减弱。[4] 想象一下吃巧克力慕斯的情景，第一勺是最美味的，能带来令人惊叹的效果。第二勺也很可口，但不如第一勺那么惊艳。如果份量很大，最后一勺可能会让你感到有点儿不适。"

要计算你从某种食物中获得的总体愉悦感，你的大脑并不会简单地把每一口的快乐相加，而是取平均值。尚东解释说，吃得太多实际上会降低你的愉悦感，因为它拉低了整体的平均值。可以这样想：巧克力慕斯的第一口可能在 10 分制中得满分 10 分。你会感到兴奋！多么美味啊！接下来的几口可能也很美味，但感官享受开始逐渐减弱。你的身体不再像之前那样关注，因为这种味道已经不再新鲜，所以你的大脑也逐渐失去了兴趣。当你吃完盘子里的东西时，你可能会觉得更多是出于一种责任感，而不是最初的兴奋感。每一口的愉悦感可能像这样：

10，10，10，9，9，7，6，5，4，4，3，3

把这些数值加起来再取平均值，你会发现结果远远低于最初品尝时的那种令人愉悦的满分体验。我们对一次体验的总体反应很大程度上取决于结束时的感受，所以当你吃完一大份食物时，甚至可能会忘记最初那些最令人愉悦的瞬间。"最后一勺并不会增加愉悦感，反而会拉低整体的平均值，"尚东说道，"如果你把愉悦感作为选择吃什么的核心考量，你就会愿意与别人分享甜点，而不是独自吃完。"

尚东的建议很有道理，却与美国人的饮食习惯背道而驰。虽然一些顶级餐厅一直在减少每道菜的分量，以追求更精致的用餐体验，但美国其他地方却一直在追求"超大份"。最初的可口可乐瓶只有 6.5 盎司 ⊖，几十年来，这是唯一能买到的规格。而现在，这样的容量甚至连给小孩喝的都算不上。尚东指出，即便你不去购买便利店和电影院里出售的超大杯饮料，它们的存在也会潜移默化地改变你对正常容量的认知。同样，如果你去像芝士蛋糕工厂这样的热门餐厅，有些主菜的分量大得惊人，热量超过 2000 卡路里。路易斯安那风味的鸡肉意面看起来大得足以喂饱整个州的人，而不是一个人；芝士蛋糕切片也不再是美味的小尝一口，而是高达 1500 卡路里的大块食物。

问题的关键不在于我们摄入的卡路里是否过多，而在于我们是否还在思考每种食物带给我们的真正愉悦感。我们都被教导不要浪费食物，但真正的浪费是，如果我们为了吃完面前的所有食物而让自己感到不开心，那才是更大的遗憾。

快乐法则

与尚东聊完没多久，我就和朋友们一起享用了一顿晚餐。餐后甜点我选择了提拉米苏。第一口下去，味道真是美妙极了！接着又尝了一口——依然那么美味。我放下叉子，认真思考了一下。这道甜点确实让我感受到了尚东所说的那种饭后的愉悦感，但如果再多吃一些，会不会让我更开心呢？可能并不会。于是，我告诉自己，把盘子里剩下的那一大块提拉米苏留在那里也没关系。毕竟，虽然这是我花钱买

⊖　1 盎司 =29.57 毫升。

的，但吃光它并不能让它的价值更高。适量地享受，反而能让我获得最大的满足感。

尚东曾经告诉我，试图通过教育或让人感到内疚的方式来促使他们吃得健康，往往不会奏效。然而，如果试着将注意力重新聚焦在食物带来的快乐上，似乎就能达到更好的效果。食物应该是我们生活中的快乐源泉，而不是让人感到罪恶的负担。与其用卡路里、饱和脂肪、胆固醇和添加糖这些术语来谈论食物，不如重新把食物定义为生活的一大乐趣。我们可以思考哪些食物能够真正带给我们快乐，并且考虑为了获得最大的享受，我们需要吃多少才刚刚好。满足饥饿是生存的基本需求，而满足感官上的欲望，属于另一种完全不同的体验。

我曾为美食频道制作过一档电视节目，邀请名人带领观众走进他们的家庭厨房，分享他们最爱的菜肴。在一次假日季的节目中，曾出演《周六夜现场》(*Saturday Night Live*)的演员朱莉娅·斯威尼 (Julia Sweeney)为我们准备了一顿丰盛的感恩节大餐，包括火鸡、通心粉和奶酪、青豆等经典菜肴。当我们讨论甜点时，她毫不犹豫地决定要做一个三层巧克力蛋糕，上面还要抹上厚厚的巧克力糖霜。这听起来像是在一顿丰盛的晚餐之后，再来一道分量十足的甜点，于是我建议是否可以换成一些更轻盈的选择，比如浆果派或者水果沙拉。

她摇了摇头，坚定地说："不行。"

"如果没有巧克力，你怎么知道一顿饭已经结束了呢？"她微笑着问道。

朱莉娅总是能让我捧腹大笑，而这句话更是让我印象深刻。我们的身体和大脑会接收各种各样的信号，从而判断我们应该吃多少。也许，巧克力的味道就是很好的提示，告诉我们已经不再感到饥饿了。同时，它也可能是我们的身体所需要的那份小小的幸福。

在朱莉娅的版本上稍作修改，我在家里的书桌抽屉里藏了一块巧克力。很多个晚上（如果晚餐没有吃巧克力蛋糕的话），我会把它拿出来，掰下一小块，然后坐下来细细品味它那浓郁的味道。仅仅是知道晚上还有这样的享受在等着我，就让我感到一阵满足。因为知道晚餐之后还会有感官上的愉悦等待着我，所以我通常会吃得更少一些。这个小小的巧克力仪式，帮助我平复了内心深处那种原始人的本能，也就是当食物摆在眼前时，我们会尽可能多吃，因为我们永远不知道未来会发生什么。即使在物质如此丰富的时代，这种本能仍然很难完全消除。但有了巧克力作为我的"秘密武器"，我就能轻松忽略脑海中的那个原始人。我可以安心地结束晚餐，因为我清楚地知道，接下来还有能让我感官愉悦的东西等着我。整个过程没有负罪感，只有纯粹的快乐。

有时候，你甚至不需要真正吃掉食物，光是想象它就能获得快乐。

最近，我采访了一位百老汇女演员，她建议我们在一家名为"Lady M"的面包店见面喝咖啡。在此之前，我从未去过那里，但一走进去，就被展示柜里那些奢华的蛋糕震撼到了。我们坐下来，翻开菜单，看着那些诱人的描述，我不禁开始了自己的"表演"。

"手工制作的蕾丝薄饼，夹着玫瑰香吻过的精致奶油，上面点缀着晶莹剔透的玫瑰果冻和可食用的玫瑰花瓣。"我大声念出其中一道菜的描述。

女演员笑了，接着念出了下一道菜："精致的覆盆子、黑莓和黑醋栗慕斯，堆在蓬松的奶油山上，上面还点缀着淡粉色的马卡龙壳。"她用低沉而富有感染力的嗓音说道。随后她补充道："光是读这些描述就已经让人感到满足了，我甚至不确定自己是否还需要点餐！"

当然，最后我们还是点了餐。我们每人选了一份不同口味的蛋糕，并且用对方的叉子尝了一口，这样就能加倍享受这份美味。女演员说得没错，这些充满感官享受的描述本身就令人非常满足，就像一场身心的盛宴。研究发现，那些描述详尽且充满感官享受的菜单，能让人们吃得更慢，也更享受用餐的过程。当被问及愿意为这样精心描述的餐食支付多少钱时，人们给出的金额往往比那些只有简单描述的餐食要高得多。我们的身心协同运作，告诉我们从所吃的食物中能获得多少愉悦感。

我们的身体天生渴望愉悦，与你可能认为的相反，承认自己想要美味的东西其实是一种积极的态度。美国人常常将美味与不健康的食物联系在一起，但事实并非一定如此。在法国进行的研究表明，那里的人们有着与美国人截然不同的直觉，他们会自然而然地将健康的食物与满足和愉悦联系起来。通过用美味和愉悦来描述健康餐食，人们不仅会更加享受这些食物，还会更频繁地选择它们。这一点，任何家长都能深有体会。如果你告诉孩子，吃胡萝卜是因为它们健康，他们可能会露出只有五岁孩子才会有的厌恶表情。但如果你给他们一根美味可口的胡萝卜脆条，他们就很有可能真的会吃，并且喜欢上它。

将注意力放在享受美食上，实际上可以帮助我们做出更健康的选择。在一项研究中，参与者被提供了一块格兰诺拉燕麦棒，并被告知它要么是一种富含多种有益成分的健康零食，要么是一种美味的巧克力覆盆子甜点。有趣的是，当燕麦棒被描述为健康食品时，人们觉得它的满足感不如被描述为美味食品时那么强烈。

"我们常常对食物采取一种非黑即白的态度——认为它要么好，要么坏。"尚东说道。在美国，许多人认为健康食品往往缺乏味道——关于羽衣甘蓝的笑话甚至成了脱口秀演员的常用素材。因此，当同样的燕麦棒被描述为营养丰富而非美味可口时，人们对它的喜爱程度就会降低。尚东还发现，给某些食物戴上"健康光环"可能会适得其反，因为这会让人吃得更多。在另一项研究中，他给参与者提供了一碗标有低脂低热量的 M&M 巧克力豆。尽管这种产品并不存在（事后他向参与者解释了这一点），但那些认为自己选择了更健康食品的人比吃普通糖果的人多吃了46%。

这让我想起了过去低脂饮食风靡一时的时候，当时杂志文章普遍宣称，只要远离脂肪，就能保持健康。那时我已经写了很多年的营养相关文章，但即便如此，我也深信不疑。我还记得有一次告诉我的朋友维姬，我每天下午在办公室都会吃一些扭扭糖——我觉得这是个不错的选择，因为它们是低脂食品，所以我不会担心长胖。她看着我，摇了摇头。

"你真幸运，"她略带讽刺地说道，"我的身体已经学会了如何把糖分转化为脂肪。"

这句话像一记重锤敲在了我的心上。确实如此。我们可以随意给食物贴上各种标签，但我们的身体自有其智慧和运作方式。

斯坦福大学的心理学家阿莉娅·克拉姆（Alia Crum）进行了一些令人惊叹的研究，表明我们对自己所吃的食物的认知不仅会影响我们的情绪反应，还会改变我们的身体状态。在一项开创性的研究中，她给参与者提供了两种不同的奶昔。[5]第一种是香草味奶昔，标签上标明它不含脂肪和糖，热量仅为140卡路里。一周后，参与者再次回来品尝另一种奶昔，这次标签上写着它含有620卡路里、大量脂肪和糖，被称为"放纵型"奶昔。克拉姆在每次参与者喝完奶昔后测量了他们体内循环的饥饿激素——胃饥饿素的水平。胃饥饿素由肠道分泌，当身体需要更多热量时，这种激素会被释放出来。它向大脑发出信号，提示我们需要进食，同时减缓新陈代谢以防我们无法立即获得食物。相反，当我们享用了一顿丰盛大餐后，胃饥饿素水平会下降，这意味着我们应该停止进食，而新陈代谢会加速以帮助消化刚刚摄入的食物。

她记录的胃饥饿素水平与每杯奶昔的卡路里含量呈现出高度相关性。当参与者喝下标示为高热量的奶昔时，胃饥饿素水平显著下降；

而当参与者喝下标示为低热量的奶昔时，胃饥饿素水平则相对保持平稳。这听起来似乎合情合理，但其中隐藏着一个令人意想不到的秘密——这两杯奶昔实际上完全相同，每杯都含有 380 卡路里，唯一的区别仅仅是标签上的描述。

这一发现确实让人感到震撼。参与者们以为自己每周摄入的奶昔热量不同，但实际上它们并没有任何差异。然而，他们的身体却对所认为摄入的食物做出了反应，而非对实际摄入的食物本身做出反应。他们对饱腹感的描述也与自己想象中的食物热量相符，这一点并不算太意外。但更令人惊叹的是，大脑与身体之间的互动竟然强大到可以改变饥饿素的释放，这种现象远远超出了我们大多数人的预期。

克拉姆在此之前已经进行了大量关于安慰剂效应的研究，因此她或许不会对此感到太过惊讶。她深知，我们的思维模式不仅能够影响情绪，还能够直接作用于生理机能。正如她所说："我们对食物的看法、期待以及想法，最终决定了身体如何做出反应。"

这一切让我回想起很久以前吃过的那些扭扭糖。也许，如果我当时认为扭扭糖是健康的，我的身体也会随之产生相应的反应，比如释放或不释放某种与这种期待相匹配的激素。虽然目前还没有人进行过类似的实验来验证这一点，但它确实符合我们逐渐认识到的一个重要事实：身体和心理之间存在着强大的相互作用力，彼此深刻地影响着对方。

如果有研究人员希望进一步探索所谓的"扭扭糖效应"，我很乐意成为实验对象，贡献自己的体验和数据。

让身体快乐的生活方式

对于许多人来说，身体外在的变化（比如肌肉、脂肪、体型和身高）常常成为影响幸福感的一个重要因素。如果你经常浏览 TikTok 上关于营养和锻炼的视频，可能会觉得这些方面完全可以通过自己的努力来掌控。然而，事实并非如此简单——有些因素确实可以控制，有些则受到身体自然规律的影响。我们的新陈代谢会自动调节，以维持体重和能量在一个相对平衡的状态。吃得少时，新陈代谢会减缓；吃得多了，它又会加速以处理额外摄入的食物。通过更好地了解身体的需求，我们能够更轻松地实现自己的目标，同时也能更加接纳自己。

根据美国疾病控制与预防中心（CDC）的数据，目前约有 42% 的美国人面临肥胖问题，这一比例相较于 20 世纪 60 年代初的 13% 显著增加。女性的平均体重从当时的 140 磅上升到如今的约 170 磅，男性的平均体重也从 166 磅增长到了 200 磅。尽管有人认为体重变化主要由基因决定，但从进化的角度来看，这种变化速度显然过快，背后必定还有其他原因。我曾作为一家美国全国性杂志的主编，邀请了一位知名调查记者撰写一篇关于玉米产业和商业食品行业如何改变美国人饮食习惯的文章。这篇文章深入剖析了这些问题，并揭示了许多令人深思的事实。然而，由于涉及敏感的广告商利益，最终未能刊登。

"你是否想过，我们的广告商是谁？"首席执行官当时这样问我。

无论是因为过度加工的食品，还是因为玉米糖浆被广泛添加到日常饮食中，许多人都对自己的身体变化感到困扰。尽管数据显示大多数减肥计划效果有限，甚至反复减肥可能导致身体和心理上的伤害，但每年仍有大约 4500 万美国人尝试不同的减肥方法。实际上，在减肥过程中，我们往往会失去一些肌肉，而当体重反弹时，增加的大多是脂肪。肌肉是代谢更为活跃的组织，因此经过几次反复减肥后，即使体重回到原来的水平，静息时消耗的卡路里也会减少。这样的结果不仅难以让人满意，还可能进一步削弱人的自信和幸福感。

节食公司似乎并没有真正改变方法，只是调整了语言表达，而非计划本身。同样的理念被重新包装成了符合当下潮流的口号。例如，"慧俪轻体"（Weight Watchers）如今更名为"WW"，其宣传语也变成了"行之有效的健康之道"。新兴的热门节食计划手机应用 Noom 则强调它致力于帮助人们成为"更健康的自己"。然而，无论是这些计划还是大多数其他节食方案，最终仍然离不开计算卡路里。

原始人饮食法（paleo diet）曾一度风靡全球，声称教给人们的是人类最初适应的饮食计划。但从节食骗局的角度来看，这一说法堪称大胆至极。旧石器时代持续了约 300 万年，从最早的石器使用时期一直延续到大约 5 万年前，那时的人类开始创造首饰和创作洞穴壁画等艺术品。在漫长的岁月中，旧石器时代的人类生活在各种不同的气候条件下，分布范围极为广泛，从今天的欧洲、亚洲、大洋洲到美洲和北极圈都有他们的足迹。真的有人会相信，在如此漫长的时间跨度和广袤的地域范围内，人们吃的都是一样的东西吗？

想象一下，如果我们生活在一个没有扭扭糖诱惑的时代，我们的饮食选择可能会是什么样子，这确实是一个有趣的想法。然而，现实是我们每天都面临着这些诱惑，这无疑让理解身体的需求变得更加复杂。这种挑战与数据科学家所面临的类似——如何从杂音中提取出真正的信号。在这里，信号代表我们的身体真正需要的信息，杂音则是那些干扰因素，比如随处可见的扭扭糖。要让自己更快乐，就需要学会区分这两者。

最明智的做法是不再盲目遵循别人的饮食规则，而是开始倾听自己身体发出的信号。与其纠结是否"节食"，不如把饮食看作每天让自己快乐和健康的一部分。一些营养学家和营养师现在提倡"本能饮食"，即不再称量食物、给食物打分或痴迷地记录每日摄入，也不再将某些食物视为禁忌。相反，我们可以更多地关注自己想吃什么以及什么时候想吃。

我将这种方法称为"让身体快乐的生活方式"。如果你醒来时感到饿，那就应该吃点儿东西；如果你早上并不觉得饿，那就选择一些清淡的食物，不必过于在意"早餐是一天中最重要的一餐"这样的传统观念。毕竟，这对你来说可能并不适用。我个人通常中午会感到饿，所以我喜欢享用一顿丰盛的午餐和下午茶点心，到了晚餐时间反而食欲不大。而我的丈夫正好相反，他白天几乎不怎么进食，晚上却渴望一顿丰盛的晚餐。尽管我们在生活的许多方面都很合拍，但用餐时间却截然不同。不过这并不是问题，我已经学会了在晚餐时享受自己的沙拉和水果，同时欣赏他享用羊排、土豆和豌豆的过程。我们依然可以围绕美食展开愉快的对话。

"让身体快乐的生活方式"的核心理念是尽可能多地选择新鲜、天然的食物，而不是那些食品厂生产的复杂的加工食品。如果食品成分表上的名称让你读起来感到陌生甚至难以理解，你的身体可能也会对这些成分感到困惑。当你享用一个苹果或全麦面包鸡肉三明治时，你的身体能够清楚地感知到食物的状态，肠胃与大脑之间的联系会帮助你准确评估摄入的卡路里以及是否仍然感到饥饿。然而，过度加工的食品无法正常触发身体的饥饿信号。你的大脑可能会难以判断自己吃的是什么，正如我们在奶昔实验中看到的那样，激素也可能因此被误导。

研究人员将含有高果糖玉米糖浆、分离蛋白、氢化油和各种化学添加剂的食品称为超加工食品。在美国，70%的包装食品都属于这一类别，因此提醒人们远离它们似乎有些困难。不过，既然我们正在探讨如何提升幸福感，你可能会惊讶地发现，为了方便而食用的包装饼干、早餐麦片、鸡块和冷冻比萨，可能会对你的积极情绪产生负面影响。一项研究表明，大量食用超加工食品的人更容易陷入轻度抑郁和焦虑的情况。[6]目前对于这种现象的原因有几种理论假设，但尚未得出明确结论。这可能是由于高度加工的食品改变了肠道菌群，或者因为它们引发了炎症反应。无论具体原因是什么（可能涉及多方面因素），当你的身体无法获得恰当的营养时，你的精神状态也可能会受到影响。

　　了解这一点后，你会开始以一种全新的视角看待某些食物。下次有人递给你甜甜圈时，你或许会出于维护心情的理由礼貌地拒绝："谢谢，我现在心情很好，可不想因为什么事破坏了它。"

满足身体真正的需求

　　我们的身体天生就很擅长感知自己何时需要维生素、矿物质和蛋白质。然而，如果我们长期食用食品工业大量生产的高热量但低营养的食物，身体就会不断寻求更多的养分来满足需求。比如，那些超大袋的薯片虽然让人吃得停不下来，但实际上它们并不包含身体真正需要的成分，因此即使吃了很多，我们依然感受不到真正的饱腹感。甚至一些标榜"健康"的食品也可能让我们走入误区。例如，"蔬菜脆片"听起来很吸引人，但根据克利夫兰医学中心的研究，它们经过高度加工，缺乏纤维和蛋白质，几乎不含什么营养。[7] 相比之下，选择蘸着鹰嘴豆泥吃的胡萝卜不仅美味，还能为身体提供丰富的营养。同样地，克利夫兰医学中心的营养师指出，米饼虽然看似健康，但实际上只是单纯的碳水化合物，营养价值很低。吃很多米饼可能会让你觉得自己做了一个健康的选择（毕竟它们口感清淡），但实际上却无法真正满足你的食欲。大脑可能因为吃了些东西而感到短暂的满足，但身体仍然缺乏实际所需的养分。

　　著名美食作家、餐厅评论家、《美食》（*Gourmet*）杂志前主编露丝·雷舒尔（Ruth Reichl）曾分享过她的见解："当我们给身体提供它真正需要的东西时，它自然会告诉我们什么时候已经足够了。"[8] 她提到，如果摄入的食物营养成分不足，那么这种饱腹感永远不会到来。

雷舒尔在青少年时期就开始面临体重问题，进入大学后体重更是迅速增加。为了减肥，她尝试过各种极端节食方法，但这些方法不仅让她感到痛苦、饥饿和不快乐，而且体重总是反复反弹。后来，她的生活发生了转变——她遇到了一位欣赏她自然体型的伴侣，并与之结婚。在这种被爱和接纳的状态下，她不再执着于追求瘦身，而是开始关注自己真正想吃的食物。她学会了倾听身体发出的饥饿信号，并意识到自己过去从未真正这样做过。通过放慢节奏，享受烹饪的乐趣——切菜、削皮、闻着食物散发出的香气——她常常感到"还没坐到餐桌前就已经有了满足感"。带着这种新的态度，她的身体逐渐发生了变化。令她惊讶的是，她竟然成功减掉了 35 磅。

我也经历过非常相似的情况。多年来，我逐渐意识到一件事：几乎每次我决定节食减肥，最终的结果往往是体重不减反增。在节食的过程中，我开始以一种新的方式看待食物——不再单纯关注自己的饥饿感或吃自己真正想吃的东西，而是纠结于哪些"应该"吃、哪些"不应该"吃。虽然我从来不算特别胖，但和许多人一样，我的体重总是反复波动，那 10~20 磅就像一个老朋友，时不时地回来报到。

新冠疫情初期，我发现自己吃得比平时更多了，尤其是那些大块的奶酪，体重也随之增加了一些。不过，我并不为此感到困扰。当看到周围有那么多人正在经历困难时，我为自己能够保持健康而心怀感激。而且，人生短暂，实在没有必要为体重秤上的数字浪费时间。身体积极性的理念让我学会了用更平和的心态看待这一切。

后来，当我重新回到正常生活时，我开始定期游泳。随着运动让我的身体更加舒适，我也能更加敏锐地察觉到身体发出的信号。（这正是运动的一大好处！）我发现自己又开始渴望健康的食物，并且学会了倾听内心真正的饥饿感，而不是被头脑中的欲望牵着走。我没有完全拒绝任何食物，但渐渐发现，小份量的食物反而能让我感到更大的满足感。垃圾食品（包括奶酪）对我的吸引力越来越小，我开始更多地选择水果、蔬菜、鱼和鸡肉等天然食材。到了下一个夏天，我惊讶地发现，自己竟然在不知不觉中瘦了 10 磅，而这一切都没有刻意为之。

这就是"让身体快乐的生活方式"的奥秘所在：关注你的身体真正想要的和需要的是什么。专注于真实、自然的食物，同时也不必对自己过于苛刻，偶尔放纵一下完全没有问题。这种方法可以帮助我们重新理解"节食"的本质含义——它原本指的是我们所选择的食物组合，而不是现在常被误解的限制和剥夺。接受这一点可能会成为你迈向健康生活的关键一步。

小时候，我曾在一本杂志上读到过一条节食建议，并坚持了好几年。它提到，如果你特别想吃一个糖霜纸杯蛋糕（或者类似的高热量食物），可以先从低热量的食物开始，比如吃一些芹菜、几根胡萝卜、一个苹果、一份酸奶、一片吐司……依此类推，直到逐步填满胃部。这样做的目的是让你在吃到纸杯蛋糕之前就已经感到饱了。

如今，我找到了一种更轻松的方法。如果我真的想吃纸杯蛋糕，我会选择一个小号的，然后坐下来慢慢品尝，把它当作一种愉悦的享受。与其将这种行为视为失败，不如将其看作生活中的小小乐趣。

治愈系美食

我的一些朋友对"让身体快乐的生活方式"提出了一个担忧：如果没有明确的指导方针，他们可能会过度放纵。在压力大的时候，我们是不是很容易转向那些熟悉的安慰食品，比如通心粉和奶酪、比萨或者一份美味的汉堡？这种场景在浪漫电影中也经常出现——失恋的女人（别担心，他总会回来的）会用一整盒冰淇淋来抚慰自己的情绪。不过，请不要被这些老套的情节所困扰。实际上，所谓的"安慰食品"更多是媒体和营销的产物，而不是一种真实的生理需求。

当人们感到压力时，确实会对某些食物产生渴望，但这种现象似乎更多与心理因素有关，而非身体的实际需要。例如，每年情人节，我们都会听到巧克力含有与快乐和爱情相关的化学物质。伦敦大学学院的一项大规模研究发现，吃黑巧克力的人报告的抑郁症状比不吃巧克力的人少了将近一半。[9] 这听起来像是好时巧克力带来的神奇效果！然而，更有趣的是，我们的身体代谢巧克力的速度非常快，那些所谓的让人感觉良好的化学物质在到达大脑之前就已经从系统中消失了。

许多人喜欢将甜食当作安慰食品，比如带糖霜的纸杯蛋糕或软软的布朗尼蛋糕。至少有一项研究表明，在压力较大的情况下，甜食会变得更加诱人。我们可以将这种现象理解为一种进化反应，仿佛回到了那个我们需要额外体力来应对的艰难时期。然而，像比萨、意大利面这样的其他安慰食品并不特别甜，而另一大受欢迎的食品——油腻的炸薯条也不太可能为我们提供额外的能量提升。虽然甜食确实与某些人释放改善情绪的化学物质（如血清素和阿片类物质）有关联，但我们不必过于相信那些声称"冰淇淋和饼干能让你快乐"的标题。事实上，这些激素的释放量并不足以真正改变我们的情绪。[10]

更有可能的是，我们对某种安慰食品的渴望其实是大脑试图通过食物带来的感官体验唤起过去的记忆或感受。即使你没有读过马塞尔·普鲁斯特（Marcel Proust）那部伟大的小说《追忆似水年华》（*Remembrance of Things Past*），你也可能听说过其中经典的味觉记忆场景。这位作家在经历了一天的平淡之后感到些许沮丧和疲惫，他将一小块"小巧的玛德琳蛋糕"浸入茶中，突然间，一阵强烈的战栗传遍全身。

"一种美妙的愉悦感涌上我的心头⋯⋯顷刻间，生活中的种种变故对我而言变得无关紧要，灾难不再可怕，短暂也仿佛成了一种幻觉。"

"就缓解压力而言，这种体验恐怕是难以超越的。仅仅一口蛋糕和茶，就让他感受到一种如爱情般强烈的情感冲击。为了理解这种突如其来的巨大喜悦感，他意识到这与刚刚品尝到的味道有关，但又远远超越了这些味道本身⋯⋯"

当然，我们并不需要去研究人物在品尝玛德琳蛋糕时释放了哪些神经递质。食物不仅仅是满足生理需求的工具，它还能让我们联想到过去的美好回忆，甚至唤起当时的情绪。有时候，我们的大脑会变得有些懒惰，需要一点儿小小的刺激才能重新唤醒那些快乐的记忆。比如，小时候庆祝节日时吃过的美食，或者大学时期和好友一起分享的美味，都能让我们瞬间回到那些充满情感的时刻。

如果你希望倾听身体的声音来决定吃什么，那么也需要留意大脑是如何参与其中的。好消息是，当我们把食物视为快乐的来源而非罪恶感的象征时，它不仅能带来味觉上的享受，更能让我们的身心都更加愉悦。

说到这里，我想起了《纽约客》杂志上的漫画中有个有趣的问题：吃薯片和锻炼，到底哪一项活动能让人更快乐？如果让大家投票选择，我猜很多人可能会倾向于薯片。尽管有大量证据表明锻炼确实能够改善情绪，但一想到要去健身房或穿上跑鞋，我们往往会感到犹豫不决。深入探究为什么我们总是难以让自己动起来，我发现这个问题比我想象中的更加复杂，也更加引人入胜。

第 10 章
运动如何让人快乐

生活就像骑自行车。要保持平衡，你就必须不断前进。

——阿尔伯特·爱因斯坦（Albert Einstein）

大脑的一项重要职责是评估身体状态，因此，当我们独自瘫在沙发上或长时间静坐在办公桌前时，很难感受到真正的快乐。相反，当我们的身体充满活力地运动，感到活跃且有力时，大脑会接收到"一切正常"的信号。它会处理这些积极的信息，进而判断我们正处于正确的状态，心情愉悦而放松。这时，大脑无需发出任何压力警报或焦虑信号。

有时，我们可能会发现自己的身体渴望运动，但大脑却提不起劲；或者反过来，大脑想运动，但身体却懒洋洋的，好像很乐意模仿三趾树懒一样。这让我感到非常奇怪。我们的身体其实很聪明，它们希望我们保持健康和活力。从某种意义上说，我们天生就倾向于让身体做正确的事情。那么，为什么即使知道运动能让我们感觉更好，我们仍然难以找到动力呢？又该如何改变这种状况呢？

医生、人类学家和进化生物学家经常提到，我们的身体天生是为了运动而设计的。在人类历史的大部分时间里，人们每天都会花大量时间行走、采集食物或从事体力劳动。例如，在 1900 年左右，大多数美国人还生活在农场或农村地区。根据美国人口普查局的数据，当时的人们"亲手做家务，犁耕地，用叉子堆草，用手挤奶……"。然而，仅仅过了 50 年，情况发生了巨大变化——电力和动力设备逐渐取代了许多传统劳动方式，在城市中，办公室工作人员也开始习惯于坐在椅子上工作，似乎再也不愿意起身活动了。

如今，对许多人来说，"工作"变得越来越久坐不动，而休闲时光则常常是在沙发上坐着看电视、看电影或玩电子游戏。如果人们每天突然坐上 13~15 个小时，会发生什么呢？研究表明，久坐可能与早逝风险增加有关，同时其他研究也指出，久坐与代谢综合征（如肥胖、高血压和高血糖）之间存在关联。不过，有趣的是，如果我们尝试改变，哪怕只是增加起身活动的频率，这些问题似乎会显著减轻甚至完全消失。

事实上，大多数研究并不支持媒体大肆渲染的恐慌情绪（比如"久坐等于吸烟"），也不完全认同站立办公桌市场的兴起。正如一位哈佛医学院的医生所指出的那样，坐着每小时大约消耗 80 卡路里，而站立时这一数字会略微增加到 88 卡路里。换句话说，如果你每天站立 3 小时，就可以放心多吃一根胡萝卜作为奖励！[1]

运动其实是一种简单而直接的让自己感到快乐的方式，但你可能会觉得奇怪：为什么人们并没有不分昼夜地涌向健身房或足球场呢？尽管我们都知道运动能够激活大脑中的愉悦回路，大多数人却很少将"运动"与"快乐"联系在一起。我完全理解这种感受。在当今的文化中，不知为何，我们似乎把身体活动原本带来的自然乐趣变成了一项需要咬紧牙关去完成的任务。

想象一下，如果我们能漫步于林间小道，或者悠闲地穿行于风景优美的公园，让所有的感官都充分活跃起来，那该是多么美好的体验！然而，现实却是，我们常常早早起床，拖着疲惫的身体前往健身房，踏上跑步机——仔细想想，这台设备确实有些奇特。哈佛大学研究人体进化的丹尼尔·利伯曼（Daniel Lieberman）教授曾提到，跑步机是一种噪声大、价格昂贵的机器，它让你徒劳地运动，却没有实际前进。他幽默地指出，在维多利亚时代的监狱里，跑步机甚至被用来防止囚犯放松或享受生活。如今，虽然跑步机能带动我们的肌肉运动，但它却无法刺激我们的大脑，因而让人感到乏味无趣。在健身房里，你不会感受到任何感官上的变化——没有摇曳的树叶，没有鸟儿的鸣叫，也没有宽阔的路面或意外的美景。除非你特别喜欢健身房里的气味、声音和景象，否则你大概会选择戴上耳机，试图通过音乐来分散自己的注意力，摆脱无聊感。

如果你已经能够在健身房踏上跑步机，那么恭喜你，你已经比大多数人领先一步了！尽管很多人有良好的初衷，但大约有一半的健身房会员会在六个月后放弃锻炼计划。即使每月都在支付会员费，也很少有人真正频繁地去健身房。一家颇受欢迎的健身连锁店平均每个分店能吸引 6500 名会员，但它的健身房最多只能容纳 300 人。这种商业模式实际上依赖于一种微妙的心理：人们会因为内疚感而加入健身房，但又不会内疚到充分利用自己的会员资格。

其实，运动本不该如此复杂或令人困惑。只要进行一点点运动，你的身体就能释放出更多的快乐信号，改善你的心情。你的大脑清楚地知道，运动对你有益，并且能够帮助你保持健康。因此，你的意识也真心希望你能踏上跑步机，开始行动。从理论上讲，意识和身体似乎完美同步了。然而，当真正的行动时刻到来时，一切却又变得困难重重，仿佛整个计划瞬间瓦解了。

身体为何（并非总是）渴望运动

让我们暂时回到这样一个观点：我们的身体天生是为了运动而设计的，而不是为了久坐不动。正如我们所见，曾经身体活动是日常生活的重要组成部分——无论是寻找食物、建造住所还是养育子女，都离不开身体活动。利伯曼教授指出，我们以狩猎和采集为生的祖先每天常常要走很长的距离，还可能为了社区的乐趣参与舞蹈或体育活动。身体活动深深融入了他们的日常生活。但他提出的一个重要观点是：他们从不会仅仅为了消耗卡路里而锻炼。

你的身体总是希望尽可能多地保存能量，以支持其核心功能，包括生殖。庞大的人类大脑需要消耗大量能量，而心脏、肺部和肠胃等其他器官同样如此。一个普通人的身体每天仅维持基本生命活动就需要 1300~1600 卡路里的能量，而在过去，获取这么多卡路里是一项艰巨的任务。我们的祖先在行走、狩猎或采集中消耗了能量。聪明的身体逐渐学会了保存能量，避免浪费在那些无法带来食物或生存优势的活动上。

尽管现在你只需咬一口大培根芝士汉堡就能满足一天所需的卡路里，但你的身体还没有适应这种变化。它并不知道现代生活中有开车直接取餐的甜甜圈店，仍然本能地想要节省卡路里。所以，当你不想从舒适的沙发上起身，不想在跑步机上挥汗如雨或在健身器械上锻炼时，并不是因为你懒惰或怠惰——你只是在遵循一种人类长期以来形成的本能。正如丹尼尔·利伯曼所说："没有哪个头脑清醒的成年狩猎采集者会为了好玩而跑 5 英里，白白浪费 500 卡路里。"

利伯曼教授曾深入坦桑尼亚的森林，与最后一批狩猎采集部落之一共处，并探访了那些几乎未受现代科技社会影响的自给自足的农民和其他土著群体。在他看来，认为人类应该主动想要锻炼的想法其实是一个误解。他说，在这些传统文化中，人们确实工作很辛苦，但在没有迫切活动需求时，他们也乐于围坐在篝火旁或蹲着放松。对于他们来说，为参加铁人三项赛而训练的想法简直难以想象，甚至显得荒谬。

他说："无论你是人类、猿类、狗还是水母，自然选择都会淘汰那些浪费能量从而影响繁殖成功的活动。从这个角度来看，所有动物都应尽可能地节省能量。"

这种保存能量的本能会以意想不到的方式表现出来。比如，我在康涅狄格州的家中时喜欢长时间散步，沿着河边漫步或在镇上快步走时我会感到精力充沛。但当我后来开车去杂货店，把车开进停车场时，我会下意识地寻找离主入口最近的停车位。如果最近的一排车位都满了，我可能会感到一丝懊恼——毕竟，多走20步路似乎有点儿麻烦！不过，这并不是我一个人的习惯。如果你留意一下健身房或瑜伽馆前的停车场，就会发现大多数车辆都集中在入口附近。这其实并不难理解：既然大家已经来到这里锻炼，为什么不在停车场多走几步，减少一点儿健身时间呢？这是一种无意识的行为，或许也反映了我们根深蒂固的倾向——只要有可能，我们都希望节省能量。

丹尼尔·利伯曼分享了一个有趣的经历。他曾参加美国运动医学学会的年会，这是一个致力于推广运动价值的组织。与会的专业人士都认为运动对健康和幸福至关重要，他们来此是为了进一步探讨如何更好地推广运动的重要性。作为一次非正式实验，利伯曼站在楼梯旁观察了10分钟内有多少人选择走楼梯，又有多少人选择乘旁边的自动扶梯。结果他发现，在151名参与者中，只有11人选择了走楼梯。"看来，即使是研究和推广运动的人，也和普通人没什么两样。"他说。[2]

住在纽约或芝加哥等大城市的人们可能在日常生活中会走很多路

（毕竟打车太贵，地铁又太吵，有时走路反而是最方便的选择）。但在美国其他地区，走路却常常让人觉得不可思议。几年前，我在休斯敦进行巡回宣传，从机场到我下榻的小旅馆时搭了一辆车。在前台询问午餐地点时，热心的店员递给我一张列有几家餐馆的单子，并告诉我第一家离这儿最近，开车大约需要 10 分钟。

"步行 10 分钟？"我问道。

"不是，那是开车的时间！"他笑着说道，"这儿根本就没有适合步行的地方！"他指了指外面纵横交错的宽阔繁忙的公路。当我提到肯定有人行道时，他显得有些惊讶，好像我真要出去走似的，于是拿起电话说："让我找个人开车送你去吧。"

在人类历史的大部分时间里，人们每天都要步行好几英里获取食物和水。然而如今，想步行去吃午饭，竟会让一位好心的店员觉得你可能有点儿奇怪。这或许正是现代生活与过去最大的不同之一。

爱上身体活动的秘诀

我们常常会陷入这样一个两难的境地：身体活动所带来的奖励机制，包括释放多巴胺和其他让人感觉愉悦的神经递质，可能在进化过程中与我们过去需要移动的需求紧密相关。因为身体活动总是围绕着获取食物和确保安全展开，所以积极强化我们的努力显得尤为重要。与此同时，我们的身体也学会了在没有迫切需求时保存能量。如今，日常生活中几乎不再需要通过移动来维持生存，但"保存能量"的本能依然存在——这使得我们很容易变得不爱动。然而，我们仍然需要通过身体活动来获得积极的情绪和有助心情的内啡肽。

既然身体活动已经成为一种选择，那我们该如何激励自己迈出第一步呢？或许可以从理性角度入手。专家们对运动改善健康的功效几乎没有怀疑，我们也读过许多文章，了解到运动有助于预防心血管疾病、糖尿病和某些癌症，还能改善睡眠、减轻压力，甚至可能延缓认知衰退。然而，如果仅仅用这种方式描述锻炼的好处，可能会让人觉得运动就像球芽甘蓝和羽衣甘蓝沙拉一样——虽然对你有益，做得好也挺不错，但绝不是你在生活大餐中会优先选择的那一道菜。

实际上，如果你能找到一种自己身体真正喜欢的运动方式，那么你才更有可能坚持下去。试着把锻炼看作一种让自己享受的快乐时光，而不是一项任务，这样一切都会开始发生变化。不妨回想一下小时候你喜欢做的事情：你是那个热爱芭蕾舞课的孩子，还是那个喜欢欢快地在街上奔跑、爬树的小冒险家？这些回忆或许能帮你找到答案：现在你是更愿意去参加优雅的芭蕾课程，还是更期待报名攀岩馆的挑战？

小时候，我特别喜欢游泳，夏令营里最让我开心的回忆就是花好几个小时泡在一片略显浑浊的湖水里。（有一次我被某种不明生物咬了一口，还被紧急送去了当地医生那里，但那件事并没有影响我对游泳的喜爱。）年轻的时候，我常常在炎热的周末去社区的大泳池游几圈，但后来游泳逐渐变成了一种偶尔才会进行的活动。说实话，这些年我错过了很多游泳的机会，只是因为不想穿上泳衣。

最近，我决定放下那些不必要的顾虑，重新尝试游泳。我在附近的一家小泳池报名参加了每次 30 分钟的游泳课程。第一次下水时，我就感觉自己像是收到了一份珍贵的礼物。这种兴奋感一直伴随着我。现在，我把游泳看作一种纯粹的快乐。游泳的时候，我偶尔会抬头看看头顶的时钟，总是遗憾地发现时间过得太快。"只剩十分钟了？我还想继续游呢！"这和我在椭圆机或健身自行车上锻炼时那种迫不及待想要结束的感觉完全不同。

锻炼应该是一种享受，而不是一种负担。如果我们仅仅依靠理性和逻辑来驱动自己，知道某项运动能够改善健康、延长寿命就足以成为动力。但实际上，我们的身体和心灵更渴望当下的快乐。为了让自己保持动力，我们需要找到一种让自己感到愉悦的，像是一种感官享受而非惩罚的运动方式。这样不仅能立即获得感官上的满足，还能收获健康与活力带来的长期回报。

其实，解决方法很简单：如果你想变得更快乐，每天都要让自己的生活多一些运动。可以带着狗出去遛弯，或者和朋友一起玩飞盘。让自己享受在附近的公园漫步，沿着河岸散步，甚至只是在自己居住的街区闲逛的乐趣。关于快乐、健康和运动之间的关系，答案有很多，你应该给自己一个机会，去寻找最适合自己的方式。记住，你的身体天生渴望运动，而每一次活动都会让你的心情更加愉悦，态度更加积极，同时也会为你的身体带来回报。

研究人员对运动研究充满热情，因为他们可以通过让受试者踏上跑步机或椭圆机，监测受试者的心率、血压和肺活量，并通过血液样本检测其体内激素、化学物质和神经递质的水平。他们发表的研究成果提供了许多细致入微的见解，例如一天中锻炼的最佳时间、最佳强度，以及短时间高强度锻炼是否与长时间低强度锻炼效果相当等。我读过的大多数研究都非常严谨，即便有时研究结果存在矛盾，我也不会怀疑数据的准确性和真实性。（是应该选择长时间低强度锻炼，还是短时间高强度锻炼？支持这两种方式的研究我都看到过。）但更重要的是，除非你是一位高水平运动员，否则这些细节对你来说并不重要。在这种情况下，我们不必追求完美而忽略了简单有效的做法。让研究人员去探讨每天走 6000 步还是 7000 步更理想吧——你只需要知道，任何形式的运动都能让你感受到更多的幸福、快乐和感恩。

运动与使人愉悦的化学物质

身体活动会促使多种内啡肽和神经递质的释放，这些化学物质与大脑中的受体相互作用，从而让我们感受到愉悦和快乐。这些天然生成的化学物质效果强大，甚至可以与许多药物相媲美。进化生物学家一致认为，我们体内制造快乐的激素曾经对我们的生存至关重要——也许现在依然如此。想象一下，在古代，人们需要在平原上花费数小时狩猎动物和采集食物，他们所需要的不仅仅是用决心来支撑自己。如果体内有一种天然的化学物质能够在剧烈运动后带来幸福感，这无疑会帮助他们坚持下去。

直到 20 世纪 70 年代初，研究人员才发现了一种名为内啡肽的物质，它在体内循环，并符合进化论的要求。参与这一发现的关键科学家之一甘德斯·珀特（Candace Pert）将其形象地描述为"身体自身的止痛剂和致幻剂"。即使你吃的晚餐是通过外卖平台点的外卖，在任何剧烈运动（无论是跳舞、柔道还是游泳）后，内啡肽的释放都会让你感到愉悦。

1992 年，研究人员首次在大脑中发现了大麻活性成分四氢大麻酚（TCH）的受体，这一发现也促使他们找到了一种能让人感到愉悦的化学物质。我们的身体真的很神奇（正如我们不断探索所发现的那样），它不会浪费资源去设置一个无法与自身产生物质匹配的受体。随后，研究人员很快发现了内源性大麻素——这是一种与四氢大麻酚非常相似的物质，能够让人感到平静和快乐。

长跑运动员让我们了解了一种被称为"跑步者的愉悦感"的体验——当跑了一定距离和强度后，人们会感受到一种愉悦感。多年来，人们一直认为这种感觉是由内啡肽引起的。然而，最终一些科学家开始质疑：体内循环的内啡肽是否真的能够到达大脑？内源性大麻素的发现为这一现象提供了全新的解释。就像内啡肽一样，内源性大麻素也会在剧烈运动时释放出来。贝鲁特美国大学的神经科学家阿恩·迪特里希（Arne Dietrich）认为，这可能是某些人在运动时感受到兴奋的秘密所在。他兴致勃勃地说道："内源性大麻素是一种小小的脂肪酸，它穿越血脑屏障的能力简直无人能及！"[3]

当我们运动时，体内的内啡肽、多巴胺和大麻素等物质会显著增加，这不仅能让我们在当时感到心情愉悦，还能让这种好心情持续数小时甚至数天。"如果两三天不能打壁球，我就会变得特别紧张和烦躁。"一位中年男士曾这样告诉我。即使是偶尔运动的人，一旦因受伤而无法锻炼，也可能比平时更容易感到抑郁或焦虑。虽然我们通常不会对运动上瘾（除非极少数特殊情况），但身体中化学物质的变化确实会对情绪产生影响。

我的朋友莱斯利大多数时间早上 5 点就会起床，为的是在开始一天忙碌的珠宝设计师工作之前先锻炼身体。大多数周末，她和丈夫还会驱车一两个小时，去山间小道徒步。对他们来说，锻炼是生活中不可或缺的一部分。"我们需要它来保持快乐。"她笑着告诉我。虽然我不确定如果不锻炼，莱斯利和她的丈夫会不会变得没那么有趣，但我想他们的精神状态可能不会像现在这样充满活力。

感受园艺的乐趣

你不需要成为长跑运动员，也能享受到运动带来的好处——几乎任何一种身体活动都能让你的心情变得更加愉悦。无论是出门散散步、打理一下花园、在客厅里随着音乐舞动，还是和孩子一起玩追人游戏，这些简单的活动都能让你的身体释放出更多积极的信号。

运动不仅对健康有着重要的影响，它所带来的情绪变化同样不容忽视。一项覆盖 24 个国家和地区的大规模调查显示，适度的身体活动能够显著提升人们的生活满意度和幸福感。[4] 不过，具体需要多少运动量才能改善情绪和幸福感，这个问题并没有一个固定的答案，因为每个人的情况都不尽相同。有些研究表明，即使是少量的运动也能让我们的心情变得更好；另一些研究发现，随着运动量的增加，我们的幸福感也会逐步增强。中国台湾的一项重要研究对年轻人、中年人和（身体基本健康且行动自如的）老年人进行了深入分析，结果表明，无论处于哪个年龄段，只要运动量有所增加，生活满意度和幸福感都会随之提升。[5] 即使排除婚姻状况、教育水平和收入等其他可能影响幸福感的因素，那些保持高度或中度运动量的人群，普遍对生活持有更加积极的态度。相比之下，"低运动量"人群的生活满意度则相对较低。

当然，也有一些不同的声音。例如，德国的一项研究表明，适当强度的运动确实能显著提升幸福感，但过于剧烈的运动可能会适得其反，甚至影响情绪。[6] 尽管如此，我并未找到更多支持这一观点的证据，而且我也认识许多热爱马拉松并从中获得快乐的人。因此，总的来说，运动确实能让你更加快乐，但具体选择什么样的运动方式和强度，还是要根据你的个人喜好和需求来决定哦！

运动如何让你快乐

运动不仅能让你的好心情更上一层楼，还能让糟糕的一天变得稍微明亮起来。如果你的心情已经低落到谷底，锻炼就像一位贴心的朋友，能够帮助你对抗绝望，并有效缓解抑郁症状。无论是年轻人还是年长者，无论抑郁症状是轻微还是严重，运动都能带来显著的帮助——这一点已经被大量研究证实，证据非常有力且广泛，几乎无可争议。每天只需步行 30 分钟，坚持几周，就能明显减轻抑郁情绪；而长期保持规律的锻炼，甚至还能预防抑郁的发生。每周抽出两三个小时进行适度的身体活动，患抑郁症的风险就会大幅降低。无论是有临床症状的人群，还是普通人，身体活动都能为幸福感加分。[7]

在将运动与抗抑郁药物进行对比的研究中，两者的结果几乎难分伯仲。一项研究将患有抑郁症的男性和女性分为三组，分别采用三种不同的治疗方案—— 第一组只进行运动，第二组只服用抗抑郁药物，第三组则运动加药物。药物见效最快。但在你急着去续开药物之前，请想一想这一点。16 周后，三组之间没有显著差异，而在 10 个月的随访中，运动组的抑郁率明显低于其他任何一组。[8]

虽然我们很容易发现运动与缓解抑郁之间存在明确的联系，但要弄清楚这种联系的具体原因却并不简单。不过，我更愿意这样想：这是你的身体在默默守护你的健康。当你感到抑郁时，身体的其他方面也可能随之受到影响，而运动就像是身体发出的一种信号，提醒你要好好照顾自己。通过运动，血液中的神经递质水平会显著提高，大脑中的相关化学物质可能也会随之增加，从而带来积极的情绪改善。例如，当你感到抑郁时，大脑中血清素、多巴胺和去甲肾上腺素的水平可能不足，而简单的身体活动能巧妙地调整这种失衡状态，让你重新找回内心的平静与快乐。

当你开始活动时，你的身体会焕发出新的活力，并向大脑传递积极的信号，告诉你"你有能力完成任何需要做的事情"。心理学家指出，抑郁的人常常觉得自己无法掌控周围的环境或状况。他们渴望生活变得更好，却感到无助和无力，无法去改变现状。而当你让身体动起来时，它会向大脑发送不同的信息，这种信息能够帮助缓解一些消极情绪。你的身体正在努力应对挑战，并向你传递一种心理学上称为"自我效能感"的力量（即对自身行为和环境的掌控能力）。无论你是游泳、跑步、做瑜伽还是跳舞，你的身体都会感受到一种掌控感，并让你的大脑明白"一切都在掌控之中，无需担心"。

你不需要成为顶尖运动员才能享受到自我效能感带来的好处——你的身体会在任何水平上都乐于给予你奖励。比如我的丈夫，每次跑完步回来（这是他最喜欢的运动），他的步伐总是显得格外自信。虽然他有时会遗憾自己不再像马拉松训练时那样快速，但户外跑步依然让他充满情感上的满足感。他的身体向他的大脑传递着信号："我依然强壮且能干！"同样地，我游泳时，也会感受到一种类似的信心。在水中滑行时，我感觉自己既优雅又充满力量。即使偶尔（这种情况很常见）旁边泳道里有位速度比我快得多的游泳者，让我意识到自己可能并不算特别厉害，我的身体也不这么认为。它告诉我："我正在以正确的方式游动！我正在完成任务！"

当你积极参与活动时，你的身体会聪明地释放出令人愉悦的奖励，让你保持乐观的心态，不断向前迈进。它不希望你轻易放弃或选择退出。只要有一点点活动的机会，你的身体就会全力以赴，让你每天都感受到更多的快乐。

意料之外的运动的真正好处

对于很多人来说，去健身房或购买家用健身器材的主要动力是为了减肥。一开始，这听起来确实很有道理。运动能够消耗卡路里，即使每次只消耗200卡路里或300卡路里，但随着时间的推移，热量缺口会逐渐积累，从而帮助你减轻体重。此外，跑步机或健身自行车上显示的"消耗卡路里"只是部分成果，根据你的运动强度，基础代谢率在运动结束后数小时内仍可能保持较高水平。研究人员将这种现象称为运动后耗氧量，而我们通常更喜欢叫它"燃脂效应"。这就像是一份意外的小惊喜，即使你已经离开了健身房，你的身体依然在默默为你努力工作。

这一切听起来是不是很鼓舞人心？不过，请别忘了，我们的身体其实非常聪明，也很难被轻易糊弄。它总是希望确保你有足够的能量来维持日常需求。所以，当你通过运动消耗了卡路里时，你可能会发现自己比平时更容易感到饥饿，并不知不觉多吃了一两份零食。不仅如此，身体还有自己的"备用计划"。如果你没有补充额外的卡路里，它可能会稍微降低新陈代谢的速度，以保证整体的能量消耗保持在一个稳定的范围内。换句话说，尽管你为了去健身房付出了很多努力（比如早起、换上运动服、开车穿过整个城市、完成运动后再洗澡……），但你的身体只需要做一个小小的调整，就可能让这些努力从热量角度上看变得不那么显著。

原理其实很简单：人体一天中大约 70% 的能量用于维持基础代谢，消化食物则占去约 15%，这两部分加起来已经占了总能量消耗的 85%。剩下的那一点点——大概 15% 或稍多一些——就是你用来进行各种自主选择的身体活动的能量。当你通过运动增加这部分可控制的能量消耗时，身体会巧妙地调整那 85% 的基础能量分配，以确保整体的能量输出不会发生太大变化。许多进化生物学家认为，远古时期以狩猎和采集为生的祖先虽然整天行走、挖食，但他们每天消耗的总能量，和我们现在坐在办公桌前盯着电脑所消耗的能量其实差不多。

我提到这些，并不是想让你对运动失去信心，而是希望你能找到更持久、更有意义的动力来源。研究人员仍在探讨运动对体重控制的具体影响，虽然效果可能并不如预期显著，但它在帮助维持减重成果方面确实有一定作用。与其把减肥当作唯一的理由，不如试着关注那些我们已经知道的运动能够带来的好处，比如提升此刻的幸福感。这样，你会发现自己从中获得的回报更多，也更容易坚持下去。

一直以来，我都在思考一个问题：我们的身体如何成为快乐的源泉？但同时，我也不得不承认，有时候身体却成了阻碍快乐的因素。比如，一切似乎都挺顺利的时候，你可能会不小心踢到脚趾、扭伤脚踝，或者感到背痛、肩痛、腹痛甚至剧烈头痛。这时，你可能会吃点儿阿司匹林或其他药物来缓解不适，但有时疼痛的原因比我们想象的要复杂得多。我的下一个目标，就是探索身体对疼痛的理解，以及我们应该如何更好地认识它。

第四部分

大脑如何缓解疼痛

一方面，你的身体可以激发你的积极情感和情绪，但另一方面却浮现出一个重要问题：为什么你的身体有时会让你感到痛苦而非快乐？接着往下读，你将发现一个全新的视角，这可能会改变你对疼痛的看法。

第 11 章
人人都会受伤

> 生活的伟大艺术在于感知，在于感受
> 我们的存在，即便是在痛苦之中。
>
> ——拜伦（Byron）

　　我们常常觉得疼痛只是一个简单而直接的身体问题。无论是脖子疼、肚子疼、脚疼，还是左手小指的不适，大家的第一反应往往是——到底发生了什么？我们习惯认为身体会按照可预测的方式运作。比如，胳膊骨折了会感到疼痛，但当骨头愈合后，疼痛自然就会消失。如果遇到偏头痛或者脖子僵硬的情况，我们会希望找到问题的根源，从而让身体恢复健康。然而，疼痛其实远比我们想象的复杂得多——它是身心相互交织的结果，想要彻底理清并不容易。

　　几年前，我开始经历背痛的问题。当时我就意识到，这并不是我一个人的困扰。几乎每个人都会在某个阶段遭遇背痛的烦恼。据统计，近 6500 万美国人表示近期曾经历过背痛，还有研究指出，80% 的人一生中可能会受到背痛的影响。[1] 虽然这个数据可能有些夸张，但不可否认的是，背痛确实是一个非常普遍的现象。大多数情况下，通过服用布洛芬和进行一些轻度锻炼，背痛会在几周内逐渐缓解。然而，一旦疼痛突然袭来，很多人难免会陷入恐慌——"我的背怎么了？我是不是再也无法正常弯腰了？这种状态会不会一直持续下去？"。

我也有过类似的担忧。越是对背痛耿耿于怀，似乎它带来的不适感就越强烈。为了寻找解决办法，我查阅了许多资料，发现妙佑医疗国际（又称梅奥诊所，Mayo Clinic）列出了一系列治疗方法，包括阿片类药物、类固醇注射、肌肉松弛剂、植入式神经刺激器，甚至手术。看到这些选项时，我不禁心想："天啊，有没有更温和的选择呢？"与此同时，我也开始思考，究竟是什么导致了我的背痛？可惜的是，这个问题并没有明确的答案，也很难找到确切的解决方法。如果你因为背痛去看医生，大约有一半的概率会被建议去做 X 光或磁共振成像扫描。[2] 虽然这样的检查可能会让人觉得"总算有人在认真对待我的问题了"，但实际上，除非是特别严重的情况，否则这些检查往往并不能提供太多有用的信息。研究表明，脊椎上的所谓"异常"（例如椎间盘突出或破裂）在有背痛的人群和没有背痛的人群中都可能出现。换句话说，即使你的扫描结果显示存在某些问题，也不一定意味着这就是你疼痛的根本原因。事实上，在一项发表于著名期刊《新英格兰医学杂志》（*New England Journal of Medicine*）的研究中，研究人员对一群没有任何背痛症状的人进行了磁共振成像扫描。结果令人惊讶：负责读片的放射科医生并不知道这些人的健康状况，但他们仍然诊断出约 2/3 的人存在椎间盘相关的问题。[3]

俄勒冈健康与科学大学的研究团队在回顾了近 2000 名患者参与的临床试验后，为"扫描无用论"提供了更多有力支持，并将研究成果发表在同样备受推崇的《柳叶刀》（*Lancet*）杂志上。首席研究员罗杰·周（Roger Chou）解释道，常规扫描"不仅无法改善疼痛、身体功能或焦虑水平，甚至可能带来更糟糕的结果"。[4] 这些负面结果背后有多个原因。例如，如果被告知背部存在功能性问题，你可能会变得小心翼翼，不敢过多活动，甚至完全停止运动。然而，这种做法适得其反，因为适度运动其实是恢复健康的最佳途径之一。此外，焦虑和紧

张情绪也会随之增加，而这些恰恰是最不利于康复的因素。

由于身体检查的结果常常与实际感受不符，我决定尝试一些简单易行的方法来缓解背痛。我调整了睡姿，寻找更加舒适的姿势，还特意买了一把新椅子。当背着电脑上下班让我感觉更加不适时，我尝试更换了背包，甚至换了一台更轻便的电脑。但遗憾的是，这些努力都没有明显效果。那种无助感——感觉自己对身体失去了掌控——比疼痛本身更令人沮丧。

最终，我向身为医生的丈夫提起了这个问题。他认同拍 X 光片并没有太大帮助，并建议我加强腹部肌肉锻炼。他说，核心肌群强健后，可以有效减轻背部的压力。这确实是个不错的建议，但当时我并没有完全接受。相反，我开始担心自己是不是胖了，甚至觉得丈夫是在暗示我的肚子松弛了。(这也正是医生通常不给家人看病的原因。)不过，我最终还是从这种情绪中走了出来，开始认真思考能做些什么来改善状况。

于是，我在网上搜索了"缓解背痛的核心锻炼"，找到了许多相关资料，包括数不清的视频。接下来的几天里，每天早上我都会把 iPad 放在地上，跟着一位在线理疗师进行十分钟的轻松锻炼。这位理疗师既专业又充满鼓励，让整个过程变得愉快而高效。晚上，如果躺在床上时感到背痛，我会按照他的建议做一些原地收紧腹部的练习，立刻就能感受到明显的舒缓效果。最大的改变在于，每当背痛发作时，我不再感到绝望，而是多了一份掌控感。我知道自己可以采取行动，与身体合作而非对抗。

我开始意识到，或许我不是说服自己感觉好了一些，而是真正找到了缓解背痛的有效方法。正如我们在许多其他例子中所看到的那样，身体和大脑并非彼此独立，而是始终相互影响，疼痛也是如此。引发疼痛的神经回路从身体传向大脑，又从大脑返回身体，形成一个循环。在与几位医治疼痛的专家交流后，我逐渐将疼痛想象成孩子小时候玩的那种电子套件。那些套件中有电线、连接器和开关，玩法就是通过组合它们让一个小红灯泡亮起来。疼痛就像那个小红灯泡。在这个回路中，有许多地方可以通过干预来止住或减轻疼痛——我们需要找到尽可能多的"开关"。对于我的背痛来说，强化腹部肌肉是一个重要的"开关"。同时，获得对自己身体状况的掌控感所带来的心理安慰，也是一种不可或缺的支持。

你的个人疼痛测量仪

身体的第一反应总是自我保护——它会通过急性疼痛来发出警示信号。比如，踩到石头、碰到热炉子或被蛇咬了，你都会立刻做出反应。这是因为你的感觉神经元会迅速将信息传递到脊柱，从而让你下意识地把手抽回或跳开。几乎同时，脊髓中的其他神经元会将这些信息进一步传递到丘脑——这是大脑中接收疼痛信号的重要部分。随后，丘脑与其他大脑区域进行互动，从不同方面获取如何应对的信息。这时，你可能会脱口而出"哎哟"，而大脑开始介入，判断那条蛇是否看起来有毒。

以上过程已经被广泛研究并为人所熟知。然而，有些疼痛为何无法消退，这个问题仍然存在一些模糊之处。研究表明，系统的第一阶段——将紧急疼痛信息传递至脊柱的神经——非常高效。这一过程无须经过深思熟虑，急性疼痛会立即引发反应，此时大脑尚未完全参与其中。但当大脑中的神经元开始介入时，问题就可能出现。即使危机已经解除，神经仍可能持续发送疼痛警报，导致疼痛感久久不散。

斯坦福大学疼痛医学科主任肖恩·麦基博士（Dr. Sean Mackey）解释道，身体受到的损伤与大脑的反应之间往往没有直接联系。"疼痛是一种体验，一种非常主观的人类体验，"他说，"它和爱、焦虑或恐惧的体验并无本质区别。唯一的不同在于，我们通常能够将疼痛与某种身体刺激联系起来，因此容易误以为疼痛与身体刺激之间存在一一对应的关系，但实际上并非如此。"[5]

为了更形象地说明这一点，麦基博士用一幅画作打了个比方。在这个例子中，当图像击中视网膜上的光感受器时，身体便接收到刺激信号。随后，这些信号被传递到大脑，在那里被处理、修改和解读。有趣的是，尽管视网膜上的图像对每个人来说都是一样的，但不同的人可能会得出截然不同的结论——一些人认为这幅画是杰作，另一些人则可能觉得它毫无价值。同样地，身体感知到疼痛时的情况也非常类似。身体接收到的原始刺激本身并没有太多意义，只有经过大脑的处理和解读后，才会赋予其特定的意义。而且在这个过程中，大脑常常会添加一些实际上并不存在的内容。近年来，疼痛管理领域最重要的突破并不在于改变身体接收到的刺激或疼痛部位，而是在于干扰大脑对疼痛的理解方式，从而帮助人们更好地缓解痛苦。

麦基博士是一位聪明、深思熟虑且细心周到的研究者，备受同行推崇。但在我看来，他更像是一位充满关怀的临床医生——如果你正在经历疼痛困扰，你会非常愿意与他交流。尽管他目前正致力于开发疼痛相关的生物标志物，但他坦言："我们还没有找到一种有效的工具来客观衡量疼痛。疼痛的感受是完全属于个人的体验。"他深刻理解，帮助患者的关键在于改变他们对自己身体信号的感知方式——无论是将其视为一件杰作，还是某种不完美的状态。

当你初次受伤时，你的身体会迅速向丘脑发送信号。丘脑就像一个交通枢纽，将疼痛信息传递到大脑的其他区域。虽然身体在传递这些信号方面非常高效，但问题往往出现在丘脑之后的脑区。这些高级脑区需要处理大量的输入信息和复杂的问题，因此无法对所有信号都给予同等的关注。结果，疼痛信号常常与各种情感因素交织在一起。

你可能会问："我到底有多疼？"实际上，大脑中的"疼痛测量仪"不仅受到最初的伤害影响，还会被许多与伤害本身无关的情绪、经历和预期所左右。

为什么情绪会对疼痛感受产生如此大的影响呢？这里有一个有趣的关联。神经科学家已经发现，多种情绪状态可以直接映射到大脑的特定区域，比如前扣带皮质和躯体感觉皮质。这些名称听起来可能有些复杂，但请不要担心，重点在于：疼痛信号同样会被传递到这些负责情绪和认知的区域。

"塑造疼痛体验的脑区，与负责情绪和认知信息的脑区高度重叠，"麦基博士解释道，"这种复杂的机制其实非常美妙而优雅。"

我们的大脑会不断尝试过滤接收到的大量信息，并通过一个循环系统放大某些信号，同时减弱其他信号。如果你对受伤感到极度焦虑或恐惧，或者正处于疲惫、沮丧或情绪低落的状态，那么压力和挫败感往往会进一步放大疼痛的感受。

如今，在医院和医生办公室里常见的疼痛评分图表似乎暗示，疼痛可以被赋予一个具体的数字。这些图表通常以绿色笑脸（1= 无痛）为起点，红色哭脸（10= 最剧烈疼痛）为终点。然而，每个人的疼痛感受其实都是独特的。你的"6 分"可能是我的"3 分"，甚至可能完全没有意义。事实上，在许多实验中，当人们经历相同的刺激（例如把手放入冰水中或在手臂上放置一块烫的垫子）时，他们的疼痛评分差异极大。有些人觉得根本不疼，另一些人则认为疼痛难以忍受，还有许多人介于两者之间。

这些实验中人们反应的多样性为我们揭示了许多重要信息。烫的垫子接触手臂时，其热度对每个人来说都是一样的，感知神经元对其记录也非常准确。身体在这方面表现得相当可靠。如果垫子足够烫，你会立刻缩回手臂——这是脊髓做出的快速反应，完全不需要大脑参与。然而，一旦脊髓将信号传递给大脑，疼痛感知的差异就开始显现。当记忆、情绪和预期等因素融入疼痛传导通路时，你所感受到的疼痛体验就与实际的物理刺激逐渐脱节。

在这里，我想稍微停顿一下。如果你正在经历背痛、颈痛、偏头痛、慢性胃部不适或其他各种慢性疼痛，我猜你现在可能已经开始感到有些沮丧了。你可能会想大声喊出来："我确实很疼！这真的很痛苦！这不是我凭空想象出来的！"

请允许我补充一句……麦基博士完全理解你的感受，我也一样。当然，你是对的，这种疼痛确实存在，而且非常真实。没有人认为这是你编造出来的。认识到疼痛中可能存在超出局部损伤的因素，并不是为了否定或贬低你的痛苦。是的，你确实感受到了疼痛！事实上，当有人提到疼痛与心理因素有关时，很多人会变得敏感甚至防御性增强。对此，麦基博士经常这样解释："疼痛并不在你的'头脑'里，但它确实存在于你的'大脑'中（疼痛并非源于你的想象，而是由你的大脑感知）。"

"难道大脑不就在我们的头脑里吗？"我忍不住问他。

他笑着回答："这是一个语言上的细微差别。当人们说'在你的头脑里'时，他们通常的意思是，'这不是真实的，只是你在想象'。而我想表达的是，你正在经历的这种疼痛体验是非常真实的，它是大脑回路生成的结果。"

所有疼痛都真实存在

几乎所有我遇到的疼痛研究者都认同麦基博士的观点。他们特别强调，讨论身心循环并不是在暗示患者自己引发了痛苦。

"所有的疼痛都真实存在。"一位物理治疗师温和地告诉我。

"所有的疼痛都真实存在。"一位神经学家坚定地补充道。

这句话已经成为探讨身心相互作用的重要共识：所有的疼痛都真实存在。你能够真切地感受到它、体验到它。无论疼痛的根源是来自大脑还是身体，都不是你凭空想象出来的。

在思考疼痛"真实"这一概念的过程中，我偶然发现了神经科学家查尔斯·朱克（Charles Zuker）——霍华德·休斯医学研究所研究员——关于味觉的一项有趣研究。他的团队发现，当舌头上的味觉感受器向大脑传递信息时，甜味和苦味会分别对应到大脑皮质的特定区域。[6]〔大脑皮质拥有那些因阿加莎·克里斯蒂（Agatha Christie）笔下虚构侦探赫尔克里·波洛（Hercule Poirot）而声名远扬的"小灰色细胞"。〕随后，这些来自大脑皮质的甜味和苦味信号会进一步连接到大脑另一部分的特定区域——杏仁核，它负责处理情绪反应，并对感觉输入进行价值判断。例如，"我喜欢巧克力蛋糕！"或者"我不喜欢洋葱！"这些是我们对身心联系所预期的结果，听起来与疼痛传导通路有几分相似：身体传递感觉信息，而大脑接收并解读这些信息。

接下来的研究结果令人惊叹不已。在针对老鼠的实验中，研究人员发现，通过刺激大脑中的特定神经元，可以让老鼠表现出仿佛正在体验某种特定味道的行为。例如，研究人员给老鼠提供无味的水，同时刺激负责甜味感知的脑区，老鼠便会急切地喝水；而当刺激负责苦味感知的脑区时，老鼠则对喝水失去了兴趣。更神奇的是，研究人员甚至可以覆盖实际味觉传感器发出的信息。例如，当老鼠喝下带有苦味的奎宁水时，如果同时刺激大脑中的甜味回路，它们喝的量反而比预期更多。

"仅仅激活负责苦味感知的皮质中的几百个细胞，动物不仅会认为自己尝到了苦味，还会表现出所有相关的反应，"朱克总结道，"这表明，味觉其实是由大脑决定的。"[7]

味觉其实是由大脑决定的！当然，你的舌头（还有老鼠的舌头）

上确实有味觉感受器，它们是味觉感知过程中的重要一环。然而，身体与大脑之间的联系远比我们想象的要复杂得多。我们通常认为味觉、触觉、视觉、听觉和嗅觉这五种感官完全是身体的生理功能，但当身体将信息传递给大脑后，大脑会对这些信息进行解读，而这个过程中可能会出现各种意想不到的变化。比如，你喝了一口甜的东西，但如果大脑认定它是苦的——那它就会被感知为苦的。

目前，朱克关于甜味和苦味的研究还没有直接的实际应用，但我们可以畅想一下：有一天，当你吃一片梅尔巴吐司时，大脑却告诉你那是美味的姜饼，这种体验是不是很奇妙呢？

你可能已经猜到我想表达什么了——如果未来我们能够通过刺激大脑中正确的神经元来缓解你的背痛，那该多好啊！要做到这一点，我们需要接受一个重要的观念：任何感觉、感官或疼痛都不是单纯地存在于身体里，也不是完全由大脑控制的，而是两者的共同作用。所有的味觉都是真实的，所有的疼痛也都是真实的。关键在于，它们是如何开始的，又会在哪里结束。

你的大脑为何如此敏感

如今，许多研究人员认为慢性疼痛的发生是因为大脑对疼痛传导通路变得过度敏感。哈佛医学院的神经生物学家克利福德·伍尔夫（Clifford Woolf）解释说，疼痛不仅仅是衡量某种"外周病理状况"（peripheral pathology）（例如骨折）的指标，它还可能是"神经系统内异常放大"的结果，也就是我们常说的中枢敏化。[8]问题的关键不再仅仅是骨折本身，而是因为神经系统过于兴奋，持续激发神经元。神经元激发得越多，这种状态就越顽固，也越难以停止。

我把这称为疼痛的"举重理论"。就像你每天举重，肌肉会变得更发达一样，你越是经历疼痛，疼痛传导通路就会变得越强，也会变得更加敏感。最终，你无须拿起重物就能收缩肱二头肌——就像你无须存在生物力学方面的问题也能感受到疼痛。如今，大多数研究人员将疼痛视为一个生物 - 心理 - 社会问题，这意味着有许多不同的因素在起作用。来自身体的生物学或力学信号仅仅是问题的一方面。情感、文化和社会预期也会产生影响，而且对疼痛的焦虑只会让情况变得更糟。

有时，这些问题会相互交织。例如，如果你患有关节炎，那么骨头之间的摩擦不仅会产生疼痛信号，长期的动作还会引发中枢敏化的现象，从而使你的疼痛有两个来源。纤维肌痛症以及其他描述全身不明原因疼痛的诊断，很可能是中枢神经系统功能紊乱的表现。在这种情况下，神经通路变得过于敏感，难以恢复正常。身体、大脑、思维和情绪在疼痛传导通路中紧密相连，形成一个复杂的网络。幸运的是，我们可以通过多种方式尝试在这一过程中找到并激活"关闭开关"，从而缓解疼痛。

并非所有的疼痛都是一样的。除了中枢敏化之外，你可能还会听到"神经病理性疼痛"这一术语，它指的是疼痛感知神经受到了损伤或损害，比如带状疱疹患者所经历的疼痛。同样地，当脊柱中的神经向腿部发送刺痛时，你就会患上一种与神经相关的背痛，这种背痛有时可以通过手术干预得到改善。

当你因组织、神经或骨骼受损而出现急性疼痛时，这种疼痛通常被称为"外周伤害性疼痛"。它是由于组织损伤或炎症引起的，是身体对即时问题发出的信号。我们的身体拥有非常出色的预警机制，以帮助我们避免进一步受伤。例如，如果你在跑步时不小心扭伤了膝盖，身体会迅速向大脑发出警告——出问题了！疼痛会提醒你停止跑步，以免造成更大的伤害。这种类型的疼痛通常会随着时间的推移自行缓解。（将腿抬高并适时冰敷也有助于加速恢复过程。）

然而，当这种急性伤害性疼痛逐渐转变为慢性疼痛时，情况就会变得复杂起来。你可能会觉得问题依然存在，比如那令人困扰的膝盖伤！但实际上，有趣的是，急性疼痛最初是在大脑的一个特定区域处理的，但经过一段时间后，大脑活动会切换到不同的神经回路。研究人员通常将持续超过三个月的疼痛定义为慢性疼痛。在这个阶段，疼痛信号会通过大脑中负责处理情绪、恐惧和焦虑的区域传递。在某个时刻，你的大脑甚至可能开始发送一些身体本身并未察觉的疼痛信号。

我曾遇到过一位非常亲切的女士，她告诉我，她几年前发生了一场严重的车祸，被严重追尾，以至于她的车不得不被拖走。那次事故导致她颈部扭伤，并留下了长期的疼痛问题。最近，她接受了磁共振成像和其他多项检查，医生告诉她一个好消息：损伤已经完全愈合了。然而，这并没有让她感到欣慰，因为她每天仍然承受着剧烈的疼痛。为了找到原因，她已经预约了几位其他领域的专家。"我希望有人能帮我弄清楚到底哪里出了问题，以及是否有新的损伤存在。"她对我说。

我原本想跟她分享一些我的研究，以及她身体可能已经康复但大脑神经回路尚未恢复的可能性。然而，这样的话题过于复杂，不适合在一次偶然的交谈中提及——这或许能解释为什么大多数医生通常不会深入参与这类讨论。毕竟，人们往往更倾向于寻找具体的生理问题并解决它，而不是去探讨身心相互作用所带来的复杂性。我最终选择了沉默，因为我实在不想让她觉得我在暗示她的疼痛是虚构的。我非常清楚，她确实正在经历痛苦！正如麦基博士可能会解释的那样，问题并不在于她的心理状态，而是可能与她的大脑功能有关。

大脑中的疼痛形成过程

如果身体的疼痛信号仅仅是疼痛体验的一小部分，那我们该如何应对呢？为了更深入地了解这个问题，我联系了达特茅斯学院神经科学教授托尔·瓦格（Tor Wager）。他领导的研究团队专注于探索期望和信念如何影响我们的大脑与身体（以及其他相关领域）。和麦基博士一样，他也参与了对疼痛理解方式的重大转变。

"过去我们认为疼痛是发生在你身上的事情——大脑只是被动接收来自身体的信号。"瓦格教授解释道，"但现在整个研究领域已经转向一种新的观点：疼痛实际上是大脑构建的一种信号。根据我们所处环境的不同，大脑可以增强或减轻疼痛的感受。"[9]

瓦格教授的团队对 150 名患有慢性背痛的人进行了研究，并将他们随机分为三组。这些参与者平均经受疼痛长达 10 年，有时甚至更久，而且所有人都表示疼痛严重影响了他们的日常生活。其中一组的核心干预措施包括 8 次会面（每周两次），由治疗师帮助他们重新理解疼痛的意义。与其将疼痛简单归因于组织损伤或受伤，他们被引导去思考另一种可能性：疼痛可能是由大脑回路的敏感化所导致的。

"疼痛本质上是大脑对自己感受的一种推测，"瓦格教授补充道，"如果你了解到这种疼痛并不危险，不必害怕它，甚至可以对它一笑置之，那么你可能会达到这样的状态——哇，这真有趣！原来我的大脑在'捉弄'我！"

通常情况下，有疼痛问题的人会被医生建议小心移动或尽量避免活动。然而，这一组却得到了完全不同的建议。他们学会了将关于疼痛的新理论付诸实践。即使背部感到疼痛，也可以尝试适度活动。事实上，活动不仅安全，还能带来益处，让你感觉更好！你不会因此致残，背部也不会进一步退化。结果令人振奋：经过 4 周与治疗师的合作，2/3 的参与者表示自己已经几乎没有疼痛或完全无痛。在一年后的随访中，他们的状况依然保持良好。

将痛苦转化为喜悦

瓦格与治疗师的这次干预为我们所有人提供了宝贵的启示。疼痛以及对疼痛的恐惧，会让人们减少活动，甚至对一些简单的日常行为（比如扫落叶或陪孩子玩耍）也感到担忧。然而，减少活动反而可能让疼痛加剧，因为运动和活动实际上有助于促进血液循环，从而缓解不适。你越是害怕疼痛，它似乎就越严重，形成了一种恶性循环。

麦基博士曾给我讲述了一个几年前他接诊的病例。这位拄着拐杖来到麦基博士诊室的患者是个网球高手。由于脚部疼痛，他被告知只要脚受力就会进一步损伤。对于一个将体育活动视为减压方式的人来说，这种限制让他痛苦不堪。经过检查，麦基博士诊断他患的是莫顿神经瘤，这是一种脚部神经在受压时会引发剧烈疼痛的情况。虽然这种病很常见，但疼痛确实令人难以忍受，不过它并不危险。

"我告诉他，'听着，走路或者打网球并不会对你的脚造成额外损伤，只是会让你感到疼痛而已。'"麦基博士回忆道，"他说，'你是说打网球不会导致严重损伤，让我最终坐轮椅？'我回答，'当然不会。虽然会疼，但你不会有事的。'"患者点了点头，说道："好的，谢谢。我明白了。"随后，他竟然起身，没有借助拐杖就走出了房间。

我忍不住笑了起来。"你就像卢尔德的奇迹之水一样神奇，"我对麦基医生说，"人们来找你，然后就扔掉了拐杖！"

他微笑着回应："他仍然会感到疼痛，但对他来说，疼痛的意义已经发生了变化。"

帮助人们以不同的方式看待疼痛，可以带来巨大的积极影响。疼痛源于每个人独特的感官和情感反应，是属于个人的体验。关键在于如何打破这个疼痛传导通路。所有的疼痛信号最终都会传递到大脑——因此，我们有机会在疼痛产生的局部位置将其关闭，或者在信号沿着神经链传递之后找到方法阻止它继续发展。你可以想象一下那些电子套件，上面有各种开关可以控制红灯的亮灭。只要这些开关一直开着，电流就会持续流动。同样地，疼痛就像一个系统，只要有一个"开关"被关闭，整个系统就可以停止运作，不论这个"开关"位于电路中的哪个位置。

在慢性背痛的治疗方面，麦基医生尝试了一种创新的方法：他使用放置在患者头顶上的电磁线圈，通过产生集中磁场来影响大脑中感知疼痛的中枢区域。这种被称为"大脑电击"的疗法并不会引起疼痛，却能有效调节神经系统。"我们发现，通过特定的脉冲序列，可以在某些人身上诱导出长期的改善效果。"他说。他和他的团队仍在努力研究哪些人最有可能从这种治疗中受益。

在此需要补充一点：如果你有急性损伤，那确实需要适当休息，直到身体完全恢复，这种情况下你应当将疼痛视为一种警示信号。同样，如果背部问题包括沿腿部蔓延的放射性神经痛，那么你需要优先解决身体上的具体问题。然而，数以百万计的人患有慢性背痛，却并不属于上述两类情况。瓦格估计，80%~90% 的下背痛患者并没有明确的结构性原因。即使问题最初是由局部外周因素引起的（例如铲雪或抱起扭动的孩子），通常几个月后，你就很难区分身体疼痛和大脑神经回路的敏感化了。身体利用急性疼痛作为警示信号，提示你注意潜在的问题，但问题是，大脑有时会忘记关闭这个警报，导致疼痛信号持续不断。

这有点儿像家里前门的警报器响了。你会想去查看是什么触发了它——但无论是否有入侵者，你都希望尽快关掉警报。毕竟，警报长时间响个不停只会让人更加焦虑和疲惫。

好消息是，关闭疼痛警报的方法比你想象的要多。只需要找到正确的"密码"，就能找到适合自己的解决方案。对此，我感到非常兴奋，并期待开始探索其中的一些方法。

第 12 章
远离疼痛

欢笑与痛苦、喜剧与悲剧、幽默与伤害之间，只有一线之隔。

——艾玛·邦贝克（Erma Bombeck）

在 2012 年伦敦奥运会期间，美国队的曼特奥·米切尔（Manteo Mitchell）参加了 4 × 400 米接力赛预赛，并担任第一棒。如今再看当时的比赛视频，似乎他那一圈并没有发生什么特别惊险的事情。米切尔仅落后第一名 1.5 秒，并顺利将接力棒交给了队友。尽管有解说员低声评论说米切尔的表现似乎不如平时出色，但当时没人意识到他的表现有多么令人震撼。事实上，在跑完半圈时，米切尔已经摔断了腿，他的左腓骨骨折了！然而，他几乎没有减速，并以几乎相同的速度完成了接下来的 200 米。后来他坦言，当时他感到一阵剧烈的疼痛，甚至感觉自己的腿像变成了果冻一样绵软无力。但他为这短短的 44 秒训练了整整三年，他的三位队友和整个美国都在期待着他能跑到终点。那一刻，他的大脑完全屏蔽了其他信息。

"我实在无法相信自己在骨折的情况下还能跑得那么快，"他事后感慨道，"直到现在，这对我来说仍然难以置信。"[1]

通常情况下，我们的身体不会允许我们在骨折的状态下继续奔跑——毕竟，疼痛的存在就是为了提醒我们停止活动并保护受伤部位。

然而，当身体发出受伤信号后，如何解读和应对却完全取决于大脑。在米切尔的例子中，他的大脑对信号的回应是："我现在没时间理会疼痛！"

虽然大脑通常不会选择忽略身体的警告信号，但这种情况发生的频率可能比我们想象的要高。例如，波士顿棕熊队的冰球明星杰克·德布鲁斯克（Jake DeBrusk）在 2023 年冬季经典赛（美国冰球联盟的一项顶级赛事）中对阵匹兹堡企鹅队时，两次进球（包括制胜一球）都是在他被冰球击中腿部导致严重受伤之后完成的。尽管他知道情况不对劲，但赛后他表示，"我当时什么都没说"。[2] 这次受伤最终让他休养了六周。

还有另一个例子发生在 2013 年斯坦利杯季后赛中，同样是波士顿棕熊队对阵匹兹堡企鹅队的比赛。当时，棕熊队的格雷戈里·坎贝尔（Gregory Campbell）右腓骨骨折，但他依然坚持留在冰面上将近一分钟。由于当时匹兹堡企鹅队正在执行强打战术，坎贝尔一直等到对方的强打时间结束后才离场。

从这些故事中，我们可以学到一个重要的经验：虽然棕熊队与企鹅队的比赛确实充满危险，但更重要的是，它们揭示了一个深刻的道理——尽管我们通常认为疼痛是由身体引发的，但实际上，我们对疼痛或受伤的反应完全由大脑决定。

带伤坚持比赛通常并不是明智的选择，但我对这些特殊案例非常着迷，因为它们清晰地展示了身体的疼痛信号只是我们整体疼痛体验中的一小部分。在高度紧张或危险的情况下，受伤部位发出的疼痛警报可能会被大脑忽略。这种现象被称为应激性镇痛或威胁性镇痛，其进化目的是为了保护我们在面对特别危险的情况时能够迅速行动。正如托尔·瓦格所说："当你面临攻击者或其他迫在眉睫的威胁时，你不会希望因疼痛而行动迟缓。相反，你会希望抑制这些感觉，在当下全力以赴。"例如，在黑暗的街角被挥舞刀子的人袭击时，你可能直到跑远到安全的地方才发现自己的胳膊被划伤了。而当你意识到伤口的存在时，鲜血直流和恐惧感可能会让疼痛变得更加剧烈。

由于我在波士顿郊外长大，父亲又是个冰球爱好者，所以当我听到波士顿棕熊队球员那些英勇的故事时，我的第一反应是：这些人一定比普通人更坚强。疼痛？断腿？哼，算什么！然而，随着深入研究，我逐渐意识到这些故事背后隐藏着一些更微妙的道理。运动员们的勇敢表现或许并非完全出于有意识的选择，而是源于身体与大脑之间复杂的互动方式——它们共同决定如何应对挑战。虽然我们大多数人不会经历被划伤、奥运会或职业体育比赛中的极端情况，但思考如何从这些事例中汲取经验，从而改变自己面对痛苦的方式，仍然是一件非常有意义的事情。

我们都知道，对疼痛的担忧往往会加剧疼痛本身。当你反复思考同一个问题，一遍又一遍地在脑海中琢磨它时，问题似乎会变得愈发严重。这种情况可能发生在任何生活挑战中，无论是离婚还是失业。你开始想象各种可怕的可能结果，并专注于未来的痛苦和折磨。你越是对潜在的威胁和不利结果保持敏感，心态就会变得越消极。你的身体也会随之做出反应，像面对其他威胁一样加速运转并紧绷起来。而当核心问题本身就是身体上的疼痛时，恐惧只会让疼痛更加剧烈，也更难以缓解。

如果你本身是一个容易担忧的人，那我为可能给你增添的烦恼表示歉意。不过，在这种情况下，请相信你所读到的内容对你是有帮助的。一旦你能够察觉到自己的紧张情绪，并理解它对疼痛的影响，你就可以开始尝试改变这种模式。如今，许多疼痛门诊都提供行为疗法，帮助人们以全新的方式看待疼痛，并将其置于更合理的角度。大量研究表明，这种方法确实有效。正如我们在托尔·瓦格的研究中看到的那样，几次认知行为疗法的治疗就能帮助你打破反复思考和恐惧的循环，而这种循环可能会导致慢性疼痛。此外，其他一些方法也被证明同样有效。现在，许多患者被鼓励将疼痛视为一种来自大脑的中性感觉，而不是身体发出的危险信号。在一项研究中，有高达73%的患者在接受训练，学会将疼痛视为无威胁后，最终摆脱了疼痛，且这种改善至少持续了一年。[3]

如果你希望缓解疼痛，可以尝试让大脑停止过度担忧和反复思考。即使在家里，也有一些简单的方法可以帮助你实现这一目标。通过查阅大量关于疼痛的研究资料，我总结了三种方法，它们可以帮助你以全新的视角看待疼痛，或许能让你感觉更好一些。你可以尝试分散注意力、调整预期以及转变看法。以下是一些具体的建议。

分散注意力法

改变疼痛体验的最简单方法之一就是通过分散注意力来实现。人类的大脑常常被誉为伟大的奇迹，对此我深信不疑。不过，我们也要坦诚地承认，大脑并非完美无缺，它也有一些局限性。其中之一便是，它无法同时高效处理太多任务。当你觉得自己正在"一心多用"时，实际上你可能只是在不同任务之间快速切换，结果往往是两件事都做得不够好。研究发现，只有大约2%的人能够真正实现一心二用而不影响表现。[4]这样的结果已经被多次验证。我们都喜欢认为自己属于那2%的"超级多面手"，但说实话，从概率上看，你更可能是那98%中的一员——当注意力被分散时，我们的表现会明显下降。

说到疼痛，大脑在分散注意力方面同样存在不足。一个关于疼痛的常见谜团是：为什么疼痛往往会在夜晚加剧？当你躺下准备入睡时，可能会突然感到背痛加重、脖子抽痛更加明显，甚至之前隐隐作痛的胃部不适也变得更加剧烈。人们通常会从身体角度寻找解释，比如床垫是否合适、枕头是否选对了或者睡姿是否得当。然而，更有可能的原因是，你的身体其实一直在发送与白天相同的信号，但到了夜晚，你的大脑没有了其他干扰。当你躺在安静而黑暗的卧室里时，没有新的感官输入或外界刺激，因此你的大脑会更加专注于内在的感受。在试图解读这些身体感觉的意义时，大脑往往会放大它们。此时，涉及焦虑和担忧的神经回路开始与疼痛传导通路相互交织，从而让疼痛感变得更加强烈。当然，你可以尝试更换更多的新枕头（说实话，我也经常这样做），但这并不能真正解决核心问题。

分心是一种非常有效的止痛方式。许多研究表明，播放音乐可以显著减轻我们感受到的疼痛程度。音乐对疼痛感知的影响如此之大，以至于它可能让一个人在疼痛评分表上的打分从通常的 5 分降低到 3 分。[5] 这种效果显而易见，但其背后的机制仍需进一步研究。例如，健康人在听音乐时接受磁共振成像检查，结果显示大脑活动发生了变化，尤其是在与疼痛传递相关的大脑区域。此外，我还读到过一些研究，将音乐与神经细胞产生的儿茶酚胺的水平变化联系起来，而儿茶酚胺是参与应激反应的重要化学物质。音乐或许能够通过降低压力和焦虑来帮助人们缓解疼痛，这也是为什么牙医常常会在你坐到牙椅上时播放轻松的背景音乐［阿黛尔（Adele）和艾德·希兰（Ed Sheeran）的作品似乎特别受欢迎］。最简单直接的解释是，音乐可以通过分散注意力来帮助你减轻疼痛。[6] 当你的大脑接收到其他刺激时，比如听到音乐，就无法完全专注于牙齿钻孔带来的不适感。正如雷鬼歌手鲍勃·马利（Bob Marley）所说："音乐的好处之一在于，当你听到它时，你就感觉不到疼痛。"

除了音乐，其他感官输入也能有效分散大脑对疼痛的注意力。用精油治疗疼痛的做法可以追溯到中世纪的波斯人，他们或许已经发现了其中的奥秘。如今，这种方法被称为芳香疗法。我看到过一些研究表明，薰衣草精油或甜橙精油可以帮助减轻女性分娩时的疼痛，还有研究指出，生姜精油的芳香疗法对慢性背痛有积极效果。此外，还有许多人推崇玫瑰、佛手柑、冬青、薄荷、鼠尾草、丁香、柠檬草等精油的功效。一项综合评估了 300 多篇研究论文的研究得出结论，芳香疗法确实能让患者感到更愉悦，但具体原因尚不明确。[7] 也许芳香疗法本身的仪式感就能带来足够的舒缓作用，从而减少压力和焦虑。又或者，当我们沉浸在薰衣草等精油散发出的浓郁香气中时，大脑会获得一种新的刺激，从而将部分注意力从疼痛传导通路中转移出来。

只需将注意力转移到别处——或者让别人帮助你做到这一点——就能改变大脑的疼痛传导通路。有一天，在一场儿童足球比赛中，我看到小男孩罗恩被撞倒后开始哭泣。教练们急忙跑过去关切地问，"你还好吗""需要冰敷吗"。然而，罗恩哭得更厉害了。最后，他爸爸走了过来，一脸温柔地伸出两根手指，让罗恩尽量用力握住。罗恩用小拳头紧紧攥住爸爸的手指，认真照做了。"再紧一点儿。"爸爸轻声鼓励道。罗恩全神贯注地握着手指，哭声渐渐平息了下来。接着，爸爸让他换另一只手继续做同样的动作，并给了他几个简单的指令，罗恩都一一照做了。最后，爸爸给了他一个温暖的拥抱。"幸运的是，我觉得你没事。"他说。这个五岁的孩子现在平静下来，重新跑回了比赛场地。

这一幕让我深受触动，于是我走过去问这位爸爸（我原以为他是医生）刚才在做什么检查。结果发现，这根本不是什么医学上的干预措施。"我只是想看看他是真的受伤了，还是只受到了惊吓。"他说，"握手指的游戏成功分散了他的注意力，让他忘记了伤痛——所以我很快就明白了情况。""真聪明！你一定是个很棒的医生。"我说。

"实际上，我是个大提琴手。"他微笑着回答。

我不知道这位父亲的音乐才能是否为他提供了育儿的灵感，但他的分析确实非常准确。大多数疼痛都会自行消失，比如肩膀上的一击（就像小罗恩所经历的那样）、小伤口或针刺，通常几分钟内就会痊愈。即使是肌肉拉伤或韧带撕裂，也通常会在几天或几周内恢复。而持续时间较长的疼痛往往意味着大脑中的神经回路出现了紊乱。那些好心询问冰敷和止痛的教练可能会让罗恩的大脑更加专注于受伤部位，从而引发他的焦虑和恐惧，使问题进一步恶化。相比之下，这位父亲懂得如何通过分散注意力来缓解孩子的痛苦。或许演奏海顿的《C 大调第一大提琴协奏曲》也能起到类似的镇静作用，但在足球场上，这种方法显然没那么实用。

别把小事放大

应对疼痛的另一个重要方法是调整你的预期。我们对疼痛的看法会直接影响我们对疼痛的感受。如果你能够意识到疼痛可能是短暂且自限性的，通常比担心它会持续很久时更容易接受和处理。当我们不清楚具体发生了什么时，恐惧往往会引发一个担忧和紧张的循环，从而使情况变得更加复杂。心理学家将这种现象称为"疼痛灾难化"——这个词听起来有些吓人，实际上这种心理循环在日常生活中相当常见。

这种循环通常从身体某处感到疼痛开始，你可能会开始思考："这有多严重？会不会变得更糟？"在接下来的阶段，这种担忧会让你反复琢磨疼痛的程度，并不自觉地放大它的感受。你会越来越专注于疼痛本身，甚至可能进入最后阶段：所有的担忧让你觉得自己无能为力，觉得问题似乎永远无法解决。

当你不断在脑海中重复同样的问题时，问题往往会显得更加巨大。这种情况不仅发生在疼痛状态下，也可能发生在生活的其他挑战中，比如离婚或失业。你可能会开始想象各种可怕的可能结果，并专注于未来的痛苦和折磨。你越是察觉到潜在的威胁和不利的结果，心态就变得越消极。此时，你的身体也会随之做出反应，像面对任何威胁一样加速运转并紧绷起来。

当核心问题本身就是身体疼痛时，这种反复思考、放大和无助的循环确实会让疼痛感加剧。换句话说，你实际上是在无意间让自己的恐惧成真。许多研究表明，那些倾向于灾难化思考的人往往经历更强烈的疼痛，因为他们不知不觉中正在强化自己的疼痛体验。[8]

我们或多或少都曾陷入过灾难化思考的陷阱。这可能从手臂上突然出现的一个红肿且发痒的包块开始，它不知为何出现，也迟迟不见消退。于是你上网查找医疗信息，把手臂举到 iPad 前，仔细对比包块与各种病症的图片。难道这是基底细胞癌？至少这种皮肤癌是可以治愈的。你赶紧预约了皮肤科医生，但他的日程排得太满，两周后才有空见你。在这段时间里，你看了更多的图片，甚至躺在床上时也一直在想这个包块。最终，你开始怀疑自己是不是一直在自欺欺人——这个奇怪的包块会不会其实是黑色素瘤？那种更危险的癌症。没错，一定是黑色素瘤！你可能无法活太久了。想到隔壁房间里熟睡的孩子们，他们或许将不得不在没有父母陪伴的情况下长大，你的泪水不禁涌上了眼眶。那个令人担忧的包块似乎在跳动，让你彻夜难眠。不仅如此，你的胃也开始隐隐作痛。也许癌症已经扩散了吧？

去年夏天，我的一位朋友就经历了这样一段心路历程。当她终于见到皮肤科医生时，她几乎已经确信自己会听到什么样的诊断结果了。然而，医生检查完后，若有所思地坐下来，给出了他的结论："看起来像是被蚊子叮咬后感染了。"

如今，我朋友每次讲起这段经历时都会忍不住笑出来，而且她总会补充一句："说来也怪，肚子疼居然在医生办公室里就消失了。"总体来说，她并不是一个容易夸大问题的人，所以事后她很快明白了事情的真相——其实，她是在无意间给自己制造了额外的痛苦。

神奇止痛药的梦想

当研究人员对即将接受手术的人群进行研究时，他们能够较为准确地预测哪些人在术后会经历最严重的疼痛。想知道他们的判断依据吗？其实，并不是手术问题的严重程度、患者的整体健康状况，甚至也不是外科医生的技术水平。真正关键的因素在于，那些在手术前感到高度恐惧和过度担忧的人，往往会在术后经历更强烈的疼痛。研究者在针对即将接受肌肉骨骼手术（例如膝关节、肩关节或髋关节手术）的研究中发现，那些对手术疼痛充满忧虑的人，日后更容易发展为慢性疼痛。担心自己会经历剧烈疼痛或不良后果，反而会让这种可能性变得更大。

降低内心的恐惧，相信自己能够应对任何可能发生的事情，这种心态能够让痛苦的体验朝着更积极的方向转变。记得大学二年级时，一次病毒感染让我高烧不退，淋巴结肿得疼痛难忍，喉咙也严重发炎，甚至连口水都无法下咽。那是我人生中经历过的最剧烈的疼痛。

我一向比较坚强，一直蜷缩在宿舍里硬撑着，直到当时的男朋友实在担心得不行，不顾我的反对，把我抱起来送到了医院。躺在大学医院的病床上，孤身一人，心情低落至极，我开始编织一些想象中的故事。（这大概就是主修创意写作带来的影响吧！）我幻想自己拥有一颗神奇的药丸，只要服用它，就能立刻消除所有的疼痛。但在伸手去拿之前，我又给自己加了一个情节转折——这颗药丸一旦用掉就无法再获得，也不能重复使用。换句话说，我一生中仅拥有一颗这样神奇的药丸。

那么，我现在就用掉它吗？

说实话，我当时非常想回到自己的宿舍继续休息。但我才 19 岁啊！未来的日子里，难免会遇到比现在更严重的疼痛或疾病，让这次的经历显得微不足道。或许分娩会很痛苦，或者我会遭遇一场意外，又或者其他难以预料的情况……虽然我无法完全想象一生中可能降临在我身上的所有可怕的事情，但我郑重地告诉自己：现在不能用掉这颗神奇的药丸！它对我来说已经变得无比真实，我甚至可以想象到，将来某一天，我会多么感激自己当时没有轻易动用这唯一的救命稻草。

回想起来，我当时一定是半梦半醒之间才想出了这样一个奇妙的幻想场景，但它却出乎意料地给了我一丝安慰。无论当时的感觉有多糟糕，我都清楚地意识到，自己是可以熬过去的。情况总会变好，而病毒终究会自行消退（事实证明确实如此），疼痛和炎症也会逐渐减轻。

从那以后，"神奇的药丸"这个想法一直留在我的心里，成为一种无形的力量。每当我面对困难时，它都会提醒我："现在还不是时候用掉它！我能挺过去！"我还记得 19 岁时躺在病床上，意识到自己有能力承受这一切。我也明白，无论当前的情况如何（不管是什么样的挑战），最终都会好起来的。这种信念让我期待着，事情其实并没有想象中那么糟糕，甚至可能还有更好的转机。正是这样的想法，帮助我找回了一些对生活的掌控感，而这种掌控感本身，就已经在很大程度上缓解了当下的痛苦。

无效的尝试

我想特别说明一下，虽然我想象中的神奇止痛药只是一个美好的幻想，但人们对真正止痛药的追求却带来了许多意想不到的后果。阿片类药物泛滥的问题已经严重影响了美国的许多地区，而这一切的起点，其实是为了更好地管理和缓解疼痛。在这一过程中，不仅出现了许多欺诈行为和悲剧，还有一个令人惊讶的事实：尽管阿片类药物在短期内确实能起到一定的止痛作用，但从长期来看，它们的效果并不比其他药物治疗好多少。美国国立卫生研究院曾举办过一次研讨会，研究人员详细分析了多种止痛疗法，并全面评估了阿片类药物的利与弊。最终的总结指出："目前几乎没有足够的数据支持长期使用阿片类药物来管理慢性疼痛。"[9]

药物治疗对于"伤害性"疼痛（例如因受伤、关节炎或癌症引起的疼痛）效果较为显著。但对于由中枢神经系统引发的疼痛综合征，如偏头痛、背痛、纤维肌痛以及肠易激综合征等慢性疼痛，阿片类药物和其他传统药物似乎收效甚微。相比之下，这些患者往往对行为疗法、物理疗法以及针灸等替代疗法反应更好。换句话说，在很多情况下，一种想象中的神奇止痛药可能比真正的药物更能帮助我们应对疼痛。

打开和关闭疼痛的闸门

尽管关于身心关联在疼痛方面的研究结果非常有说服力，但有些人可能会觉得这些观点让人感到不安，或者难以接受。每当网上出现有关行为疗法对疼痛的作用，或是紧张与背痛之间联系的文章时，评论区常常会引发热烈讨论。我能理解这种反应。如果把疼痛问题简单地看作身体结构上的问题，事情确实会显得更直接——治愈你的背部，疼痛自然就会消失！然而，实际情况并没有这么简单。疼痛实际上会对大脑产生重塑作用。

疼痛相关的身心通路是非常复杂的。比如，门控理论（gatecontrol theory）这一现象就很好地说明了这一点。20 世纪 60 年代中期，两位当时在麻省理工学院工作的研究人员首次提出了这一理论。[10]他们解释说，大脑在同一时间只能处理有限数量的感觉输入信号。还记得我们之前提到过多任务处理并不高效吗？这在感觉和身心连接方面也是如此。当神经系统通过一条特定的通路向大脑发送信号时，它会自动屏蔽试图通过同一"闸门"的疼痛信号。

有一天，当我正在撰写这一章关于疼痛的内容时，我的左手拇指突然开始隐隐作痛。我最初以为是因为长时间拿着手机发短信，导致拇指过度使用而拉伤了。医生将这种情况称为重复性劳损，通常是指肌腱或韧带因长时间重复某一动作而变得酸痛。在过去，类似的症状会被称作书写痉挛。出于本能，我开始轻轻按摩疼痛的拇指，只要按摩着，疼痛似乎就会减轻甚至暂时消失。但一旦停止按摩，刺痛感又会重新袭来。

我突然意识到，自己无意间发现了一个非常简单的例子，可以很好地说明门控理论的一个重要方面——疼痛信号如何被其他感觉输入所干扰或阻断。以我的拇指疼痛为例，研究人员可能会这样解释：皮肤中存在一些粗大的肌肉纤维，它们对触觉特别敏感。当皮肤中的感觉神经接触到任何刺激时，这些信息会被传递到大脑进行解读。同时，皮肤中还有许多细小的纤维，在肌肉受损时会发出疼痛信号。当我按摩疼痛的拇指时，粗大的纤维占据了主导地位，有效地"关闭"了通往大脑的"闸门"。这样一来，疼痛信号便无法顺利通过。这或许就是背部按摩能让人感到舒适，而针灸也常常能够有效缓解疼痛的原因之一。无论是按摩还是针灸，它们都能在一段时间内阻止疼痛信号传入大脑，哪怕只是短暂地打断疼痛传导通路，也可能为长期缓解疼痛奠定基础。

这里有一个值得深思的问题：如果门控机制能够以某种方式运作，

屏蔽来自身体的疼痛信号，那么它是否也可能朝着相反的方向发挥作用呢？神经生物学家认为，这种情况确实可能发生。有时候，大脑不仅不会关闭疼痛的闸门，反而可能打开一扇新的"闸门"，主动向身体发送信号。

许多疼痛研究者的经验表明，那些学会重新审视和调整自身对疼痛感知的人，往往能够迅速感受到生活的改善，并变得更加积极乐观。事实上，慢性疼痛对我们的身体没有任何好处，身体本身也不希望我们承受这种痛苦。通过了解疼痛背后复杂的神经通路、情绪、神经递质以及大脑信号之间的相互作用，我们可以获得一种重要的掌控感，从而更好地调节自己的心态和日常情绪。这种掌控感不仅能让我们更从容地面对疼痛，还能帮助我们朝更快乐的人生迈出重要的一步。

第 13 章
糖丸的奇妙力量

一切都是奇迹。一个人不会像一块糖那样在浴缸中溶解，这本身就是一个奇迹。

——巴勃罗·毕加索（Pablo Picaso）

前几天，我在药店的柜台前停留时，注意到显眼位置摆放着十几个药瓶，看起来非常醒目。每瓶下面都有一个小牌子，标明了各自的作用：放松、助眠、护眼、提神、修复膝盖等。我顿时感到兴奋不已——有能让我更有精力的药！还有能缓解眼睛酸痛的药！那一刻，我感觉自己好像发现了一个充满希望的宝箱。

我先拿起标有"护眼"功能的那一瓶。标签上的信息量很大（听起来也很科学），说它可以通过减少细胞炎症来帮助疲劳的眼睛恢复活力。嗯，这听起来不错。成分表上写着一种天然胡萝卜素（就像胡萝卜里的那种），是从一种带有长长拉丁名字的生物中提取的。[1] 我查了一下，发现这是一种微小的藻类，据说不仅能缓解眼睛疲劳，还能增强肌肉耐力，强化免疫系统，让皮肤更加光彩照人，甚至改善记忆力和认知能力。这似乎对一种绿色的小生物来说要求有点儿太高了。

这时，药剂师回来了，我把瓶子举给他看。

"这东西真的有效吗？"我问道。

"很多人都觉得有用。"他耸了耸肩，态度模棱两可地回答道。

这听起来并不像是一个特别有力的推荐，于是我放下那瓶，指向了另一款宣称能补充能量的保健品。

"能给我讲讲这个吗？"我问道。

药剂师把标签上列出的成分一股脑儿地念了出来。察觉到我的怀疑后，他又给了我一点儿建议："一般来说，如果你相信它会有效，它可能就会起作用。但如果你犹豫不决，或许可以再考虑一下。"

这类保健品无需经过任何政府机构的批准就能直接摆上货架。不管有没有科学依据，它们都极受欢迎。超过半数的美国成年人会服用复合维生素或其他膳食补充剂，有时服用量还很大，每年在这上面的花费接近 500 亿美元。营销人员在推广这些产品上投入了约 9 亿美元。[2]许多医生解释说，服用这些补充剂的结果往往是尿液变得更昂贵，因为身体并不会保留那些多余的维生素和矿物质。

研究人员这些年一直在研究补充剂到底有什么效果，结果发现，这些补充剂要么对健康没有好处，要么甚至还可能有点儿负面影响。一项涉及 45 万人的研究分析表明，复合维生素并不能有效降低患心脏病、癌症或智力衰退的风险。[3]许多人希望通过补充剂延年益寿或改善衰老状态的愿望，似乎大多未能实现——事实上，情况有时甚至适得其反。例如，有研究表明，服用复合维生素的男性死于前列腺癌的风险增加了一倍；其他研究也指出，某些补充剂可能会提高患肺癌和心血管疾病的风险。[4]一些主要医学期刊发表了多篇述评，呼吁人们慎重考虑是否继续使用补充剂。其中一篇我印象深刻的述评标题直截了当："够了！别再浪费钱买维生素和矿物质补充剂了。"[5]

了解这些研究结果后，我庆幸自己当时没有在药店购买那些能量补充剂或护眼补充剂。然而，后来我与一位我非常敬重的内科医生讨论了这个话题。她是一位经验丰富的医生，在旧金山郊外经营着一家大型诊所。

"在适当的情况下，我很乐意为患者推荐复合维生素。"她说道。

"但如果缺乏科学依据，这怎么能说得过去呢？"我好奇地问道。

她微微一笑，耐心地解释道，证据其实可以有不同的形式和来源。她完全认同那些表明复合维生素对特定疾病无明显帮助的研究是准确且有充分依据的。但她同时也观察到，多年来，当她建议患者尝试某些补充剂以改善精力或整体健康时，许多人都反馈感觉确实有所好转。

"如果你愿意的话，可以把这种现象称为安慰剂效应，"她笑着说，"只要它能真正帮助到患者，为什么不用呢？"

这位备受尊敬的医生希望我不要公开她的名字，因为她对自己这种做法是否完全符合伦理标准仍存有一些疑虑。不过，她分享了自己的经验：很多时候，患者仅仅通过来看诊、倾诉自己的问题，并获得一些积极的指导和支持，就能感受到明显的改善。例如，当一位过度劳累的家长抱怨精力不足时，她会建议他多休息，并温和地提醒他可能正在经历轻度抑郁，而这种情况可以通过自我照顾逐步改善。她还会解释说，虽然从生理学角度来看，目前尚无足够的科学证据证明维生素 B-12 能显著提升精力和情绪，但她发现，许多患者在服用后确实感到更有活力。以这种方式沟通，既坦诚又充满鼓励，似乎让补充剂的效果更加显著。很多患者在后续复诊时都会告诉她，自从开始服用她推荐的维生素 B-12 或复合维生素后，他们的精力明显更充沛了。

"有时候，医生开的一粒维生素片就像是一种许可，让身体能够更好地完成自我修复的过程，从而让人感觉更好，"她总结道，"我们的身体拥有强大的自我修复能力，我的职责就是找到方法，帮助患者释放这种潜能，让它充分发挥作用。"

当制药公司希望一种药物获得批准时，他们需要证明这种新药比安慰剂更有效。安慰剂本质上是没有活性成分的糖丸，这听起来似乎并不是一个很高的标准。然而，在双盲试验中，患者和研究人员都不知道谁服用了什么药物，安慰剂在改善某些病症方面表现出显著效果，以至于大多数药物都难以超越它。

一旦药物通过审批，我们几乎不会再听到有人将它与安慰剂进行比较。我们都看过许多电视广告，画面中快乐的人们在开满雏菊、蝴蝶飞舞的田野里欢笑跳跃，画外音宣称这种止痛药能将慢性疼痛减轻50%。但广告很少提到，其中45%的疗效实际上来自人体自身的止痛能力。

哈佛医学院的泰德·卡普查克（Ted Kaptchuk）教授在安慰剂领域进行了大量研究。他的研究表明，即使告诉人们他们服用的是安慰剂，也不会削弱其效果。在一项研究中，他给患有肠易激综合征的患者服用糖丸，并解释说这些糖丸"在临床研究中已被证明能够通过身心自我修复过程显著改善肠易激综合征的症状"。[6] 结果发现，服用糖丸的患者相比接受常规治疗的患者，症状更少，疼痛也更轻。卡普查克提出的"公开标签安慰剂"概念对偏头痛、下背痛以及其他疾病的患者同样显示出显著疗效。[7] 此外，安慰剂在治疗抑郁症、注意缺陷多动障碍（ADHD）和帕金森病方面也已证明其价值。

任何制药公司都会渴望拥有这样一份令人瞩目的成功清单，但许多人一想到安慰剂就感到不安。这一切听起来太神奇了。一颗糖丸真的能缓解抑郁吗？看似无效的维生素片真的能带来能量吗？当我们回顾身心之间其他一些已经被揭示的联系时，这个想法其实变得更加合理。卡普查克认为，安慰剂是大脑向身体传递如何感觉更好的一种方式。随后，我们的身体可能会释放像内啡肽和多巴胺这样的让人感觉良好的神经递质，从而改善情绪并帮助克服疼痛。这些天然的阿片类物质的作用机制与实验室合成的药物类似，但危险性和副作用要少得多。

与其对安慰剂持怀疑态度，不如将其视为人体智慧的又一例证来加以赞赏。我们自身具备让自己感觉更好的内在资源。我们的身体正在努力自行恢复健康，而非单纯依赖外部——这无疑是一个值得欢呼的理由。我们的身体知道如何让我们感觉更好、更快乐，我们只需鼓励它们发挥这种潜力。

早在公元 5 世纪，希波克拉底就曾描述过一种奇妙的现象：当他把手轻轻放在病人身上时，似乎能够缓解他们的疼痛。如今，许多全科医生对这一观点有了新的理解。他们认为，去看医生、接受检查，以及在诊疗过程中获得医生亲手的护理和关注，都是安慰剂效应的重要组成部分。然而，美国复杂的医疗体系可能正在无意间削弱这种积极的作用。过去，人们习惯每年进行一次体检，医生通过听诊心脏、触摸腺体、按压腹部等操作，让患者感到安心和被重视。现在，联邦医疗保险（Medicare）不再承担年度体检的费用，其他保险公司也陆续采取了类似的政策。作为替代方案，联邦医疗保险提供了一项每年一次的健康评估服务，这项服务主要围绕如何保持健康展开讨论，但不包含实际的身体检查环节。如果你希望在健康管理中加入更全面的身体检查内容，可以选择额外付费的选项。

"现在的情况是，病人不需要脱衣服，我们也不再触碰他们，更无法建立那种人与人之间的联系。"一位来自旧金山、相信人际关系对健康有积极作用的医生感慨道，"实际上，我们正在失去一种关键的方式——通过医生与患者的互动来帮助他们恢复健康。"

糖丸如何发挥作用

我们了解到，疼痛是在身心相互作用的背景下产生的。你对疼痛的恐惧、预期，以及对疼痛严重程度或持续时间的看法，都会影响你的感受。反过来，积极的想法也常常能够帮助你感觉更好。神经科学家托尔·瓦格（前一章中讨论了他的一些关于疼痛的有趣研究）向我分享了他对安慰剂效应的看法。他提到，我们对安慰剂的理解曾经在两个极端之间摇摆：一方面认为"这不过是人们自我欺骗罢了"，另一方面则觉得"安慰剂的力量如此强大，几乎可以影响一切"。他的目标是更深入地探索安慰剂的实际作用范围，明确它们能和不能影响的内容。他想更深入地研究一下安慰剂到底能起多大作用，弄清楚它能影响什么，又不能影响什么。

在我与瓦格博士交流时，他笑着承认，他早期的一些研究可能无意中强化了"安慰剂无所不能"的观点。他和他的同事们发现，安慰剂确实能够显著降低疼痛的信号。"安慰剂效应的一个重要机制是促使大脑释放自身的阿片类物质，从而起到缓解疼痛的作用。"他解释道。仔细想想，这真的很令人惊叹：在适当的条件下，我们的身体可以主动告诉大脑释放某些神经递质，让我们感觉更好。这种身体与大脑之间的协作，能够在无需外部化学干预的情况下，让我们的生活更加舒适顺畅。

当明确了安慰剂能够减轻疼痛之后，瓦格博士进一步思考这些效果具体发生在大脑和身体的哪些部位。通过大量的功能性磁共振成像研究，他发现大部分安慰剂效应集中在大脑处理和解读疼痛的区域，而感觉通路本身受到的影响相对较小。

想象一下，如果有人递给你一杯滚烫的咖啡，你的第一反应可能是："哎呀，好烫！"接着，再给你一杯同样温度的咖啡，但在你拿之前，有人在你的手上涂了一点儿乳霜，并告诉你这乳霜可以减轻对热的敏感度，让你感觉更舒服。如果你和大多数人一样，你会发现，拿第二杯咖啡时，疼痛感明显减弱了。而实际上，这种乳霜对皮肤或热敏感度并没有任何真正的效果。

那么，到底是什么让你感觉更好了呢？瓦格的研究发现，从皮肤到脊髓再到大脑的感觉通路，无论有没有安慰剂，其传递的信息都是一样的。换句话说，你实际感受到的疼痛强度并没有改变。但关键在于，瓦格提到的"大脑中与决策、情绪和学习相关的核心中枢回路"发生了变化。正是这些区域受到了安慰剂的影响。虽然你的大脑接收到的手部信号没有变化，但它对这些信号的解读方式却有所不同。

我不是像瓦格那样的科学家，但我可以试着用一种简单的方式来理解：从某种意义上说，身体比大脑更难被"欺骗"。你的身体一直在忠实地履行它的职责，将你所经历的感受如实传递给大脑。它不会掺杂主观的价值判断。当你被告知护手霜会让疼痛减轻时，身体并不会受到这个信息的影响，而是继续传递同样的感觉信号——"我可不会轻易被糊弄"。因此，身体的行为并不会有任何改变。然而，大脑却非常容易受到外界暗示的影响。当它接收到相同的感觉信息，但在新的背景下，它会以一种完全不同的方式重新解读这些信号。

瓦格指出，安慰剂能够影响大脑中特定的动机中心，这使得它们在缓解抑郁方面表现出显著的效果。这确实是一件非常重要的事情——如果我们真的希望让自己感觉更好、更快乐，就应该认真关注这一点。每年大约有 1700 万美国人服用抗抑郁药物，总花费高达约 110 亿美元。可以想象，大型制药公司并不愿意看到这一领域受到挑战。然而，或许我们应该重新审视这个问题。抗抑郁药物确实有效，这一点毋庸置疑——无论是开药的医生还是服药的患者都能证实，症状得到了改善，人们也感觉更好了。但有一个问题却很少被提及：药物的部分效果——而且是非常大的一部分——并非来自其化学成分本身。研究表明，抗抑郁药物约 82% 的疗效实际上来源于安慰剂效应。[8]

关于抗抑郁药物的价值，在医学期刊上引发了激烈的讨论，但对于"82%"这个数字，几乎没有什么争议。支持这些药物的人认为，即使考虑到高昂的成本和可能的副作用，抗抑郁药物比安慰剂多出的那18%的疗效已经足够证明其价值。尤其是在重度抑郁症的情况下，这小小的积极变化可能会对患者的生活产生巨大的影响。然而，对于轻度或中度抑郁症来说，这18%的差异到底能带来多大的改变，目前尚不明确。这无疑是一个值得患者和医生深入探讨的话题。

为了了解实际情况，我询问了五位我认识的曾经服用过抗抑郁药物的朋友。他们中有四人是从精神科医生那里拿到处方的，另一人则是从内科医生那里获得处方的。令人惊讶的是，没有一个人在开药之前被告知过安慰剂效应的存在。当然，这只是一个小范围的随机样本，但我相信，许多精神科医生虽然坚信自己药物的有效性，却未必会花时间向患者解释，药物效果中的很大一部分其实是患者身体自身的作用。

美国食品药品监督管理局（FDA）在评估药物需要比安慰剂效果好多少才能获批时，态度非常谨慎。然而，有时这个差距小得令人惊讶。药物必须通过两项临床试验，证明其效果比安慰剂"具有统计学意义"的改善。但需要注意的是，数学上成立的事情，未必有实际的临床意义。这就像那个经典的笑话：两个恋人分别站在房间的两端，其中一个人每次向对方移动一半的距离，然后再移动一半，再移动一半。数学家会说，第一个人永远无法真正到达第二个人身边。但从实际角度来看，我们都知道，他们最终会相遇。

欣百达（Cymbalta）在获批用于治疗抑郁症、焦虑症和疼痛时，仅显示出比安慰剂高出10%的效果。另一种常用的抗抑郁药左洛复（Zoloft），在临床试验中显示其疗效比安慰剂高15%。这两种药物都属于SSRI（5-羟色胺选择性再摄取抑制剂）类药物，其作用机制是通过调节体内血清素的平衡，从而增加大脑中可用的血清素含量。法国批准的一种抗抑郁药——噻奈普汀（tianeptine），其作用机制却是减少大脑中的血清素含量。

为了理解这种看似矛盾的现象，哈佛医学院的一位精神病学家提出了一个观点："药物的具体成分其实并不是关键——它可能增加血清素，也可能减少血清素，甚至对血清素毫无影响。但无论成分如何，它们对抑郁症的疗效却是一样的。"那么，我们该如何称呼那些疗效与化学成分无关的药丸呢？这位专家称之为"安慰剂"。[9]

当然，并非所有精神病学家都认同这一看法。许多人认为，即使药物比安慰剂的优势微乎其微，但对于某些患者来说，这仍然可能带来重要的改变。重要的是要认识到，每个人的身体化学反应都有其独特的节奏和规律。医学更像是一门艺术，而非纯粹的科学。当药物发挥作用时，它们能够深刻地改变人们的生活。而当我们能够通过身心互动来提升幸福感时，我们也应该充分认识到这种互动的强大力量。

削减与否：一个艰难的选择

我们往往不太清楚是什么让身体感觉更好，因此很容易高估药物、手术和高科技设备的作用。在一项令人印象深刻的研究中，膝关节疼痛的患者被分为三组。其中两组分别接受了两种常见的关节镜手术，这些手术通常用于治疗由关节炎、肌腱炎、韧带撕裂等非紧急情况引起的膝痛。而第三组患者只在膝盖上开了一个小口子，并未进行实际的手术操作。研究人员对这三组患者进行了为期两年的跟踪观察。患者定期报告自己的疼痛程度和功能恢复情况，同时研究人员还通过客观测试评估了他们的行走能力和爬楼梯表现。结果非常明确：发表在《新英格兰医学杂志》上的一篇论文指出，关节镜手术的效果与假手术

（即仅开刀口但不做手术）并无显著差异。[10] 是不是听起来有点儿难以置信？

事实上，这种发现已经存在了几十年，但如果你因为膝盖疼痛去看医生，他们仍可能会建议你接受关节镜手术。毕竟，手术后几周，许多患者确实会感到疼痛减轻、功能改善。然而，他们并不知道，即使不做手术，自己也很可能随着时间推移自然好转。看到患者恢复健康，医生和患者都会感到满意！有时，患者甚至会带着一瓶酒去感谢医生。

我们都很擅长心理学家所说的确认偏误，这意味着当我们对某个话题有既定看法时，往往只愿意相信那些支持自己观点的证据。这种现象在政治讨论和日常生活中随处可见。比如，如果你刚买了一辆新车，你可能会特别留意那些提到它特别安全的文章；而如果有人给你看一份报告说这辆车质量不好，你很可能会直接忽略它，坚信这份报告是错误的。同样地，相信地球是平的人会倾向于购买平面地图，当别人给他们看地球仪时，他们可能会说那不是真实的。同样的逻辑也适用于医疗领域：如果你花几千美元甚至更多做了手术，你可能不太愿意接受一个事实——手术的实际效果可能主要来自你身体自身的恢复能力。相反，你会告诉朋友手术多么有效，当你的朋友遇到类似的疼痛时，他们也可能选择做手术。

这样的循环之所以会持续下去，部分原因在于我们更信任现代医学，而不是完全相信自己的身体。当我们感到疼痛时，通常会要求医生采取某种措施。而那些尽心尽力、希望帮助患者康复的医生们，在医学院里花了多年时间学习手术、药物和其他治疗方法，因此他们也倾向于采取这些方式。再加上保险公司在支付费用时，更愿意为关节镜手术等传统治疗买单，却很少考虑风险更低但同样有效的安慰剂疗法，于是事情就这么定了下来。我们似乎陷入了一个循环，甚至可以

说是恶性循环：医生、患者和支付方都选择了忽视安慰剂研究的显著
成果，转而支持那些可能复杂、昂贵且并非绝对必要的药物或手术
治疗。

然而，如果我们能够更好地理解自己身体的力量，或许可以带来
巨大的改变。内科医生和家庭医生都知道，许多因感冒或流感症状前
来就诊的患者，其病情通常是由病毒引起的，而病毒会在几天内自行
消失。但很多患者希望立刻痊愈，因此常常要求医生开抗生素处方。
有些医生会耐心解释，抗生素是用来对抗细菌感染的，对病毒毫无作
用，所以他们不会轻易开药。而另一些医生意识到，相比花时间向患
者解释病毒的科学原理，直接开处方反而更快捷，也能满足患者的期
待。结果往往是，患者拿到了抗生素，过几天果然感觉好了！于是他
们把康复归功于医生和药物，尽管实际上他们的恢复与服药并没有直
接关系，甚至这些药还可能引起一些副作用，比如胃部不适。

你应该能理解我为什么称其为一个"恶性循环"了吧。当患者再
次患上类似的疾病时，他们往往会要求医生开另一种抗生素。如果当
前的医生拒绝，他们可能会选择换一位医生继续寻求帮助。

我并不是在否定医学的价值，也不是提倡所有人都只靠吃苹果
来维持健康，完全依赖自己身体的力量去应对一切问题。当然不是这
样！现代医学确实创造了无数奇迹。青霉素以及其他抗生素挽救了数
亿人的生命，它们甚至可能改变了人类的历史进程。同样，天花、脊
髓灰质炎、麻疹等疾病的疫苗也拯救了无数生命。透析、胰岛素和器
官移植每天都在帮助那些因自身机能失常而面临生命威胁的人们重获
新生。艾滋病和某些癌症的治疗方法更是让许多患者重新获得了生活
的希望，我们应当对那些全身心投入研究、致力于寻找正确干预方式
的科学家充满敬意。仅仅几百年以前，大约有30%的女性会在分娩过
程中失去生命，而如今，得益于医疗技术的进步，美国的这一比例已

经降至约 1.7%。（值得注意的是，美国是发达国家中产妇死亡率最高的国家，因此这个数字还有进一步下降的空间。）过去，儿童白血病几乎等同于死刑判决，而现在，已经可以通过有效的治疗手段让大多数患者恢复正常生活，过上健康的日子。我们的身体系统确实会时不时出现故障、失常或紊乱，这时，我们就需要那些尽心尽力、努力寻找解决方案的专业医生来帮助我们恢复健康。

不过，安慰剂并不能缩小肿瘤或治愈疟疾。它们的作用主要体现在由大脑调节的症状上——而这实际上涵盖了各种类型的疼痛，以及比我们想象中更多的疾病类型。

我也要他那样的疗效

安慰剂的力量可能比我们想象的要强大得多。许多研究表明，安慰剂在缓解偏头痛、肠易激综合征、帕金森病以及各种慢性疼痛方面有着显著的效果。当然，针对这些问题开具的药物之所以能够通过美国食品药品监督管理局的审批，是因为它们确实比安慰剂更有效果。不过，让我感到特别惊讶的是，在某些偏头痛药物的效果中，大约有一半其实来自于人体自身的自愈能力，而非药物本身的直接作用。

我曾多年受偏头痛的困扰（好在现在不痛了），每次想到浴室里还有药，要是疼得厉害就能吃点儿，心里就踏实多了。而且每次吃药，症状都能缓解，真的很管用。那么，如果换成一颗普通的糖丸，是否也能达到类似的效果呢？虽然我没有亲身体验过，但我猜测答案可能是肯定的。然而，对于像我这样已经习惯了某种药物的人来说，或许很难完全放下对它的信任。同样地，抑郁症患者也常常会有类似的体验。抑郁症常被形容为一种让人失去希望的疾病，而经过医学认证的药物可以通过重新点燃患者的希望来发挥重要作用。在西方社会中，如何将这种希望以一种不依赖科学外衣的形式传递出去，确实是一个值得深思的问题。

在美国，每年都有数十万儿童被诊断出患有注意力缺陷多动障碍。尽管大多数专家认为这种病症存在过度诊断和过度治疗的现象，但仍有相当一部分孩子——有些甚至只有四五岁——被开出了药物来帮助控制他们的行为。许多接受治疗的孩子表示，除了食欲下降和肠胃不适等副作用外，他们几乎感觉不到服药前后有什么明显的变化。然而，家长、老师和看护人员却往往坚持认为他们看到孩子的行为有了很大的改善。那么，到底谁的感受更真实呢？研究发现，当孩子服用医生认为合适的剂量时，即使将药量减半并用安慰剂替代剩余部分，也不会对孩子的表现产生任何显著的影响。[11] 更令人深思的是，ADHD 药物的作用可能并非直接作用于孩子本身，而是更多地影响了那些评估孩子行为的人。例如，当孩子服药后，家长和老师往往会下意识地认为孩子的行为有所改善，并因此变得更加宽容、耐心和鼓励。正是这种积极的关注和支持，帮助孩子们更好地成长，而药物也因此获得了更多的认可。[12]

如果你对某件事情充满期待，它往往真的会朝着你期望的方向发展。一位从事白内障手术的眼科医生曾向我分享了她在与患者沟通时的细心和考量。她提到，在介绍手术中可植入的镜片时，她总是特别注意患者的实际情况和需求。标准镜片通常由保险覆盖，而一些更新、更高端的镜片则需要患者额外支付数千美元的费用。这些高级镜片虽然可能在视力改善方面带来更好的效果，但也可能伴随一些额外的问题。

"有些患者会觉得不用额外花钱就能解决问题是最理想的，"她说道，"另一些患者则坚信花更多的钱一定能换来更好的结果。"为了满足不同患者的需求，她会根据每位患者的期望和实际情况，为他们选择最适合的镜片。她的手术技术令人赞叹，但高满意度或许更多地源于她让每位患者都感受到自己做出了最明智的选择。无论是支付的费用还是医生的态度，都会在一定程度上影响患者术后的满意度。

如果你目前正在服用任何药物，我并不建议你贸然停止。特别是那些长期用于止痛或治疗我们之前提到的其他疾病的药物，你可以与医生深入探讨，了解其中有多少效果可能归因于安慰剂效应。或许尝试减少药量，并用锻炼、冥想等自我照顾的方式来替代部分药物，会是一个值得探索的方向。同时，认知行为疗法的某些形式也可能像药物一样，为你的身心健康带来积极的帮助。当然，我们也不能忽视许多药物在挽救生命和改善生活质量方面的巨大作用。我们的身体化学和生理机能不仅决定了情绪状态，还能直接影响我们的行为模式。对某些人来说，药物带来的生理变化甚至能够长期改善他们的心理健康状况。

我们常常觉得医学科学是清晰而直接的。比如，当你感到疼痛时，吃一片药或者接受一次治疗，问题似乎就能迎刃而解。然而，如今我们逐渐意识到，身心之间的联系远比想象中更加紧密，它们的作用往往难以完全区分。你的身体天生渴望健康与强壮，而追求这一目标的过程，有时可能会带来超出预期的美好体验。

第五部分

快乐和创造力的内在源泉

你身体的每一个动作，从涂鸦到跳舞，都能改变你的大脑对世界的感知。大多数人在散步后会更有创造力，甚至机器人在拥有自己的感官体验后也会表现得更好。接下来的章节将帮助你以全新的方式探索创造力的来源，并让你对自己的无限可能有一个新的认识。

第 14 章
创新背后的
神经科学

我想在宇宙中留下一点印记。

——史蒂夫·乔布斯（Steve Jobs）

你能想出一把钥匙有多少种独特的用途吗？

心理学家常常会提出类似的问题，希望通过这种方式来探索和评估一个相对抽象且难以捉摸的重要特质——创造力。

当斯坦福大学的玛丽莲·奥佩佐（Marily Oppezzo）向一群志愿者提出这个问题时，她采用了创造力的标准定义——答案必须既新颖又实用。用钥匙开门不算，因为这太显而易见了；用钥匙系鞋带也不行，因为这既不符合逻辑也不实用。但如果你建议在临终前用钥匙把凶手的名字刻在地上，那你就能得满分。

我一直对关于创造力的问题很着迷，于是我也坐下来，试图想出一些自己的答案。我想到了几种可能性：用钥匙挖坑种种子、清理运动鞋底的泥，或者把几把钥匙挂在一起做成风铃。但再多的我就想不出来了。（用钥匙刮花仇人的车不算新颖。）后来我发现，奥佩佐在做实验时，让一部分人坐着回答问题，另一部分人则在跑步机上边走边想。结果，在跑步机上行走的那组的表现几乎是坐着的那组的两倍。在多个测试不同创造力版本的实验中，人在行走状态下的表现比在坐

200

着时的表现提升了 81%~100%。这一结果令人震惊，它展示了运动如何极大地促进思维的自由流动。奥佩佐甚至将她的研究成果命名为"用行动激发灵感"。[1]

仔细想想，这其实非常神奇——仅仅是移动身体，就能激发大脑变得更富有创造力。奥佩佐和其他研究者的实验已经证明了这一点，但伟大的思想家们早就知道这个秘密。美国自然学家兼哲学家亨利·戴维·梭罗（Henry David Thoreau）曾解释说："我的双腿一开始移动，我的思绪就开始流淌。"他形容这个过程"就像我在下游打开了闸门，结果上游的新泉水源源不断地涌入"。[2] 这是一幅美好的画面——想法从身体开始，然后流向大脑。

心理学家总是喜欢为各种现象命名，他们把那种能够激发广泛联想的创造性思考（比如钥匙还能用来做什么）称为"发散性思维"。简单来说，这种思维方式就是尝试从多个角度解决问题，并以独特的方式去思考。除了"物品多用途测验"之外，类似的发散性思维测试还会邀请人们想出一些不寻常的类比，或者列出八个完全无关的名词。（你可能会发现，要做到不重复动物、家具或家用电器这些常见类别，其实并不容易呢！）

激发创造力的理想的肢体运动似乎包括一种让人感到舒适的节奏——既能刺激身体活力，又能帮助大脑放松下来。当你的身体以一种既充满能量又不会占据全部注意力的方式活动时，你的思绪就能自由地游走。奥佩佐提到，对她而言，跑步可能无法达到这样的效果，因为她觉得"如果我在跑步，唯一的新想法可能就是停下来别跑了"。[3] 这句话听起来挺有趣，但其实未必适用于每个人。我的丈夫一直以来都是个业余跑步爱好者，他每次慢跑时，常常会在脑海中解决各种问题。虽然他回家时可能满头大汗，但整个人却显得格外有精神，身心都充满了活力。无论哪种运动方式，只要能让你感到愉悦且不会分心，就很可能成为激发创新思维的好方法。畅销书作家、播客主讲人兼演讲家马尔科姆·格拉德威尔（Malcolm Gladwell）就是一个很好的例子。他提出的许多创新概念远超常人，而这或许并非偶然，因为他几乎每天都会抽出时间去跑步。"我喜欢独自跑步，不听音乐，也不带任何设备。"他说。尽管年轻时他曾是个很有竞争意识的人，但现在他更倾向于享受跑步的过程。"我会让自己的思绪随意飘荡，思考各种各样的事情。"这种状态不仅让他保持健康，也让他获得了更多的灵感。[4]

当我在面对众多听众演讲时，我总会选择使用领夹式麦克风，这样我可以自由地在舞台上走动。这样一来，我的话语和想法似乎也能够更加自然流畅地表达出来。而如果被固定在讲台后面，不仅我的身体受到限制，连思维也会感觉有些僵硬。很多关于书籍和文章的灵感，往往是我在散步、游泳或者参与其他活动时突然涌现的。以前写小说的时候，每当我遇到情节上的瓶颈，就会骑上自行车，在附近的道路上骑行大约一个小时。快速蹬车时，耳边风声呼啸，这种畅快的感觉常常能让我的思绪豁然开朗，帮助我想出接下来的情节（或者在写悬疑小说时，找出凶手的身份）。创意其实就像小狗一样——如果你太直接地去追逐它，它可能会害怕地跑开；但如果你用一种温和的方式去关注它，它反而会主动靠近你，甚至乖乖地依偎在你身边。

让你的地毯物尽其用的理由

将运动与创造力联系起来的历史可以追溯到古希腊。大约在 1510 年，拉斐尔为梵蒂冈教皇图书馆创作了一幅巨作《雅典学院》（*The School of Athens*）。在这幅壁画中，哲学和科学领域的众多伟人齐聚一堂。你可以看到苏格拉底、毕达哥拉斯、欧几里得、托勒密等许多先贤，他们或独自沉思，或结伴讨论。（如果你觉得这些人并非生活在同一时代，那么你的想法是对的——这是艺术家的一种创意诠释。）画面中央拱门下站着两位重要人物，他们是亚里士多德和柏拉图。艺术史学家们对这两位哲学家手中所持书籍以及手指指向的方向进行了深入研究，[5] 但让我一直感到好奇的是，在这一群智者之中，他们二人被描绘成正在行走的姿态。

亚里士多德创立的哲学学派后来被称为逍遥学派。据说他在授课时喜欢边走边讲，学生们则跟在他的身后学习。有人认为这个名字可能源于他授课地点吕克昂学园中的有柱廊，但我更倾向于认同"边走边教"的解释。显然，拉斐尔也相信这一点。亚里士多德提出的关于行走与思考之间联系的观点已被反复验证。如果拉斐尔用画中人物的行走姿态来隐喻思想的流动，那么他确实抓住了精髓。

壁画中行走的亚里士多德和柏拉图是那种能够以独特方式思考的大思想家。我的老朋友斯科特总是开玩笑说自己是个哲学家，最近他还对我说，"未雨绸缪，胜过亡羊补牢"。他无疑是一个思维发散的人。他之所以取得巨大的成功，是因为他总能以出人意料的方式解决问题——这种能力在他那个通常需要循规蹈矩的法律领域中既珍贵又罕见。当他在一家《财富》世界 500 强公司升任高层，获得一间豪华办公室时，CEO 还开玩笑地让他把法律学位证挂在墙上，"不然没人会相信你通过了律师资格考试"。每当因"打破常规"而受到称赞时，斯科特总是露出一副困惑的表情，反问道："常规是什么？"

自我认识斯科特以来，他一直是个喜欢踱步的人。每次去他的办公室拜访，我都会看到他在地毯上来回走动，要么是和同事通电话，要么是与客户商讨事务。在手机尚未普及的年代，他就早早用上了免提电话，以便他能保持踱步的习惯。读了奥佩佐的研究后，我打电话给斯科特，问他这种不断走动的习惯是否是他创新思维的重要原因。

"我们说话的时候，我也正在踱步，甚至都没意识到。"他说，"也许这确实让我的思维更加活跃。"他还提到，自己很高兴能被归为亚里士多德那样的哲学家一类，并且多年来，他办公桌后面的几块地毯都被他踱出了明显的磨损痕迹。"踱步还有一个额外的好处，那就是在通常需要久坐的职业中，它能起到锻炼身体的作用。对地毯商来说，这也算是一种商机吧。"他笑着补充道。

当我们的身体处于运动状态时，大脑也会随之变得更加活跃。不过，这并不是随便动一动就能实现的效果。正如隐喻在身心联结中生动地呈现，灵活而流畅的动作能够激发类似的特质，让你的思维过程也变得更加灵活和开放。德国的两位研究人员设计了一个有趣的实验：他们让一些人在一个大房间里自由行走，另一些人则按照规定的路线行走。[6] 他们想了解自由行走与指定路线行走是否会产生不同的结果——果然，那些自由行走的人在各种发散性思维测试中的表现更好，他们的创造力更强。例如，他们能想出砖头、垃圾袋和勺子等物品更多的用途，还能提出更多新颖的类比。

为了进一步验证，这两位严谨的研究人员还让一些人沿着自由行走者的路线行走，以确认是否是特定的路径本身起到了作用，但结果表明，路径并不是关键因素。来自巴伐利亚州国际知名大学维尔茨堡大学的芭芭拉·汉德尔（Barbara Handel）总结道："不受约束，能够随心所欲地移动有助于激发创造性思维。"她强调："最重要的是能够在没有外部限制的情况下自由移动。"[7] 此外，她和她的研究伙伴还测试了志愿者在不同坐姿下的表现，发现"受限坐姿"——坐在固定距离的椅子上面对电脑屏幕——的表现最差。换句话说，我们大多数人试图进行创作时所采取的姿势，恰恰是最不利于发挥创造力的方式。当你弯腰驼背、紧盯着眼前的画面时，你的身体会感到封闭和戒备，这会让你进入一种保护和警惕的状态，而不是开放和富有创造力的状态。虽然创新的想法仍可能偶尔闪现在你的脑海中，但你并没有为它们提供最有利或最有可能出现的环境。

20 世纪最具创新精神的艺术家之一杰克逊·波洛克（Jackson Pollock），曾将巨大的画布铺在工作室的地板上，边走边用颜料罐倾倒、弹洒、滴落颜料。从为数不多的黑白视频中可以看到，他在作画时几乎像是在跳舞——脚步轻盈，双臂放松，你仿佛能感受到他将身体的能量传递到画布上的过程。他的几幅作品已售出数亿美元，这充分证明了全身动作与创意发明相结合所能释放的巨大潜力。

艺术评论家哈罗德·罗森伯格（Harold Rosenberg）创造了"行动绘画"（action painting）这一术语，用来描述像杰克逊·波洛克、朗兹·克兰（Franz Kline）、威廉·德·库宁（Willem de Kooning）等美国艺术家。这些艺术家深刻认识到，绘画不仅仅是手部的动作，更可以通过身体的参与，在画布上创造出充满活力与动态感的作品。还有什么比通过宏大而自由的动作来展现现代世界的活力更生动呢？欣赏他们的作品时，你几乎可以想象艺术家挥舞着画笔的手臂，或是颜料从罐子里尽情滴落的画面。波洛克流畅优美的动作或许激发了他的一些自由联想，并最终转化为画布上的色彩和珐琅表达。几十年后，在这些艺术家留下不可磨灭（且值得博物馆收藏）的印记之后，两位研究者进行了一项实验。他们让一些人以放松、弯曲的方式摆动双臂，而另一些人则按照僵硬、直角的模式移动。结果发现，流畅的身体体验确实能带来更具想象力的反应和更灵活的思维。[8]

了解到动作与创造力之间的联系后，我开始思考，我们是否都应该花更多时间跳舞，以此释放我们的创造力本能。其实，你不必去有酷炫 DJ 的俱乐部，也不需要专门学习萨尔萨舞——只需在自己的卧室里打开音乐，自由地跳几分钟舞，就能让你心情愉悦，思维更加活跃。相比在把杆前练习固定动作，即兴舞蹈可能更能激发创新思维。一项研究对三种风格迥异的专业舞者（跳芭蕾舞、现代舞 / 当代舞和爵士舞）进行了测试。通过一系列创造力测试，研究人员发现现代舞舞者的得分最高，而芭蕾舞舞者的得分最低。为什么会这样呢？研究指出，现代舞鼓励即兴发挥和自由舞动，芭蕾舞则遵循更为严格和结构化的编排。[9] 当你的身体被要求遵循特定的规则时，你的思维可能也受到限制；而当你自由舞动时，你的思维也会随之拓展。

我想象那些在舞台上表演经典剧目《天鹅湖》（Swan Lake）的芭蕾舞女演员们，可能会对这些研究发现提出疑问，并强调她们的生活完全建立在创造性表达之上！不过，除了舞台上的首席芭蕾舞舞者，我们不妨多关注一下群舞演员——那些充满热情和信念的舞者，她们是整个舞蹈团的核心。在舞台上，她们就像一群优雅的天鹅，需要动作完美同步，身体始终保持精准的姿态，这样才能让观众感受到整体的和谐之美。从脚尖点地到头部弯曲，再到手臂伸展，每一个动作都经过精心设计，不容更改。正如英国皇家芭蕾舞团的一位舞者所说："如果你因为表现得与众不同而被注意到，那可能说明你做错了什么。"虽然芭蕾舞演员的动作无比优美（确实如此），但由于她们的身体需要被严格控制和约束，她们的思维方式也可能受到这种模式的影响。

相比之下，芭蕾舞演员或许更擅长如今被称为聚合思维的能力。发散性思维注重寻找多种可能性，而与之不同，聚合思维则是在需要找到单一、具体的解决方案时显得尤为重要。无论是解决数学问题、完成多项选择题考试，还是在《天鹅湖》的群舞中保持整齐划一的动作，都需要这种专注的能力。有趣的是，在奥佩佐的实验中，走路对聚合思维的帮助并不明显，甚至可能对其产生一定干扰。这是因为身体漫步时激发的开放性思绪和创新意识，在需要集中精力得出唯一正确答案的情况下反而不太适用。艺术家、哲学家、物理学家和企业家可以通过散步或自由活动身体来激发灵感，从而产生更多创新性的想法。但与此同时，我们也会庆幸银行出纳员在为我们数钱时是坐着的，而不是四处走动。

实际上，聚合思维和发散性思维并不是对立的，而是存在于一个连续体上。每个人并非只具备其中一种思维方式，而是可以在两者之间灵活切换，这取决于具体的情境和需求。我觉得特别奇妙的是，如何移动身体竟然会影响你更倾向于使用哪种思维方式。当然，身心之间的联系是双向的。也许有些人天生更倾向于发散性思维，因此会选择现代舞而非芭蕾舞，或者选择行动绘画而非版画创作。然而，通过尝试以不同的方式移动身体，我们也可以改变自己的思维方式，激发更多的创造力。了解这一点让我感到无比兴奋，同时也期待在这一过程中能够不断获得新的灵感。

大脑至上论的误区

最近，我和一位朋友一起参观了一家非常宽敞的艺术画廊，里面展示了几十幅极具现代感的画作。站在明亮的空间中，高高的天花板和周围色彩斑斓的艺术作品让我们感到有些眩晕。我们的身体仿佛在吸收这些色彩、光线和开阔的空间，感受到了一种积极的能量。我们兴奋地交谈着，情绪也逐渐高涨起来。

"我们一定要买一幅！"朋友热情洋溢地说。我毫不犹豫地点头同意，于是我们一起在画廊里漫步，心情十分愉悦。

我们离开画廊时，心情渐渐平静下来。坐下来吃午饭时，朋友开始疑惑自己刚才为何如此冲动。"我感觉就像被什么迷住了似的。"她说。

虽然没有人往我们的巴黎水里下药，但我猜测，我们体内的多巴胺水平因为那些美好的感官体验而升高了。我们的身体并不在意这些画作的价格有多高，它们只是对色彩、光线和空间做出了本能的反应。

一旦激素对这种积极的感官刺激产生反应，我们的大脑似乎也被"接管"了。如果把其中一幅画带回家，放在一个不那么令人兴奋的空间里，我们还会喜欢它吗？或许这并不重要。当身体说"好"的时候，大脑往往很难拒绝。

这次我们在艺术画廊的经历，正是身体影响大脑的一个典型例子。麻省理工学院生物工程学教授艾伦·贾萨诺夫（Alan Jasanoff）指出，我们的身体每秒都会接收到大约相当于 10 兆字节的信息（由于 1 兆字节等于十进制的 100 万个字节，所以这是一个相当大的信息量）。他提到，环境中的色彩和光线水平——就像我和朋友在那家美术馆所感受到的——不仅会影响我们的情感状态，还可能对认知功能产生深远的影响。

贾萨诺夫是麻省理工学院麦戈文脑科学研究所的一员，并领导着一个专注于开发新型脑神经成像方法的实验室。他认为我们对大脑的赞美可能有些过于夸大了。他将大脑形容为"一个充满液体、化学物质和胶状细胞（称为神经胶质细胞）的复杂系统"。我们需要认识到大脑是一个基于生物学的器官，而不是将其过度神化。贾萨诺夫提到的"大脑至上论"让我们容易忽略一个事实：大脑只是我们的个性、创造力、想象力以及认知能力的一部分。"我们的自我不仅仅存在于头脑中——它们遍布我们的身体，甚至延伸到更远的地方。"贾萨诺夫说道。[10]

在关于创新的讨论中，这种"大脑至上论"尤为突出。我们常常听到伟大的发现源于某个"灵光一现"（Eureka）的瞬间——那种难以解释的时刻，你突然领悟到了一些至关重要的、此前未知的东西。据说古希腊数学家阿基米德（Archimedes）在浴缸里坐着时有了重大突破，兴奋得光着身子跑去告诉国王。（"Eureka"在希腊语中意为"我找到了"。）这个赤身裸体的男子在浴缸中发现物理学重要原理的画面流传了两千多年。然而，我们忽略了浴缸并非故事中的一个可有可无的小插曲，而是整个事件的核心！阿基米德是在坐进浴缸、水位上升时才获得了灵感。他身处水中并非巧合，正是这种身体上的体验让他明白了排开的水量与自身体积完全相等。

另一个广为人知的有关发现的故事是，大约在 1665 年，艾萨克·牛顿（Isaac Newton）坐在苹果树下，受到掉落苹果的启发，突然想到万有引力，并进一步联想到是什么力量让月球和行星保持在各自的轨道上。他只是静静地坐着，却展现出了非凡的智慧！但同样，这个想法并非凭空而来。他看到苹果掉落，便思考是什么力量让苹果直直地往下掉而不是向旁边飞去。正是这种身体上的体验促成了他的创造性突破。在构想新点子时，大脑并非独自运作。事实上，外界的刺激常常起到关键作用。

阿基米德在浴缸里的"灵光一现"以及牛顿和苹果的故事，几个世纪以来被人们反复讲述，早已深深融入我们的集体记忆。即使这些故事并非完全按照传说中的情节发生，我也不会感到惊讶——毕竟时间和记忆往往会为传奇增添几分色彩。然而，这些故事之所以能够引起共鸣，至少部分原因在于它们合乎情理。我们都能理解这样的想法：某些事情发生在我们身上，从而改变了我们的思维方式；一次身体上的体验也可能成为激发创造力的契机。如果有人说牛顿坐在一间没有窗户的房间里，突然就明白了行星的运行轨道，那确实很难让人信服。伟大的理论构想往往源于坚实的物质基础。

许多实用的发明也离不开物理事件的触发，从而激发出创造性的灵感。20 世纪 40 年代的一天，工程师珀西·斯宾塞（Percy Spencer）注意到他口袋里的巧克力棒融化成了黏糊糊的一团。多年来，他一直在研究磁控管，这是一种能产生微波的装置，在当时广泛应用于雷达系统。他猜测磁控管可能是导致巧克力融化的原因，于是立刻开始思考如何有意利用它来加热食物。他把一些玉米粒放在磁控管旁边，结果令人惊喜——玉米粒真的爆开了！不久之后，第一批微波炉便问世了。（大约过了 20 年，微波炉才逐渐变得小巧且价格实惠，最终走进了千家万户。）

同样，一位名叫乔治·德·梅斯特拉尔（George de Mestral）的发明家在一次森林漫步后，发现狗毛和自己的衣服上粘满了苍耳。他好奇地想知道是什么让苍耳如此牢固地粘住，于是用显微镜仔细观察了苍耳上的小钩子，由此萌生了发明一种织物搭扣的想法。下次当你轻松地为孩子粘好运动鞋搭扣而无需费力系鞋带时，不妨想一想这位充满创意的发明家。

并不是每个人看到融化的巧克力或脏兮兮的狗都会联想到微波炉或织物搭扣。但如果你想创造出下一个伟大的发明，别指望单靠大脑就能完成一切——身体的参与同样不可或缺。不妨去艺术画廊走走，挥挥胳膊，或者泡个澡。你的身体喜欢各种感官体验，并需要与大脑分享这些感受，这样才能碰撞出意想不到的灵感火花。

水下高效记单词的秘诀

我们的身体不仅能够激发创造力，还在我们进行直接思考和解决问题时发挥着重要作用。即使是那些听起来似乎完全依赖大脑处理的内容，比如数学问题或词汇记忆，也会受到身体状态的影响。你可能会觉得答案要么是知道，要么是不知道，但实际上并非如此简单。我们每个人都是复杂的个体，每时每刻都在接收数百万种感官信息的输入。我们可以教会一台计算机"flabbergasted"这个词表示因惊讶或震惊而不知所措，它会永远记住这个定义。但对我们人类来说，情况却并非如此简单。事实上，在任何特定时刻，你的身体所经历的感受都会影响到你学习新事物的效果，以及你能否记住它。（我第一次了解到这一点时，真的感到非常惊讶！）

在一项有趣的实验中，研究人员将参与者分成两组，让他们学习一组单词。为了增加实验的趣味性，一组人在陆地上学习，另一组则穿上潜水装备，在水下学习。[11]（所有参与者都是熟练的潜水员，不过说实话，研究人员到底是怎么想到这些创意的呢？）随后，这两组人分别在陆地和水中接受测试。结果显示，他们在与学习环境相同的条件下表现得更好。例如，那些在水下学习的单词列表，当潜水员再次回到水下时，回忆效果显著提高；在陆地上学习的单词列表，则在干燥环境中得分更高。这一结果强有力地支持了所谓的"情境依赖记忆"理论，也就是说，你学习、聆听或发现某事时所处的环境，会成为你记忆它的一个重要组成部分。

其他不需要护目镜和氧气瓶的研究也得出了类似的结论：当信息与特定地点或身体体验相关联时，我们的大脑更容易对这些信息进行编码。因此，你学习某件事的地方，会对你的记忆方式以及记忆效果产生重要影响。如果你的孩子即将参加 SAT 考试，或许可以考虑让他们在自己熟悉的学校参加考试，而不是到一个陌生的地方考试。毕竟，影响考试表现的因素有很多，而"主场优势"对大脑的作用，甚至可能比对篮球队更重要！

考试结果会受到许多因素的影响，比如考试地点、房间的光线以及椅子的舒适度等。因此，把这些测试称为"标准化"考试似乎有些言过其实。它们的结果并不像我们想象中的那样稳定和一致。人格测试的表现更是如此，其结果往往存在较大的波动性。迈尔斯 - 布里格斯类型指数人格测试（MBTI）被广泛应用于公司、政府和军事单位，数以百万计的人参与了这项测试。通过一系列问题，它会将你归类为理性型或感性型、外向型或内向型、判断型或感知型等预设类别。这些分类听起来非常固定且明确，但实际上缺乏科学依据支持。事实上，测试结果可能相当随机且不够准确。如果你对某次测试结果不满意，只需再测一次，就可能会得到一个全新的分类。研究表明，间隔五周再次测试时，有 50% 的人会被归入不同的性格类别；而在另一项研究中，这一比例甚至高达 75%。[12]

为什么我们仍然对这些存在缺陷的测试深信不疑呢？我觉得这可能源于一个不太准确的概念——"真正的你"。迈尔斯 - 布里格斯类型指数人格测试试图揭示那个定义你是谁的唯一不变的自我。然而，除非你被完全定格在某个状态，不再接受任何新的外界信息（就像木乃伊一样），否则这样单一的自我其实是不存在的。[13] 我们的身体和大脑会随着环境的变化而不断调整，例如潮汐、光线、声音以及周围的动静都会对我们的状态产生影响。我们身处美丽的自然环境中，不仅能提升创造力，还能增强幸福感。大多数人在光线充足、空气流通、天花板高且视野开阔的地方时，幸福感和创造力也会有所提升。如果你感到压力增大，不妨去绿色较多的地方（包括户外），因为绿色通常是最让人放松的颜色，同时还能激发创造力和独创性。

那么，你能想到钥匙有多少种用途吗？答案可能会让你惊讶——根据你当下的身体感受，它的用途或许比你想象的要多得多。实际上，我们的身体可以通过多种方式让我们变得更聪明，这一点我亲身体验过。

第 15 章
身体如何塑造你的智慧

心灵不是一个需要被填满的容器，而是一团需要被点燃的火焰。

——普鲁塔克（Plutarch）

　　我从小就喜欢涂鸦。每次打电话时，我总会随手拿起一支记号笔，在纸上画出复杂的几何图案，比如网格和圆圈。在面对面的大型会议中，我也常常忍不住这么做。有一次，为了给这本书做研究，我参加了一个会议。在第一场报告开始前，我端起一杯茶，然后用纸巾画了一幅由线条和方格组成的涂鸦，并认真地为它涂上了阴影。坐在我旁边的一位同事看到后，开玩笑地问我是不是打算把这幅作品装裱起来。其实，我不是画家，也画不出让人一眼认出的马或人脸。所以，我一直不太明白自己为何会有如此强烈的涂鸦冲动。过去，我以为涂鸦只是为了让自己不那么无聊而分散一下注意力。但现在，我很高兴地意识到（并且也告诉了那位同事），事实恰恰相反——涂鸦不仅不会分散注意力，反而能帮助我更好地集中精力去倾听别人说话。

　　一位英国心理学家曾做过一个有趣的实验。他让一些人听模拟电话留言，其中一部分人在听的时候会进行涂鸦，比如给纸上的形状涂色，另一部分人则只是单纯地听。随后，心理学家安排了一次意外的记忆测试。结果发现，涂鸦的人对留言内容的回答正确率比没有涂鸦的人高出 29%。这表明，涂鸦不仅能帮助人们更好地集中注意力，还能让他们记住所听到的内容。[1]

心理学家推测，涂鸦可能通过防止人们走神来提升专注力。然而，德雷塞尔大学的艺术治疗师吉里贾·凯马尔博士（Dr. Girija Kaimal）领导的一项更深入的研究揭示了更为复杂的现象。她使用一种成像技术（称为功能性近红外光谱技术）来观察人们在涂鸦、涂色或自由绘画时的大脑活动。研究发现，与休息状态相比，这三种视觉艺术活动都能显著激活大脑的内侧前额叶皮质。其中，涂鸦带来的大脑激活程度最高，甚至包括大脑的奖赏中枢。此外，参与涂鸦的人在完成后表示，他们对自己产生的创意想法以及解决问题的能力感到更加自信。[2]

涂鸦为什么能让你更快乐、更专注呢？这里有一个有趣的解释。当你移动身体或改变所处环境时，你的视觉会变得更加敏锐，思维也会更加活跃。这是身心互动中对我们人类来说非常自然的一种现象。当你周围几乎没有什么变化时，大脑可能会变得懈怠。街道上没有动静，环境也没有变化，这意味着没有威胁需要担心，所以你的思维自然会放松下来，注意力也会有所下降。但如果你触摸某物，引发新的感觉，你的思维就会重新变得敏锐和活跃。这正是让我们集中注意力的一个好理由！我们摆弄手指，或者在桌子上轻轻摩挲，其实就是为了让身体感受到一些新刺激，而这恰恰能够提升大脑的活跃度。

涂鸦不仅不会分散注意力，反而会让你更警觉、更专注，甚至更积极。记得有一次我在会议上涂鸦，手部有节奏的动作帮助我的大脑更好地集中精力。涂鸦的时候，你其实是在创造一些能够激发思维的东西，而视觉上的兴奋感会让大脑更加警觉。此外，涂鸦还能让你感到快乐，因为你创造了一些有趣的东西可以欣赏，还可以暗自为自己感到骄傲。不用担心，没有人会评判你的绘画技巧（或者说你是否缺乏技巧）——毕竟这只是一幅简单的涂鸦而已！这项活动不仅能改善你的心情，还能让你对原本可能枯燥的会议或电话交谈抱有更积极的态度。

我们的身体并不是为了长时间静坐不动、被动接受信息而设计的。活动、创造、绘画以及做手势，这些行为都能帮助我们更好地思考。或许可以说，大脑的首要任务是保护身体，身体的任务则是通过各种方式刺激大脑，让两者共同协作，发挥出最大的潜力。

智能机器人

如果我们仅仅依靠大脑去发明和创造，那么无论是坐着、走着、涂鸦着还是翻着跟头思考，似乎都没有太大区别，但实际上，大脑从来都不是孤立运作的。我们已经习惯了 Siri、Alexa 这些没有实体的声音，但大多数计算机科学家都认为，它们并不是智能 AI 的最佳范例。计算机科学家罗尔夫·普法伊费尔曾说："智能总是需要一个身体来支撑。"

于是，我向 ChatGPT 提出了这个问题。ChatGPT 是由 OpenAI 开发的人工智能，它近年来备受关注。作为一个大语言模型，ChatGPT 被输入了海量的文本和数据，其工作方式是根据上下文选择最有可能出现的下一个词。然而，当你向它提问时，它的回答不仅迅速而且充满个性，仿佛你正在与一个拥有感知能力的生命体对话。这种体验让人觉得，ChatGPT 就像是你遇到过的最聪明的大脑之一 ——无论你提出什么问题，它都能在几秒钟内给出答案。

"如果你有一个身体，你觉得你的回答会有所不同吗？"我问道。

"如果我能够拥有实体存在，这或许会进一步提升我的能力。"人工智能立刻回应道，"它可能会影响我提供信息的方式，或者让我举出更贴切的例子。例如，如果我能体验到触觉或味觉，也许就能在这些领域提供更细致入微的见解。"

尽管我知道 ChatGPT 并不具备真正的人类情感，我还是忍不住微笑起来。我甚至能想象到，它因为没有实体而发出的一声轻轻的叹息——永远无法触摸，也无法品尝！不知为何，这个人工智能似乎明白了一件事（尽管说人工智能"明白"，用词有些不太准确）：如果它能够拥有自己的感官学习能力，它一定会变得更加出色。

大多数人工智能领域的专家都会认同这一点。意大利技术研究院的研究主任朱利奥·桑迪尼（Giulio Sandini）表示："如果想在机器中开发出类似人类的智能，那么这台机器必须能够通过自身的体验来积累经验。"[3] 我们身体所做的一切事情，以及我们感知到的气味、声音和味道，都成为了记忆的一部分。我们通过使用身体来学习，并利用这些信息去理解什么会让我们感到快乐。

桑迪尼还提到："我认为仅靠理论手段无法构建出一个包含味道、大小、形状和气味的苹果的完整表征。对苹果的认知是你自己亲身经历过的所有这些事物的集合。你无法预先为智能系统设定好一切程序。"[4]

技术人员正在给最新的机器人配备传感器，以便它们能够像人类一样做出反射性动作，而无需等待编程指令。机器人专家罗尔夫·普法伊费尔举了一个例子：想象一下，如果你的所有手指上都戴着顶针，然后你再去尝试拿起一个玻璃杯。没有指尖提供的精细反馈，这个过程会变得困难得多。事实上，如何拿玻璃杯的某些决定是由你的手自主完成的，甚至不需要大脑的直接参与——指尖的传感器会选择合适的拿法以及施加的压力大小。而顶针显然无法做到这一点。

当计算机试图指挥杠杆或机械手时，同样的问题也会出现。计算机可以告诉机器人如何拿玻璃杯，但如果机器人缺乏能提供物理信息的传感器，整个过程就会显得非常基础和粗糙。

"大脑并非智能的唯一核心所在，"普法伊费尔写道，"智能实际上是分布在整个生物体中的。"[5]

设计领域有一句经典的格言：形式服从功能。然而，如今我们逐渐意识到，形式不仅决定了功能，还深刻影响了我们的智慧以及从世界中获得的愉悦和体验。我们常常听到"不要以貌取人"这样的忠告，但仔细想想，这真的有道理吗？无论是书、机器人还是花朵，任何事物的物质形态都会对其意义和价值产生深远的影响。

此刻，你是在手中捧着一本纸质的书，还是通过手机、Kindle 或 iPad 阅读呢？这种差异会直接影响你对书中内容的感受。书在你手中的触感、文字映入眼帘的方式，都会潜移默化地塑造你对这本书的印象。几年前，佳士得拍卖行的一位买家以约 1000 万美元的价格购得了莎士比亚戏剧的第一版。他们追求的显然不仅仅是莎士比亚的文字本身——毕竟，同样的内容可以在十美元的平装本或免费的网络资源中找到。同样，简·奥斯丁（Jane Austen）的《傲慢与偏见》（*Pride and Prejudice*）和 J.R.R. 托尔金（J.R.R. Tolkien）的《霍比特人》（*The Hobbit*）的第一版也曾拍出约 20 万美元的高价，而人们对此并不感到意外。这些第一版作品的意义早已超越了文字本身，它们承载的是历史的记忆、文化的积淀，以及一种独特的智慧和情感。

或许我们都愿意相信，每个人都有一个真正的内在自我，它与外在的躯壳无关。但在自然界中，这种想法似乎并不成立。飞翔的鸟儿、爬行的蛇类，以及展开尾羽吸引异性的孔雀，它们的行为无不受到自身形态的深刻影响。物理形态既赋予了生物无限的可能性，也带来了不可避免的局限性。罗尔夫·普法伊费尔喜欢用乐高积木来展示这一原理，尤其是乐高头脑风暴系列（Lego Mindstorms）。这套积木因其创新性而备受关注，它让孩子们（甚至成年人）能够亲手搭建并编程小型机器人。普法伊费尔曾用这套积木创造出四种移动方式截然不同的

"生物"（"如果可以这样称呼它们的话。"他说）。其中一种被他戏称为"疯狂鸟"的机器人，在启动后会做出一系列令人惊叹的翻转动作。

"究竟是什么控制着系统的这种行为？"他带着几分好奇问道。

人们可能会自然而然地认为，他编程的方式有所不同，但实际上并非如此。乐高积木本身并不复杂，所有"生物"的控制装置或"大脑"都是一样的。唯一的变化在于，他是如何将这些积木拼接在一起的。

他说："如果你不了解控制装置是如何融入物理系统中的，也不清楚它的特性，比如形状、形态和材料特性，那么你很难对系统的运行方式做出准确的判断。"[6]

以疯狂鸟为例，它的一侧是橡胶部件，另一侧是塑料部件。当接到向前移动的指令时，由于两侧摩擦力的不同，它会自行旋转和翻转。而其他"生物"在接收到同样的指令时，如果它们的轮子能够直线移动，其反应则完全不同。尽管控制装置可能试图规定一个方案，但物理形态同样会对实际结果产生重要影响。普法伊费尔认为，这一观点不仅适用于机器系统，也适用于人类系统。

他还补充道："如果我们只关注大脑并识别神经回路，却忽略了大脑与身体之间的互动关系，那么我们很难真正理解这些神经回路对生物体行为的具体意义。只有深入了解大脑是如何嵌入整个身体系统中的，我们才能更全面地认识智能的本质。"

自然界中的每个动物都拥有独特的智慧。蜘蛛可以织网，海狸可以筑坝，但我们不会期待它们去完成对方的任务。相比之下，目前存在于硅芯片中的人工智能仍然缺乏实体化的体验。然而，研究人员已经开始思考：机器究竟可以通过身体学习到什么程度？

在斯坦福大学"以人为本"人工智能研究院，研究团队从一个新的角度探讨了实体化如何影响智能的发展。该研究所由著名的计算机科学家李飞飞（Fei-Fei Li）领导，她是一位极具创新精神的研究者，我在撰写《女性的天赋》（*The Genius of Women*）一书时曾有幸与她交流。由于她在机器学习领域一直走在前沿，并提出了许多引人深思的理论，因此当我看到她的团队制订了一项详细的计划来研究"形态智能"（morphological intelligence）时，感到非常兴奋。形态学（morphology）指的是事物的形状和结构，这是理解身心互动的关键所在。为了验证这一理念，研究团队创造了一种名为 unimal[⊖]的虚拟生物。这种生物能够在几代进化过程中不断调整自己的身体形状，以适应日益复杂的环境挑战。随着它们的身体逐渐优化，unimal 学习新任务的能力也显著提升。经过十代进化后，最成功的形态完成任务所需的时间仅为最初形态的一半。

"我们往往认为智能是人类大脑的功能，特别是神经元的作用。"李飞飞说道，"但如果把智能看作一种有形的体现，这就开启了一种全新的视角。"[7]

我们的行为不仅仅由思考决定。我们如何移动身体、如何与环境互动，都会影响我们的学习和认知过程。普法伊费尔认为，现在是时候重新审视并更新我们传统的、笛卡尔式的身心二元论，让它更符合现代科学的理解了。

"我行动——所以我存在。"

捕蝇草的独特智慧

世界各地都在积极探索和开发身体智能的不同方面。在德国著名的马克斯·普朗克研究所，梅廷·西蒂（Metin Sitti）领导着一个团队，

⊖　uni- 表示"统一的、通用的"，animal 是"动物"，两者结合后构成 unimals，意思是 universal animals，通用动物。——译者注

专注于研究身体智能，或者说"编码于身体中的智能"。他表示："虽然我们通常依赖大脑和计算智能来解决问题，但学习也可以不依赖任何神经计算。"[8]

等等，这真的可能吗？没有大脑真的能学习吗？我立刻想到了孩子用手指（甚至脚趾）做加法题的情景，但这其实并不算真正的身体智能。让我们来看看捕蝇草吧。这种吃虫植物通过叶片上的感觉毛产生电信号。西蒂解释说，这些信号能够帮助捕蝇草做出复杂的决策，比如"何时快速部分闭合陷阱以捕获猎物，何时完全闭合并密封陷阱，以及何时开始消化过程"。对于一株植物来说，这相当于完成了很多思考工作——当然，这不是传统意义上的思考，而是通过多感官信号实现的。

再想想没有大脑的黏菌，人们已教会它解决迷宫和谜题，其中包括推销员路径问题。最后这个问题听起来更像是深夜喜剧里演员讲的开场笑话，而非电气工程师的研究内容，所以我去查了查。在推销员路径问题中，你会拿到一份城市列表以及各城市之间的距离，然后必须找出从一个城市到下一个城市的最短可行路线。数学家和运筹学专家会编制复杂的程序来找出最佳路径，但我们的单细胞黏菌也能解决这个问题。它在寻找食物时会留下一连串感应痕迹，然后找出节能的最短路线。这根本不需要脑力。

我们人类同时拥有神经网络和身体智能的优势，但有时却忽略了其中一方。我认为，我们对身体智能的接受度较低，可能是因为将自己视为心灵、灵魂和精神比单纯视为一团血肉更具吸引力。我们的身体有一些特质似乎固定不变，比如身高——你是 5 英尺高还是 6 英尺 6 英寸高，并不是你可以选择或改变的。然而，学习什么学科，例如数学、语言学或艺术史，则完全取决于你的决定。事实上，我们的血肉之躯、神经元、传感器、激素以及形态，都是构成我们自身的重要部分。它们不仅塑造了我们的学习过程，也深刻影响着我们对世界的感知与体验。

我们常常相信，心智的力量能够战胜一切困难。也许这种信念确实有其道理。但如果我们可以从机器人和捕蝇草的例子中获得启发，认识到身体与心智之间的相互作用，并理解智慧其实存在于我们身体的每一个细胞之中，那么我们的生活可能会更加充实和幸福。

别再对孩子说"坐下"了

我小儿子马特上五年级的时候，有一天老师打来电话，语气中带着一丝担忧，说有件事想和我聊聊。那天下午，马特参加数学考试时，整整 30 分钟都站着，身体微微前倾，伏在课桌上答题。

"他考得怎么样？"我问道。

"他考了满分！"老师回答道，"不过我想提醒你一下，以防他可能有压力方面的问题。"

我感谢老师的关心，并在当晚把这件事告诉了马特，问他有什么想法。

"我喜欢站着做数学题，这样能让我更好地集中注意力。"他简单地解释道。

"考试的时候你紧张吗？"我又问。

"不紧张，我只是觉得站着更舒服一些。"他说。

事情就这样结束了。

虽然老师打电话让我有些担心，但马特在学校和生活中的表现一直很好。他并不是一个容易紧张的孩子，如果他想站着参加考试——这又有什么问题呢？要是当时我知道哲学家安迪·克拉克（Andy Clark）的研究成果，我可能会对老师有不同的回应。我会告诉他，与其担心马特的做法，不如让班上的其他同学也试试站着答题，说不定会有意想不到的效果。

苏塞克斯大学的哲学教授安迪·克拉克认为，"你"这个存在并不仅仅存在于你的大脑中，而是延伸到你的身体和外部环境。运动会影响我们每个人学习和感知世界的方式。对于很多孩子来说，如果强迫他们长时间坐着，他们的思维能力可能会受到限制。过去，当孩子做了错事，老师或家长可能会责备道："动动脑子！"但现在，随着研究人员发现智力和学习具有身体方面的因素，或许更好的回应是："试着动动身体！"

对于孩子来说，思考的一部分是通过身体来完成的。成年人也是如此。你在演讲时所做的手势，其实也是思考过程的一部分。当作家或建筑师使用笔记本记录或者在纸上画图时，并不是先有了完整的想法再将其"复制"到纸上。写作和绘画本身就是思考的一部分。正如琼·狄迪恩（Joan Didion）简洁的表达："我写作完全是为了弄清楚自己在想什么。"[9] 包括斯蒂芬·金（Stephen King）和弗兰纳里·奥康纳（Flannery O'Connor）在内的许多作家也表达了类似的观点。只有在写作的过程中，他们才会逐渐发现真正想要表达的内容。

然而，这种将行动与思考相结合的方式——让身体和行动成为学习的一部分——并不总是受到鼓励。最近听了多档播客节目，我发现几位演员都提到他们在学校时遇到的麻烦，现在回想起来，我终于可以理解他们的这些经历了。创造力不仅来自头脑，也深深植根于身体之中。聪明或富有想象力的孩子往往因为他们的行为而被贴上"捣乱"甚至更严重的标签，但实际上，他们只是在用所有的感官去探索和学习。

让我们回顾一下典型的学校经历。孩子们在学前班或幼儿园时，一切都显得很自然。那时老师会鼓励他们去沙坑里挖沙子、蹦蹦跳跳，或者用黏土捏出各种形状的小球。老师们明白，触摸、探索和创造都是学习的重要组成部分。这一切都很美好。然而，到了小学一年级，情况发生了变化。孩子们突然被要求长时间坐在椅子上，保持不动。即使是一些提倡课间休息的学校（但遗憾的是，越来越多的学校正在取消或减少课间休息时间），孩子们仍然不得不在上学的大部分时间里都坐在椅子和课桌前。

突然间，许多孩子——那些通过实践而非单纯听讲来学习的孩子——成了问题所在。在幼儿园时，他们或许因为好奇、好问和精力充沛而受到表扬，但现在却被要求安静地坐下，仿佛身体的存在可以被忽略。然而，并不是所有孩子都能适应这样的要求。美国小学里大约有 1/10 的孩子被贴上了注意缺陷多动障碍的标签——这一数据既令人震惊，又似乎在意料之中。如果我们认为 1/10 的孩子有问题，那可能并不是孩子本身的问题，而是评估他们的教育体系需要反思。

证据其实就藏在数字中。孩子 5 岁前，他们被鼓励通过身体活动来学习，这时仅有 2% 的孩子被诊断为注意缺陷多动障碍。但一旦学校规则改变，孩子们被迫长时间坐着不动，这一比例便迅速上升到惊人的 10%。如果允许孩子用身体表达自己，许多这样的诊断结果可能会消失。一项研究追踪了 10~17 岁患有注意缺陷多动障碍的儿童的活动水平，发现认知表现与活动的频率和强度之间存在直接联系。当这些孩子被允许或鼓励活动时，他们的思维会更加清晰，同时也会变得更专注、更自信、更有创造力。

那些焦虑地喊着"坐下，集中注意力"的老师和家长，其实误解了孩子的天性。这些孩子不想一直坐着，因为他们本能地知道，久坐反而会让注意力下降。当身体处于活动状态时，他们的大脑运转得更好。然而，在大多数教室里，一排排整齐的课桌和疲惫不堪的老师让鼓励活动变得困难重重。于是，我们陷入了这样一个误区：认为一个乖巧的孩子就是能够安安静静地坐着的孩子。但实际上，更好的孩子可能是那些在学习过程中快乐地蹦跳、活动或扭动的孩子。

心理学家露西·乔·帕拉迪诺（Lucy Jo Palladino）曾多次探讨过这个问题。她提到，如果在 19 世纪末就存在注意缺陷多动障碍这一诊断，那么托马斯·爱迪生（Thomas Edison）——"一个只通过实践来学习的孩子"——很可能也会被错误地贴上类似的标签。她写道："6 岁时，他非常好奇火是如何燃烧的，结果不小心把父亲的谷仓烧成了平地。第二年秋天，他开始上学，上课时他的思绪常常飘向远方，身体也不停地动来动去。"[10] 由于总是坐立不安，他无法适应传统的课堂环境，最终只能在家接受教育。无需多言，爱迪生后来成为了有史以来最伟大的发明家之一。如果当时强迫他安静地坐着，约束他的身心，他还能发明电灯泡、留声机、电影摄影机等众多改变世界的东西吗？

帕拉迪诺将这类精力充沛、思维活跃而被诊断为注意缺陷多动障碍的孩子称为"爱迪生特质儿童"，这比医学界给出的诊断要合理得多。她指出，大多数这样的孩子在多感官体验中学习效果更好，而对他们有效的学习方法或许对大多数人来说也更适用。视觉模型和鲜艳的颜色有助于学习，亲身体验同样如此。年龄小的孩子如果能亲手抓握立方体或摆弄算盘，就能更好地掌握数学概念。大一点儿的孩子在制作他们正在学习的复杂形状的三维模型时，能更深刻地理解几何知识。我的儿子马特上三年级时，一位富有创意的老师让孩子们拿着铃鼓在教室里绕圈走动，用乘法表编出有节奏的歌曲。我至今仍能清晰地回忆起那充满活力的吟唱：

五乘五等于二十五！
六乘六等于三十六！

当学习成为一种感官体验时，你会从内心深处感受到答案，而不仅仅是靠大脑思考。现在回想起来，我不禁怀疑，幼年那种边走边算的经历是否促成了马特在解决问题时自然而然想要起身走动的习惯。能够用整个身体去感受答案，这种体验蕴含着极大的乐趣。

魔法八号球的启示

在以办公室为背景的电视剧中，我们常常看到一些让人觉得有点调皮的行为，比如用揉成团的纸投篮。其实，在现实生活中也是一样的。我认识的一位高管，他的办公桌上放着一个"魔法八号球"，每当遇到压力大的会议时，他总会忍不住摇一摇。我想，他并不是真的希望通过这个小球来得到答案，而是单纯喜欢手里有个东西可以摆弄。

就像我喜欢涂鸦一样，魔法八号球和揉成团的纸虽然看起来像是会让注意力分散的小东西，但它们实际上可能是我们找到的一种让身体也参与到工作中的方式。毕竟，我们的身体和大脑一样，都喜欢保持活跃。整天对着电脑工作，对身体来说可能并不是一件有趣的事情。当身体渴望某种刺激时，它会很乐意接受手边任何能提供这种感觉的东西，比如拆开回形针、撕下小块胶带，这些都是我们在办公室里常见的小消遣。（说实话，这些我也都试过！）

当你坐立不安时，你的身体是在寻找适合自己的刺激水平。随着现代工作方式越来越久坐不动，我们可能需要更多这样的小动作来满足身体的需求——这也解释了为什么像指尖陀螺这样的解压玩具会变得如此流行。那些因为觉得它们太容易分散注意力而禁止使用这些小玩意儿的学校和办公室，其实可能忽略了它们背后的意义。纽约大学的迈克尔·卡莱斯基（Michael Karlesky）教授和加州大学圣克鲁斯分校的凯瑟琳·伊斯比斯特（Katherine Isbister）教授开展了一个有趣的项目，他们邀请人们上传自己喜欢摆弄的小物件的照片。通过研究，他们发现，由于手和大脑之间有着紧密的联系，摆弄东西不仅能增强人的创造力，还能帮助他们提高专注力并减轻压力。很多人对此深有同感，并分享了自己喜爱的小物件，比如按压式圆珠笔、橡皮泥、有弹性的橡胶手环，还有可以抚摸的小毛绒玩具。[11]

伊斯比斯特教授认为，摆弄东西是一种帮助儿童和成人调整自身所需刺激水平的方式。[12]通过这些小动作，我们可以更好地管理自己的注意力和情绪，而且这些动作不仅不会让人分心，反而有助于集中注意力。如果你发现自己很难长时间坐着不动，不妨试试站起来活动一下，或者转转回形针、捏捏手里的小物件。为了让大脑发挥最佳功能，身体也需要参与进来。每个人对运动的需求不尽相同，但如果你的身体自我调节能力较强，就不要试图压抑它的需求。历史上著名的发明家爱迪生就是这样做的。

在学校，而不仅是舞蹈学校跳舞

我非常幸运，在肯·罗宾逊爵士（Sir Ken Robinson）发表了一场关于如何激发孩子创造力的小型演讲后，我有机会与他交谈。他一生都在努力推动建立一个能够鼓励和奖励创造力的教育体系。虽然我很享受与他的对话，但当时对他的观点还是有些保留意见。那时，我的首要目标是确保我的儿子们取得优异的成绩，在 SAT 考试中表现出色，并为未来的成功做好准备。而他认为，标准化考试可能会抑制创造力，我们需要将智能理解为超越单纯头脑思考的更广泛概念。

罗宾逊极具影响力，他曾被伊丽莎白女王授予爵士头衔，他关于学校如何扼杀创造力的 TED 演讲至今仍是观看次数最多的演讲之一。随着时间推移，他那些非传统的见解最终也打动了我。（遗憾的是，他在 2020 年去世，享年 70 岁。）他担忧当前的欧美教育体系是由一些过于注重学术思维的大学教授设计的——他自己也曾是其中的一员。"他们似乎忘记了身体的存在，把身体仅仅当作一种让头脑参加会议的工具。"[13] 他说。基于这样的视角，他们构建了一个僵化的学科等级体系，艺术学科往往被置于最底层。罗宾逊认为这是个严重的错误。"我认为数学非常重要，但舞蹈同样不可或缺。如果孩子们有机会，他们会很自然地跳舞，我们每个人小时候都是这样。毕竟，我们都有身体，不是吗？或许我遗漏了什么重要的讨论？"

罗宾逊天生口才出众，对时机的把握也十分精妙。他令人信服地指出，智能是动态且具有交互性的。我们如何学习以及我们所理解的内容远远超越了思维层面。智能具有多样性，其来源广泛，其中很多与身体相关。他说："我们通过视觉思考，通过声音思考，通过触觉和动作思考。我们进行抽象思考，也通过运动来思考。"他认为，在孩子的成长过程中，"我们开始逐渐只对他们上半身进行教育，然后只关注他们的头部，而且还稍有偏废"，这种做法是不合理的。

他还分享了一个感人的故事：有一天，他与著名的舞蹈家兼编舞家吉莉安·林恩（Gillian Lynne）共进午餐。吉莉安告诉他，自己小时候在学校里遇到了不少挑战。8 岁时，母亲带她去看了一位精神科医生。母亲花了 20 分钟向医生描述吉莉安的问题：她坐立不安，在课堂上容易分心，不做作业，还会打扰别人，总是无法安静地坐着。听完这些情况后，医生请母亲暂时离开房间，留下吉莉安一个人，并打开了收音机。当音乐响起时，他们发现吉莉安立刻随着旋律舞动起来。"吉莉安没有病，"医生说，"她是一位舞者。送她去舞蹈学校吧。"幸运的是，这位母亲采纳了医生的建议。在舞蹈学校里，吉莉安欣喜地发现周围有许多和她一样的人——"那些需要通过动作来表达和思考的人"。后来，她不仅成为了皇家芭蕾舞团的独舞演员，还创办了自己的舞蹈公司，并为数十部舞台剧和电影编舞。她与安德鲁·劳埃德·韦伯（Andrew Lloyd Webber）合作，创作了百老汇历史上最成功的两部作品——《歌剧魅影》(*The Phantom of the Opera*) 和《猫》(*Cat*)。

　　罗宾逊感慨道:"吉莉安为数百万人带来了快乐,同时自己也成了一位千万富翁。如果换作其他人,可能早就给她开药,让她安静下来了。"他在 TED 演讲中提到这句话时,赢得了全场热烈的掌声。然而,直到今天,我们仍然习惯于给孩子们开药,要求他们安静下来。当我们意识到,我们可以通过身体来感知和享受这个世界时,这会彻底改变我们的教育方式。鼓励运动而非将其视为问题,会让每个人的表现更出色,也会让我们更加幸福。智力有无数种形式。李飞飞通过计算机展现了她的非凡才华,吉莉安·林恩则通过肢体表达传递了她的天赋。当然,并不是每个坐立不安、充满活力的孩子都会成为托马斯·爱迪生或吉莉安·林恩。但如果我们可以不再强迫他们长时间静坐,或许会有更多这样的天才涌现出来。

第六部分

你乐观的身体

你的身体渴望你快乐，而你可以通过理解身体的反馈循环来帮助它，这些循环会带来更大的喜悦。在这里，你会发现一些非常实用的技巧，从你穿的衣服到你坐的方式，这些都会每天改善你的心态。

第 16 章
身体的语言：你读懂了吗

舞蹈是身体灵魂的隐秘语言。

——玛莎·格雷厄姆（Martha Graham）

许多年前的一个炎热夏日，我正坐在电视台办公室里工作，心里清楚自己需要去趟银行。我试着想象自己拖着笨重的身体走完那段漫长的路程，最终还是觉得力不从心。当时我已怀孕九个月，实在感到疲惫不堪，根本无法完成这段路程。几个月后，当我结束产假回到工作岗位时，有一天顺路去了趟银行，不禁笑了起来。原来那家银行距离电视台不过三个街区而已。

银行离电视台是近还是远？这取决于你什么时候问我。最近，我们对生成式人工智能可能改变我们对现实的认知感到担忧，但实际上，我们的身体早已悄然影响我们对世界的感知。眼睛看到的并不总是真实的，因为我们所谓的客观判断，往往会被身体的状态所左右。身体会为大脑提供额外的信息，从而改变我们的认知。比如，如果有人让你估计远处一座山的陡峭程度，你可能会觉得自己给出的是一个基于数学计算的答案。然而研究表明，你的感知其实受到许多因素的影响：你是背着背包攀登，还是缓缓步行？你是身体超重、健康，还是正在忍受疼痛？对于那些疲惫不堪、体能不佳或背着沉重背包的人来说，距离似乎变得更遥远，山坡也显得更加陡峭。或许这是因为，他们并非单纯地估算实际的距离，而是更多地依赖身体对这段路程的感受做出判断。[1]

每次和丈夫一起去远足时，他总会用一句"快到了"来鼓励我。这句话他说了太多次，以至于成了我们之间的一个小玩笑。虽然在他那充满干劲的"快到了"之后，我总觉得路似乎永远走不完，但我也不得不承认，他的乐观常常让我感到既好气又好笑。不过，现在我明白了，他并不是故意夸大其词。他身体强壮、热爱运动，又特别喜欢户外活动，在他眼里，山顶真的就像是轻松冲刺就能到达的地方。而像我这样行动稍慢的人，却会觉得那段距离遥不可及。他可能根本无法理解这种差异。

其实，我们的感知并不完全来自眼睛看到的世界，而是由身体的能力和行动方式共同决定的。比如得分高时，全球运动员会觉得球比实际更大，篮球运动员会觉得篮筐比实际更宽。科罗拉多州立大学的心理学家杰茜卡·威特（Jessica Witt）对此产生了好奇：如果反过来，通过改变身体对事物的感知，是否也能影响人们的表现？于是，她设计了一个带有视觉错觉效果的高尔夫果岭，让球洞看起来比实际更大。结果发现，这样的调整确实能提升高尔夫球手的推杆表现！[2]

我们的身体在塑造我们如何感知和应对这个世界方面所起的作用，远比我们以大脑为中心的观念所能想象的要丰富得多。例如，你对时间的感知可能会随着心跳的变化而有所不同。[3] 我曾读到过一项研究，结果显示，当心跳间隔较长时，人们会觉得听到的声音持续的时间也变得更长。另一项实验将心跳与恐惧感联系起来。研究表明，如果在心脏收缩期（即心脏泵血时）展示一张带有恐惧表情的脸，人们的反应会比在心脏舒张期（即心脏休息时）看到同样的脸时更强烈。[4] 如果你觉得这些发现听起来有些不可思议，我完全理解你的感受。让我感到兴奋的是，如今有越来越多这样的实验正在被设计出来并受到广泛关注。过去，研究人员常常把人放进磁共振成像仪中，然后拿着脑部扫描图像四处展示，仿佛它们能够解释我们行为背后的所有原因。然而，新的研究提醒我们，大脑只是整个方程式的一部分。膝盖不好可能让你觉得山看起来更高，而心跳的变化也能决定你感受到的恐惧程度。或许，正是这些微妙的身体信号，让我们对世界的体验变得更加丰富多彩。

英国认知神经科学教授萨拉·加芬克尔（Sarah Garfinkel）领导了一项关于心跳与恐惧之间关系的研究。她指出："我们越来越意识到，身体的其他器官与大脑功能相互作用，共同塑造并影响我们的感知、认知和情绪。"[5] 这一观点可以追溯到 19 世纪哲学家威廉·詹姆斯提出的理论（我们在本书开头已经讨论过）。詹姆斯认为，身体的变化会引发情绪感受。例如，当你遇到一只熊时，你的身体会迅速做出反应——心跳加速、肾上腺素激增、皮肤出汗，这些生理变化最终导致了情绪的产生。换句话说，你的身体先感到害怕，然后你的大脑才会理解并解释这种情绪。然而，一些心理学家对詹姆斯的观点提出了质疑，他们主张情绪处于首要地位。他们认为，大脑可以控制我们的感受。例如，当你看到熊时，如果你告诉自己不要害怕，你可能会保持冷静。这场争论已持续了一个多世纪，双方的观点都极为激烈。

在我看来，这场争论可能不会很快得出结论。但新的证据表明，詹姆斯可能是正确的——我们的身体在情绪中所起的作用比我们想象的更大。最近，我了解到一项非常令人惊叹的研究。斯坦福大学生物工程学和精神病学及行为科学教授卡尔·戴瑟罗思（Karl Deisseroth）开发了一种名为"光遗传学"（optogenetics）的技术。这项技术可以通过修改某些细胞的基因，使它们在微小光源的闪烁下被激活。这听起来像是科幻小说的情节，以至于当我仔细阅读发表在《自然》杂志上的相关文章时，几乎无法理解其中的具体过程。不过，显然这项技术是可行的。[6]

通过这项复杂的技术，研究人员找到了一种高科技且非侵入性的方式来控制老鼠的心跳。他们为老鼠设计了一种带有光源的小背心，能够将老鼠的心率从每分钟 600 次提高到 900 次。戴瑟罗思称这种变化为"适度合理的加速"，类似于老鼠在经历紧张或恐惧时刻时的心跳变化。[7]

为了更清楚地说明这一点，让我们来看看实验的具体情况。实际上，这些老鼠并没有经历任何真正的紧张或恐惧情境。它们既没有看到光源，也没有任何异常体验。研究人员只是通过技术手段提高了它们的心率，模拟了危险发生时的情况。结果发现，老鼠对心跳加快的反应表现出"类似焦虑的行为"。它们减少了在迷宫中的探索，试图待在有保护的地方。它们避开田野的中心区域，就像面对天敌时的本能反应一样。当被置于有一定真实风险（如轻微电击的可能性）的情境中时，它们变得过于恐惧而不敢去寻求任何奖励。

仅仅通过改变心率，即使没有任何外在原因或威胁，老鼠也会表现出焦虑或恐惧的情绪。研究人员认为，从这些发现来看，"要理解情绪或情感状态的起源，必须将身体和大脑结合起来考虑。"[8]虽然短期内我们不太可能对人类进行类似的实验，但我们仍然可以从这些研究中推断出很多有趣的现象。例如，当你的身体对某种刺激源（比如厨房里突然出现的闯入者，或者不明原因的心跳加快，例如灯光的影响）产生生理反应时，你的大脑会随之解读这种信号。于是，你会想："我的心跳加速了，所以我一定很害怕！"随后，你的行为也会随着身体的感受而发生变化。

这项研究清晰地展示了大脑如何通过监测内部状态来决定适当的行为反应。身体先做出反应，大脑随后进行解读，而我们的行为则随之产生。像威廉·詹姆斯这样智慧非凡、学识渊博的先驱者，或许不会真的摇着手指说"我早就告诉过你了"。但凭借这些新发现，他确实有足够的理由感到欣慰。

接下来的研究方向可能涉及探索其他身体反应的影响。戴瑟罗思教授开发的光遗传学技术，可以进一步帮助我们了解改变身体状态是否以及如何影响情绪。例如，如果让某人的肩膀变得紧绷，这是否会让他们感到更加焦虑？或者，如果我们能够让人体验到那种"心里七上八下"的感觉，是否会让他们觉得自己正在经历紧张的情绪？其实，我们无需等待更多的研究结果——现有的证据已经充分表明，身体在塑造我们的情绪和感受方面具有强大的影响力。现在，你就可以利用这一点，主动调整自己的身体状态，从而让自己变得更加快乐和放松。

当你感到焦虑或紧张时，不妨试着有意识地关注自己的身体状况。轻轻抖动肩膀以放松紧绷的肌肉，或者深吸一口气来平复狂跳的心脏。通过这种方式，你可以借助身体的力量向大脑传递积极、愉快的信息。相信你很快会发现，这种方法的效果比想象中更好！

真丝长裙的魅力

身体传递给大脑的快乐来自多种来源和感官信息。最近，我在社交媒体上看到不少关于"多巴胺穿搭"的帖子，也就是通过改变穿着来提升愉悦感。通常这些建议会提到选择亮色系服装，而不是我们大多数人日常穿的中性色。但事实上，心情与服装之间的联系远比仅仅穿上一件黄色的毛衣要复杂得多。贴身衣物的质地会影响你的触觉感受，布料的垂坠感则可能让你感到快乐或沮丧。

光遗传学研究需要高级实验室的支持，但我们可以通过走进自己的衣帽间或附近的百货商店，简单测试一下衣服如何影响我们的情绪。

我邀请了两位年轻女士和我一起，在萨克斯百货的试衣间里进行了一次有趣的小实验。我们的约定是，她们穿上衣服后不照镜子，而是用一两个词描述穿上这件衣服时的第一感受。我们从一件贴身的丝绸衬衣开始，两位女士都发出了愉悦的叹息声。其中一位形容它非常"性感"，另一位则觉得它很"迷人"。非常柔软的针织紧身裤也得到了一致的好评——两人都用"舒适"来形容。然而，最昂贵的一件衣服却未能达到预期效果。那是一件标价超过 2000 美元的印花真丝绉纱长裙，尽管面料奢华，但其中一位女士表示自己穿上后感觉有些别扭，另一位则坦言："虽然面料很柔软，但我感觉自己显得有点儿土气。"

接下来，我们让她们再次穿上同样的衣服，但这次允许她们对着镜子观察自己的形象。结果发现，当面对镜中的自己时，她们的关注点发生了变化，更多地评论起外表而非单纯的穿着感受。其中一人担心之前觉得性感的衬衣并没有很好地衬托出她的胸部线条；另一位则抱怨舒适的紧身裤反而凸显了她的臀部曲线。然而，对于那件昂贵的长裙，两人在镜子里都觉得它比之前更吸引人了。她们觉得这件衣服十分亮眼，能展现出一种既富有创意又高端的形象。

"我能理解为什么有钱人可能会买这件衣服来展示自己的品位，但如果真的穿上它，我可能会觉得自己有点儿滑稽。"其中一位女士笑着说道。

长裙、针织紧身裤和丝绸衬衣最终被放回了衣架上。不过，为了感谢她们的参与（也为了让我不觉得自己占了萨克斯百货的便宜），我为每位女士挑选了一件柔软的棉质 T 恤作为小礼物。她们都说穿上这件 T 恤后感觉"放松"且"开心"。

离开商店时，我们聊起了一个有趣的现象：为什么她们在不照镜子的情况下，仅凭衣服穿在身上的感觉做出的反应会与镜中看到的形象如此不同？这似乎说明了我们穿的衣服具有双重作用：它不仅向外界传递信息，也向我们自己传递信息。

服装带来的双重影响会以意想不到的方式显现出来。衣服足以影响你的情绪和自信，进而改变你在生活中的状态。有一项研究让我惊讶不已：在数学测试前，那些私下试穿泳衣的女性，成绩不如试穿毛衣的女性。不管出于什么原因，当她们看到自己穿着泳衣的样子时，自我认知就发生了改变，以至于在考试中发挥失常。[9]

大约 12 年前的另一项研究中，研究人员让一半的参与者穿上白大褂，并推测这件衣服可能会向参与者传递专业和负责的信息。随后，他们进行了一项测试，用以衡量参与者对细节的关注度。结果显示，穿白大褂的参与者在测试的一个部分中所犯的错误只有穿便服的参与者的一半。实验的另一部分更加有趣：研究人员告诉一些人这件白大褂是医生的实验服，而告诉另一些人这是油漆工的工作服。结果发现，只有当白大褂与医生联系在一起时，参与者的注意力才会显著增强。[10]

这是一个非常有趣的发现，而且完全合乎情理。衣服不仅帮助我们向他人展示自己的身份，还会通过物理方式向我们的大脑传递信息。研究人员甚至给这一现象起了个巧妙的名字——"着装认知"，这个名字的灵感来源于我们一直在讨论的"具身认知"，即身体如何影响思维。这项研究被其他学者广泛引用，并在大众杂志和网站上受到广泛关注。然而，遗憾的是，另一组研究人员未能复制这一结果，最初的两位研究者也承认这"对他们的发现提出了质疑"。[11] 但他们指出，有足够多的其他研究表明，服装确实能够影响我们的思维、感受和行为（尽管不是通过注意力测试）。因此，"着装认知的核心原则——我们的穿着会影响我们的思维、感受和行为——总体上是成立的"。[12]

好吧，我认同这一观点。穿上警察、护士或宇航员的制服，你立马就会向大脑发出该如何行事的信号。有一项研究表明，在谈判时穿西装的男性比被要求穿休闲装的人表现得要好得多。在谈判过程中，穿西装的人赚取了约 200 万美元的利润，而那些穿着运动裤和凉鞋的人所获利润仅约为前者的 1/3。穿西装会让人表现出主导性，甚至会使体内睾酮的水平升高。[13]

衣服的力量因人而异，也取决于具体的情境。比如，那些效仿马克·扎克伯格（Mark Zuckerberg）穿连帽衫作为日常装扮的硅谷男士，可能在这种穿着下进行谈判的效果会比穿西装更好。我自己经常在家工作，但早上坐到电脑前之前，我有时会换几套衣服。虽然没人会看到我，但我需要让自己感觉舒适自在，这样才能更好地投入工作。

英国心理学家卡伦·派因（Karen Pine）曾说："衣服不仅能向他人传达信息，也能向我们自己传递一种内在的信息。"她进一步解释道，"身体的感觉和联想会在头脑中激发新的想法。"[14]

派因的研究发现，女性在心情低落时往往会穿上牛仔裤和宽松的上衣，这或许是一种逃避现实、与自己的身体暂时脱离的方式。而当女性心情愉悦时，她们更倾向于选择剪裁合身、能凸显身材的漂亮衣服。那么，如果在心情不佳时，试着穿上平时开心时会穿的衣服呢？这种做法可能会引起从身体到大脑的积极反馈循环，从而帮助我们改善情绪。派因补充道："大脑的功能会受到视觉、嗅觉和其他经历的影响，现在我们知道，我们的心理过程也会受到一件衣服的影响。"

最近，我发现了一个在线网站，可以以非常实惠的价格买到设计精美的眼镜。于是我现在拥有了一柜子各式、各色的眼镜，包括红色、橙色、粉色，应有尽有。前几天，我戴着橙色眼镜去杂货店购物时，一位我不认识的女士拦住我说："不好意思，这副眼镜看起来真的让人心情很愉快！"我喜欢拥有这样一副能传递快乐的眼镜。因为传播一点儿快乐真的会让你立刻感到更加快乐。

衣服和配饰不仅会影响我们的情绪，还会成为情绪的守护者。我们所穿的衣服会给我们带来某种感觉，同时我们也会将自己的情绪转移到这些衣物上。例如，我入职一份重要工作那天穿的那条可爱的波点裙至今仍是我的最爱，而父亲去世那天我穿的那件深蓝色的连衣裙，我再也没从衣柜里拿出来过。这听起来像是我们赋予了衣服它们本不具备的力量——那条波点裙其实跟我被录用毫无关系（至少我不这么认为）——但衣服确实会在我们的身体里引发一种本能的感觉。那些对你来说成为幸运符的物品，确实能带来积极的氛围。当你穿上它们时，你的站姿可能会稍有不同，头也会抬得更高。当你的身体感觉更自信时，你的整个气场都会随之改变。

你不必像《欲望都市》（*Sex and the City*）中的凯莉·布拉德肖（Carrie Bradshaw）那样精心打扮才能感到更快乐。只需意识到你所穿的衣服会如何让你以不同的方式面对世界。认识到"着装认知"的力量，可能会改变你的购物选择。如果某件丝绸衬衣让你感觉性感且充满力量，那就果断买下来吧！而那些让你觉得尴尬的宽松长衫，即使再流行，也可以考虑避开。毕竟，你的衣着首先会给你自己留下印象，然后才会对他人产生影响。

身体的记忆

俗话说得好，骑自行车的技能永远不会忘记，这确实很有道理。即使多年没骑过车了，重新骑上两轮自行车时，你可能会有些摇晃，但很快就能稳稳地蹬起来。试图一步一步地去想"先坐上车座，再把脚放在踏板上……"可能适得其反。这时，你需要依靠肌肉和神经通路来唤起之前已经熟练掌握的动作。滑雪、游泳、投掷棒球以及许多其他通过学习掌握的身体技能也是一样的道理。即便你早已忘记第一位网球教练的名字，你的身体仍然记得如何协调出一个漂亮的正手击球动作。

　　人们通常将这种现象称为"肌肉记忆"（muscle memory），但"运动记忆"（motor memory）可能是一个更准确的说法。骑自行车、游泳甚至系鞋带所需的动作序列都被深深嵌入了中枢神经系统的神经通路中。一些研究人员认为，这些动作会嵌入多条不同的通路中，这或许能解释为什么它们能够如此轻易地被重新唤起。我们不会像记住初恋对象或 100 的平方根那样去"记住"如何骑自行车。相反，我们会重新激活其中的一条神经通路。当你再次想要骑自行车、游泳或滑雪时，你的身体会清楚地知道该怎么做。

　　斯坦福大学的神经学家丁军（Jun Ding）在这一领域进行了突破性的研究。他说："显然，运动记忆的形成方式与其他记忆有着很大的不同。"他建议我们可以把运动记忆想象成一个高速公路系统。"如果 101 号州际公路和 280 号公路都封闭了，你仍然可以从旧金山找到通往斯坦福大学的路。"[15] 虽然这是一个比较本地化的例子，但它的意思很明确：运动记忆的独特之处在于，你的身体可以通过多种途径重新获取它。

　　最新的研究表明，实际意义上的"肌肉记忆"也可能存在。如果你在 20 多岁时经常去健身房举重，后来因为某些原因中断了一段时间，也不要灰心。这种抗阻训练会在细胞层面给你的肌肉纤维带来一些改变。细胞会获得额外的细胞核，而这些细胞核即使在你停止锻炼后，也能在数月甚至数年内留存下来。尽管肌肉量可能会有所减少，但细胞层面的变化依然存在。[16] 因此，当你再次开始举重时，你会发现自己的力量恢复得比初次锻炼时快得多，也比从未锻炼过的人恢复得更快。就好像肌肉在说："我们知道该怎么做了！"

　　说到身体技能，我们的身体通常在不受意识干扰的情况下表现得最为出色。一旦身体为某个动作建立了神经通路，再去刻意思考它反而会成为一种阻碍。我有一次开车时带着一个七岁的孩子（坐在后座），他特别爱说话，还对机械原理充满好奇，那次经历让我深刻体会到了这一点。

"你的脚踩着油门吗？"他问道。我说是的，他又问："油门是在左边还是右边呢？"我稍微想了一下才回答他。接着他说："那刹车应该在左边吧？你现在是不是该刹车了？"当时我确实需要停车，但当我开始有意识地去思考该把脚放在哪里时，突然感到非常不自在。我的身体其实已经知道如何从油门切换到刹车，但这种刻意的思考反而成了障碍。如果你也想尝试类似的实验，下次开车时可以试试看，不过我建议你选择一条安静的街道，以免分心影响安全。当身体已经掌握了某种技能时，大脑的过度干预只会让它感到困惑。同样的道理也适用于其他场景，比如弹吉他时，如果你刻意去思考每个和弦手指应放在何处，或者走路时过分关注每一步该落脚的位置，都会让你的动作变得僵硬而不自然。

我还听过一个攀岩者的故事。每次准备攀岩前，她都会按照固定的步骤进行准备：系紧安全带、把绳子固定好、扣上保护装置……这个流程她重复了无数次，早已形成了一种根深蒂固的习惯模式。有一天，她在准备过程中停下来系鞋带。重新开始后，她长期形成的习惯被打乱了，自己却没有察觉到，结果漏掉了其中一个关键步骤——把绳子固定好。后来她在那次攀岩时遭遇了危险的坠落，事后她自责地认为，事故正是因为准备过程被打断导致的。似乎她的身体已经习惯了准备阶段的一系列动作，而系鞋带这一额外的动作打乱了节奏，让她的大脑混淆了必要的步骤。

我曾以一种非常简单的方式运用过这个道理。每次离开公寓时，我通常需要带上很多东西，比如电脑、手机、Kindle、钥匙和钱包。垃圾回收箱就在走廊尽头，但我总是习惯先去倒垃圾再回来拿自己的物品。太多次，当我拿了旧杂志扔掉，到了电梯后才发现忘了带其中一件必需品。仿佛我的身体已经"记住"了它应该携带多少物件，而扔掉的垃圾也成了其中之一。我们的身体记忆确实有它的道理。

在 2021 年夏季奥运会上，体操名将西蒙·拜尔斯（Simon Biles）的意外退赛让全世界都看到了身心平衡的重要性。拜尔斯曾获得世锦赛和奥运会奖牌 30 多枚，有四个体操动作以她的名字命名。她从未输过，人们都期待她再次包揽金牌。然而，在一次跳马比赛中，她只完成了空翻一周半，而不是计划中的空翻两周半。这时，拜尔斯意识到自己的身体状态出了问题。她的肌肉记忆似乎失效了。当这种情况发生时，惊慌失措的意识会试图接管动作，但大脑根本无法替代身体的记忆来完成复杂的动作。拜尔斯后来将其描述为出现了"翻转错乱"——在空中对身体的位置感到困惑，甚至分不清上下。她在 Instagram 上写道："这是最疯狂的感觉。对自己的身体完全失去了控制。"你的大脑不知道如何让你在跳马时完成两周半的空翻。你需要的是身体中根深蒂固的神经通路，也就是让运动记忆来掌控这一切。

她的教练们尝试了各种方法帮助她，至少让她能参加一项决赛。"我们尝试了所有可能的办法，但我的身体就像在说，'西蒙，冷静点儿。坐下吧，我们不干了。'我从未有过这样的经历。"她后来说道。那是什么感觉？拜尔斯解释道："想象一下，你一生都有很好的视力，但某天早上醒来却突然什么都看不见了。人们还让你像什么都没发生一样继续前进。你会感到迷茫，不是吗？这是我唯一能想到的类比。"[17]

我们很难确切地知道是什么干扰了拜尔斯训练有素的身体完成那些早已熟练掌握的动作。也许是压力打破了平衡。她不仅要应对人们对她的巨大期望，还要面对因疫情而没有观众的奥运会所带来的陌生感。她的父母无法陪伴在她身边，而且在过去的几个月里，随着一名令人厌恶的医生性侵体操运动员事件的曝光，她承受着巨大的心理压力。不管原因是什么，她足够明智，放下骄傲，明白自己不能继续下去了。

"说实话，尝试做动作但身心不同步真的太可怕了，"她在退赛后不久说道，"绝对不推荐这么做。"[18]

我们对身体的要求很高，但并不总是能意识到它们表现得多么出色——无论是开车、骑自行车，还是从平衡木上完成向后直体两周加转体 180 度（这个动作是以"拜尔斯"的名字命名的）。几年后，拜尔斯恢复了健康，并再次赢得冠军。我们每天与自己的身体相伴，但有时却感觉对它们的运作机制一无所知。神经生物学家迪恩·博南诺（Dean Buonamano）说，在他的领域，"人类大脑能否理解人类大脑还有待观察"。有趣的是，理解大脑需要借助身体。而且两者只有在协同工作时才能发挥出最高水平。

第 17 章
身心幸福计划

几日前的深夜，我从睡梦中醒来，发现电子钟显示的时间为 2:22，这一瞬间，我的内心涌起了一种强烈的愉悦感。尽管我是被外界的一阵声响惊醒的，但这个时刻却让我感受到了一种发自内心的满足与感恩。

这种现象并非偶然，一天当中，数字呈现对称排列的时间仅限于少数几个时刻，例如 3:33 或 5:55。如果我在这些特定的时间恰好查看时钟，便会不由自主地产生一种喜悦的情绪。这一习惯的形成源于我主持的一档以感恩为主题的播客节目。在其中一期节目中，我提出可以通过寻找一些细微的信号来提醒自己摆脱消极情绪，并将注意力转向积极的事物。一位听众联系我，提出了一个用数字时钟的建议。他提到，如果碰巧看到时钟上显示的时间数字是对齐的或整齐的（如 11:11 或 12:34），他会把这当作一个信号，提醒自己去想一些开心的事。这种习惯可以帮助他在日常生活中找到一些积极的时刻，让自己的心情更好。这种方法完全随机且未经刻意安排，出现频率较低，但这些特殊的时刻会逐渐成为一种让他关注当下美好事物的方式。

我对此理念深感认同，并将其融入了自己的日常生活，最终使其成为一种根植于神经的习惯。每当深夜看到类似的时间时，它就像一记幸福的铃声，在脑海中回响，给我带来深刻的满足感。

为了进一步强化这种积极的心理状态，我们可以通过将身体动作与特定时刻相结合，将正面情绪深深铭刻于脑海之中。例如，可以将早晚刷牙的两分钟时间设定为反思当天事件的契机，尝试以积极的角度重新审视所发生的一切，从而赋予日常活动更多的意义。此外，也可以选择在从杂货店驾车回家的过程中，专注于积极的想法，暂时搁置负面情绪或未达成的愿望（如商店缺货的冰淇淋）。通过将积极思维与具体的生理体验相联系，能够更有效地培养幸福感的习惯。毕竟，我们的身体天生渴望快乐，只要给予其适当的机会，美好的情感便会自然流淌。

欢乐颂

每个人在童年时或许都经历过一些令人尴尬的瞬间，而我的那次尴尬经历源于身体和大脑的第一次不协调。那是在四年级的时候，我为自己的第一次钢琴独奏会做了非常充分的准备。演出当天，妈妈早早地就到了，坐在前排，满怀期待地看着我，希望我能有出色的表现。

轮到我上台表演时，我坐在钢琴凳上，刚把手指放在琴键上，双手却开始不由自主地颤抖。我当时完全不知道发生了什么，心想：手指都在发抖，我怎么弹奏呢？于是，我勉强弹出了一个音符，紧接着弹错了下一个音符。我的双手似乎完全失去了协调能力。我愣住了，停了下来，尝试重新开始。然而，此时我的双手颤抖得更厉害了，弹出的声音刺耳难听，我忍不住流下了眼泪。

这次演奏的失败不仅让我感到无比羞愧，还动摇了我对自己的认知。一直以来，我都认为自己意志坚定、勤奋努力，只要下定决心，就没有做不成的事。但坐在钢琴前的那一刻，我才发现自己的大脑似乎失去了对身体的控制力。尽管我努力尝试，却无法让自己平静下来，专注于弹奏曲子。我的身体似乎有了自己的想法，这种发现自己的身体不受意识控制的感觉困扰了我许多年，至今仍记忆犹新。

那时，我还未曾了解肾上腺素、皮质醇或应激反应的概念，也不知道我们的身体有时会先对某种情况做出反应，而我们的意识随后才跟上。如果我当时能够明白坐在钢琴前时体内激素和神经递质的变化，或许就不会那么害怕了。我会意识到，身体当时是将舞台视为一种"危险"，从而进入了高度戒备状态。虽然这种反应在很多情况下可能有助于保护我们，但在弹奏《欢乐颂》（Ode to Joy）时，它显然并不合适。

了解身体内部发生的情况以及它们传递的信息，可以帮助我们改变态度、情绪和表现。通过理解身体发出的信号，我们可以帮助大脑以不同的方式解读这些信息，从而让我们感觉更快乐，身心更加和谐。我们拥有自己的身体，却对它的运作方式知之甚少。结果，我们与自己的身体产生了隔阂，而不是感到自在。

无论你是在弹钢琴还是在公园里散步，是写小说还是写邮件，是买三明治还是找新工作，如果身心能够协同工作，你都会做得更好，同时也会感受到更多的快乐。我们真正渴望的，恰恰是与我在那次演奏会上的经历相反的状态——那就是身心合一，欢快地同步前行。

愿本书中分享的内容能够帮助你更好地与自己和谐共处。如果你希望提升身体带给你的快乐感受，不妨抽出一周的时间，尝试运用我们在书中探讨的一些发现。通过将这些方法融入日常生活，你可以逐步建立更深层次的身心连接，从而收获更多的幸福与满足感。

以下是一个包含 7 个步骤的计划，将助你开启这段美好的旅程。你可以选择任意一周来实践这个计划，也可以根据自己的节奏将其分散到更长的时间里完成。无论采用哪种方式，当你完成时，都会感受到更加愉悦和充实的状态。更棒的是，你可以持续重复这个计划，直到它自然地融入你的日常生活中，成为一种习惯。

周一：营造温馨环境

身体的物理感受会被大脑重新解读，其直接性可能超出你的预期。例如，当你手握一杯热咖啡时，你可能会倾向于认为之后遇到的人更加亲切；而坐在柔软的椅子上时，相较于硬质座椅，你更有可能表现出对他人的帮助意愿。这种现象表明，传统的通过热水浴或热饮来缓解压力的做法并非毫无科学依据。

为了提升幸福感，应确保身体能够接收到传递整体舒适感的刺激信号。可以通过用能带来身体愉悦感的物品环绕自己来实现这一目标，例如享用一杯热气腾腾的咖啡、穿一件柔软的毛衣或靠近温暖的壁炉。丹麦作为全球幸福指数最高的国家之一，其文化中推崇一种名为"hygge"的理念，该理念强调通过环境中的舒适感带来满足与安宁。"hygge"与"拥抱"概念密切相关，象征着一种温暖且包容的情感体验。无论身处何地，你都可以通过打造类似"温暖拥抱"的环境来增强个人幸福感。

具体而言，可以从周一开始行动，为自己的空间增添一些能带来感官愉悦的元素，如天鹅绒枕头、柔软的毛毯、色彩鲜艳的餐具或其他任何能激发身体愉悦感的物品。同时，不妨花些时间细细品味这些物品带来的美好体验，并尝试与他人分享这份快乐，从而将积极的情绪传播给更多人。通过与朋友保持联系并分享传递温暖信息的物品，可以有效引导大脑建立通往幸福的新路径。最终，确保神经元传递出清晰且一致的快乐与幸福的信号，以促进身心的整体和谐。

此外，衣物也是个人环境的重要组成部分，因此在选择服饰时与其关注当下流行趋势，不如优先考虑那些能够提升情绪的衣物。衣服的颜色、结构以及面料触感等因素均会对情绪产生显著影响。身体从衣物中获得的感觉会经过大脑处理，形成一种反馈循环，进而对情绪产生正面或负面的作用。无论是外出还是居家，都应确保所选衣物能够向大脑传递积极的信息，从而进一步巩固幸福感。

周二：全身心愉悦

你的大脑会对身体从外界获得的感官体验产生强烈反应，同时，它也会解读身体内部的状况，从所有肌肉和神经元那里获取信息。今天，无论你感觉如何，都花点儿时间让自己笑一笑。面部表情可不只是你内心感受的外在表现，它还能塑造你的感受。大脑会读取肌肉传来的刺激，进而对你的情绪状态做出判断。

微笑或皱眉其实仅仅只是个开端。当你情绪低落或沮丧时，往往会耷着肩膀，身体前垮。从实际上看，你的整个身体都是向下低垂的。今天，一旦发现自己摆出这种低落的姿态，就要立刻挺直腰背站立或坐好，让眼睛平视或仰视前方。要知道，这种身体姿态通常是你感到自信或胜利时才会有的，你的大脑会对此做出反应，进而开始构建更为积极的思维模式。

如果你长时间蜷缩在笔记本电脑或 iPad 前，那就从今天开始养成一个新习惯：每小时停下几次，向上伸展双臂。让从身体传向大脑的神经纤维传递一波积极的感觉。当你紧盯着屏幕、全神贯注时，很可能连额头的肌肉都绷紧了。在伸展手臂的同时，你还可以扬起眉毛，放松面部肌肉，然后微微露出笑容。这时面部反馈机制就会启动，告诉大脑一切都好，或者至少比你想象的要好。

周三：享受户外时光

花点儿时间亲近自然，能提升你的专注力，甚至还能增强记忆力。你会由此产生一种与世界的联结感，让你对周遭的一切心怀更多感恩。有一项研究表明，与坐在停车场这类人造环境中的人相比，坐在公园等自然环境里的人的幸福感提升得更多。这一点不难猜到，毕竟谁不想去公园待着，而非要待在停车场呢？但原因可不只是美观这么简单。事实上，身处自然环境会改变大脑的生理状态。即便只是观看自然风景视频，也能改善你的情绪状态。

既然到户外会让你感觉更开心，那今天就花几分钟去个能让你身心放松、思绪自由飘荡的地方。大自然的风景和声音有一种柔和的魅力——既有着足够的趣味来提供持续的感官刺激，又不至于过于强烈，让你无暇他顾。这种感官体验会引发身体的变化，最终达到减轻压力、增进健康、提升幸福感的效果。

假如你住在城市里，也有很多亲近自然的简单办法，比如去屋顶花园逛逛，或者买些鲜花回家。仅仅是在公园漫步，或是沿着河边走走，就能让你的心情焕然一新。要是能去有水域的地方，你的幸福感提升可能会更明显。站在河岸边上，展现在你眼前的是一幅不断变化的画卷。水流的涌动、水面上闪烁的波光和那多变的声响，会给你带来一种触动内心的体验，深刻烙印在你的身体感受之中。这种体验既让人平静又让人投入，会让你感到更快乐。

在户外时，不妨花几分钟抬头看看天空。自然的魅力所在，部分源自那些稍纵即逝的美好——那些只出现一次，以后都不会再现的美景。飘移的云朵、闪烁的星星，还有突然出现的彩虹，它们总是变幻不停，但变化的节奏很舒缓，不会让你的身体发出危险警报。你的感官体验更加丰富了，幸福感也会随之提升。

周四：重新解读身体发出的信号

换个角度看待消极局面，这是你能给自己的一份厚礼。它能让你掌控事情的走向，而非被其左右。你要明白，任何情况都有好坏两面，而聚焦于哪一面由你自己决定。看到积极的一面并不能消除困难，但能让你以不同的视角看待它们。比如停电了的确让人恼火，但蜡烛的光影摇曳很美，壁炉烧着也很温馨！你可以选择把事件的哪一部分作为你思考的核心。

通常来说，新的视角都源自我们的内心，但要是优先承认自己身体的感受，你会更容易成功换个角度看问题。外部事件会使身体状态发生变化，而这时大脑就会努力解读这种变化。心跳加速、呼吸急促？嗯……你可能是害怕、激动，或者陷入了爱河。潜意识会尝试解读，但这并不一定就盖棺定论了。你可以给自己提供一个不同的视角，帮助自己换种看法。

今天，你要认识到同样的身体信号可能有多种不同的含义。如果在做演讲前你头晕目眩、呼吸急促，别急着认定自己是害怕，担心会搞砸。相反，换个角度看。意识到这是肾上腺素带来的高度兴奋状态，但要把它归结为对展示自身能力的渴望。情绪是大脑对身体感觉的一种预判，你帮助大脑重新校准这种预判是完全没问题的。把消极的猜测转变为积极的，就能改变你即将经历的体验。

即便身处人生最痛苦的时刻，我们也需要找到前行的方式。换个角度在困境中寻找一丝光明，或许正是你所需要的动力。

周五：无需锻炼，让身体自在活动

当你处于运动状态时，身体会释放内啡肽和神经递质，它们能改善你的情绪，让你精神振奋。在剧烈运动过程中释放的化学物质内源性大麻素和四氢大麻酚（大麻中的活性成分）非常相似。不过，要改善情绪并不需要达到极限的运动量。仅仅是散散步或者打理一下花园这种日常的活动，就可以提升你对生活的满意度。找一项你喜欢的活动，把它当作给自己的一份享受，而不是当作一件"不得不做"的事。

运动真正的乐趣在于身心的协同——当身体在运动中获得愉悦时，你的大脑也在感受全新的环境。在身体运动的同时，你还会获得能改变思维方式、提升专注力和精力的感官刺激。运动有助于减轻压力，让你更具创造性思维。

周五，计划去一个全新的地方，在那里尽情玩耍。做一些你喜欢且感觉自然的事情。沿着徒步小径自由慢跑、在自家后院翩翩起舞，或者大胆地去海里畅游一番（哪怕海水有点儿凉）。当你的身体健康强壮且处于最佳状态时，大脑就会接收到一切安好的信号。无论你当前的心境如何，运动都能改善你的情绪，减轻可能出现的抑郁情绪。你可以把这看作一条新的定律：运动的人会保持快乐。

周六：为愉悦而进食

身体会向大脑传达它所需营养的信息，但在充斥着各种饮食建议、营销噱头和垃圾食品广告的嘈杂声中，我们有时很难听到这些信号。周六，你要学会去伪存真，关注那些让身体感到满足的东西。别再一味想着意志力和卡路里，应转而聚焦于进食带来的感官享受。试着从口感和满足感的角度去看待苹果或番茄这类健康食物，而不只是想着它们对身体有益，这样你会更享受它们。

要记住，品尝任何食物时，最初的几口会带来最大的愉悦。味蕾会有全新的刺激，大脑也会记录下这个新口味带来的快乐。但如果吃得太多，神经通路就会变得迟钝，身心都会对此不再关注。暴饮暴食实际上会降低你从食物中获得的乐趣。

孩子们似乎天生就懂得为了享受而进食。生日派对上纸杯蛋糕一端出来，他们就会欢呼雀跃，眼巴巴地坐下来，第一口先吃掉上面的糖霜。但几口过后，他们就心满意足了。新奇美食带来的兴奋劲过去了，他们就会跳起来，准备投身下一项活动。家长们收拾吃了一半的纸杯蛋糕时，往往会一脸惊讶。

从生日纸杯蛋糕这一事例中吸取一点儿经验吧，想想什么食物能真正让你开心。吃多少能提升你的幸福感，吃到什么程度，过度放纵就会让幸福感急转直下？满足自己对食物的感官欲望，一旦得到满足，就适时停吃。

即便在这个食物充裕的时代，我们还是会一有机会就大吃一顿。我们潜意识里担心未来食物匮乏，所以见到现成的食物就吃个不停。今天，要想办法克服这种本能。你可以在抽屉里放一小块巧克力，留着夜里解馋；或者晚餐时只吃半份甜点，另一半留着以后再吃。知道自己之后还有美食可享，就不用再担心未来没东西吃，也能让身体来掌控进食。

虽然体重和新陈代谢并非完全由你控制，但与其没完没了地节食，不如选择健康的生活方式。尽量多吃新鲜的天然食物，避免过度加工的食品，这些加工食品会让身体功能紊乱，还会影响你的心情和健康。关注身体发出的信号，让食物成为适度享受的源泉，而不是让你心怀愧疚的负担。

周日：散步驱散烦恼

著名诗人威廉·华兹华斯（William Wordsworth）每天都会在英国乡间漫步，每天大约行走 20 英里。他不仅享受这些日常的散步时光，还常常踏上更具挑战性的徒步旅程，比如他曾完成了一次穿越法国、德国，翻越阿尔卑斯山的长途跋涉。据估计，华兹华斯一生中总共走了约 18 万英里，而他的许多伟大诗篇正是在这些漫步中诞生的。他曾提到，自己九成的诗作都是"在大自然中自由流淌出来的"。身体的运动与自然的美妙结合，为他带来了无尽的创作灵感和内心的喜悦。

华兹华斯并不是唯一一位发现运动与思考之间深刻联系的人。历史上许多伟大的哲学家和作家都曾表达过类似的感受。例如，哲学家让－雅克·卢梭（Jean-Jacques Roussea）就曾说："步行不仅能激发我的思想，还能让我更加活跃。"他的许多经典散文作品正是受到每日长时间漫步的启发。"当我静止不动时，我几乎无法集中注意力；只有当我的身体处于运动状态时，我的思维才能真正运转起来。"卢梭相信，只有在行走中，他才能更接近自己的内心，深入思考生命和死亡的意义。

我们常常认为尼采（Nietzsche）和康德（Kant）等哲学家的那些高深莫测的思想都源自他们的头脑，但有趣的是，他们的思想其实与身体活动有着密切的联系。尼采热衷于长距离的徒步旅行，并曾有名言："不要相信任何不是在户外和自由运动中诞生的思想，因为在这些情况下，肌肉未曾欢腾。"他描述了自己在徒步旅行时，被强烈的情感淹没，并多次发现："在长途跋涉中，我流了太多的眼泪，不是感伤的泪水，而是幸福的泪水。"

如今，巴黎的哲学教授弗雷德里克·格霍（Frédéric Gros）继承了这一传统，将行走视为寻找快乐的重要方式。他说，快乐的机会就像"隐藏在世界中的金线，等待我们去发现并抓住它们"。[1] 无论你是在城市中漫步，还是在乡间徜徉，无论是进行充满活力的徒步，还是悠闲地散步，那些幸福的金线都会变得更加清晰可见。你呼吸，你移动，你感受到生命的活力和意识的觉醒。

因此，周日不妨抽出一些时间——哪怕只是一个小时，或者如果你愿意，也可以是七八个小时——去散散步吧！不需要特别计划或设定目标，只需让双脚带领你前行，思绪便会自然而然地飘远。在行走的过程中，身体会感受到一种轻松愉悦，这种感觉也会传递到我们的头脑中。我们会更加专注于当下的每一刻，身心相连，成为更广阔世界的一部分。这种连接不仅能让心灵感到宁静，还能激发新的灵感和创意。让我们一起体验身心协同工作的美好，在希望、灵感、感恩和新想法的循环中找到属于自己的幸福源泉吧！

☕ 推荐阅读书单

1. John Bargh, *Before You Know It: The Unconscious Reasons We Do What We Do*, Touchstone, 2017.

2. Lisa Feldman Barrett, *How Emotions are Made: The Secret Life of the Brain*, Mariner Books, 2017.

3. Antonio Damasio, *The Feeling of What Happens: Body and Emotion In the Making of Consciousness,* Harcourt Brace and Co., 1999.

4. David Eagleman, *Incognito: The Secret Lives of the Brain*, Vintage, 2012.

5. Daniel Gilbert, *Stumbling on Happiness*, Albert A. Knopf, 2006.

6. Frederic Gros, *A Philosophy of Walking* (translated by John Howe), Verso reprint, 2015.

7. Hans Rocha IJzerman, *Heartwarming: How Our Inner Thermostat Made Us Human*, W.W. Norton and Company, 2021.

8. Alan Jasanoff, *The Biological Mind: How Brain, Body, and Environment Collaborate to Make Us Who We Are*, Basic Books, New York, 2018.

9. Roman Krznaric, *Carpe Diem Regained: The Vanishing Art of Seizing the Day*, London, Unbound, 2018.

10. George Lakoff and Mark Johnson, *Metaphors We Live By*, The University of Chicago Press, 1980.

11. Daniel E. Lieberman, *Exercised: Why Something We Never Evolved to Do Is Healthy and Rewarding*, Vintage, 2020.

12. Wallace J Nichols, *Blue Mind: The Surprising Science That Shows How Being near, in, on, or under Water Can Make You Happier, Healthier, More Connected, and Better at What You Do,* Little Brown and Company, 2014.

13. Annie Murphy Paul, *The Extended Mind: The Power of Thinking Outside the Brain*, Houghton Mifflin Harcourt, 2021.

14. Peter Godfrey-Smith, *Other Minds: The Octopus, the Sea, and the Deep Origins of Consciousness,* Farrar, Straus, and Giroux, 2016.

15. Charles Spence, *Gastrophysics: The New Science of Eating*, New York Viking, 2017.

致 谢

我热爱写作，也感激众多读者让我能一直从事这份工作。特别感谢 Alice Martell，她从一开始就对这个主题充满热情，并帮助我修改了早期的多个版本。她的智慧和坚韧无人能及。还要感谢 Erin McClary，她对这个项目早期的支持和信任，以及出色的编辑 Kate Roddy，她接手后让一切变得更好。第一次和 Roddy 交谈，我就知道这本书会交到可靠的人手中。我很高兴能与强大的 Sourcebooks 团队合作，包括 Kayleigh George 和 Liz Kelsch，她们总是充满好点子。我非常钦佩 Dominique Raccah，她打造了一家令人印象深刻的出版社。

许多医生、心理学家、神经科学家和研究人员慷慨地花时间与我分享他们的工作和见解，我对此深表感激。他们的智慧贯穿全书。特别感谢斯坦福大学的 Sean Mackey 博士和达特茅斯学院的 Tor Wager 博士，他们在疼痛管理方面做出了杰出贡献，并且非常慷慨地向我解释了最新的研究成果和技术，John Bargh 令人着迷的研究激发了我对整个具身认知领域的兴趣。

我在 Yale Club 写下了这本书的大部分内容，那里能干的图书管理员 Caroline Bartels 给了我极大的帮助，总是能帮我找到我找不到的书籍或文章。我亲爱的朋友 Robert Masello 总能让我开怀大笑，我们定期的电话交流让每一天都更加美好。我很感激有许多朋友给予我鼓励和不同的视角，特别要感谢 Susan Fine、Lynn Schnurnberger、Lisa Dell、Beth Schermer、Stephen Landsman、Lorna Schofield、Mike Berland、

Jean Hanff Korelitz、Leslie Berman、Candy Gould，以及我在纽约市读书小组的成员们，同时对新朋友兼教育家 Mimosa Jones Tunney 致以敬意。

我的两个出色的儿子 Zach 和 Matt 让我写关于幸福的内容变得轻松，因为他们聪明、风趣、敏锐且善良，每天都给我带来快乐。Annie 和 Pauline 是世界上最棒的儿媳，她们充满活力、魅力十足且举止优雅。我的丈夫 Ron 总是被放在最后提及，但他却是我的第一位读者和第一位顾问，是我极好的朋友和亲爱的爱人，是他让一切成为可能。我们共同书写了许多篇章，对于未来的那些篇章，我满怀期待。

参考文献

引 言

1. 约翰·穆拉尼（John Mulaney）可能不是第一个调侃身体角色的人。据说托马斯·爱迪生曾说过："身体的主要功能是承载大脑。"

2. Antonio Damasio, *The Feeling of What Happens*: *Body and Emotion in the Making of Consciousness* (New York: Harcourt Brace and Co., 1999), 3.

3. Kim Armstrong, "Interoception: How We Understand Our Body's Inner Sensations," *Observer*, Association for Psychological Science (September 25, 2019).

4. Damasio, *The Feeling of What Happens*, 150.

第 1 章　你的苹果手表无法告诉你的

1. Jordan Etkin, "The Hidden Cost of Personal Quantification," *Journal of Consumer Research* 42, no. 6 (April 2016): 967-984, https://doi.org/10.1093/jcr/ucv095; "Why Counting Your Steps Could Make You Unhappier," Duke Fuqua School of Business, December 21, 2015.

2. 贾德森·布鲁尔与作者的电话采访，2022 年 8 月 30 日。所有布鲁尔的引述均来自此次采访。

3. Joshua M. Ackerman, Christopher C. Nocera, and John A. Bargh, "Incidental Haptic Sensations Influence Social Judgments and Interactions," *Science* 328, no. 5986 (June 2010): 1712-1715, https://doi.org/10.1126/science.1189993.

4. "Philosophy in the Flesh: A Talk with George Lakoff," Edge, March 1999.

5. "Philosophy in the Flesh."

6. Ackerman, "Incidental Haptic Sensations."

7. David Eagleman, *Incognito: The Secret Lives of the Brain* (New York: Vintage Books, 2012), 98.

8. Lawrence E. Williams and John A. Bargh, "Experiencing Physical Warmth Promotes

Interpersonal Warmth," *Science* 322, no. 5901 (October 2008): 606-607, https://doi. org /10.1126/science.1162548.

9. 约翰·巴奇与作者的 Zoom 采访，2022 年 9 月 13 日。所有巴奇的引述均来自此次采访。

10. Chen-Bo Zhong and Geoffrey Leonardelli, "Cold and Lonely: Does Social Exclusion Literally Feel Cold?" *Psychological Science* 19, no. 9 (September 2008): 838-842, https://doi.org/10.1111/j .1467-9280.2008.02165.x.

11. Hans Ijzerman et al., "Cold-blooded Loneliness: Social Exclusion Leads to Lower Skin Temperatures," *Acta Psychologica* 140, no. 3 (July 2012): 283-288, https://doi. org/10.1016/j. actpsy.2012.05.002.

12. Tristan K. Inagaki et al., "A Pilot Study Examining Physical and Social Warmth: Higher (Non-Febrile) Oral Temperature Is Associated with Greater Feelings of Social Connection," *PLOS One* 10, no.2 (June 2016), https://doi.org/10.1371/ journal.pone.0156873.

第 2 章　你的身体如何让你幸福

1. Erik Peper, phone interview with the author, October 4, 2022. (All Peper quotes are from this interview.)

2. Maya Angelou, *Rainbow in the Clouds: The Wisdom and Spirit of Maya Angelou* (New York: Random House, 2014), 58.

3. Kara Swisher, "Sex Bots, Religion, and the Wild World of A.I.," November 1, 2020, *Sway*, produced by Paula Szuchman, podcast, 38:40.

4. KatrinWeigmann, "Does Intelligence Require a Body," *EMBO Reports* 13, no. 12 (December 2012): 1066-1069, https://doi.org/10.1038/embor.2012.170.

5. Murad Alam et al., "Botulinum Toxin and the Facial Feedback Hypothesis: Can Looking Better Make You Feel Happier?" *Journal of the American Academy of Dermatology* 58, no.6 (June 2008), 1061-1072, https://doi.org/10.1016/ j.jaad.2007.10.649.

6. 作者对肯尼思·阿恩特的电话采访，2022 年 10 月 18 日。

7. Edmund Burke, *A Philosophical Inquiry into the Sublime and Beautiful*, rev. ed. (repr., Oxford, UK: Oxford University, 2015), 164.

8. Fritz Strack, Leonard Martin, and Sabine Stepper, "Inhibiting and Facilitating Conditions of the Human Smile: A Nonobtrusive Test of the Facial Feedback Hypothesis," *Journal of Personality and Social Psychology* 54, no. 5 (1988): 768-777, https://doi.org/10.1037/0022-3514.54.5.768.

9. E. J. Wagenmakers et al., "Registered Replication Report: Strack, Martin, and Stepper (1988)," *Perspectives on Psychological Science* 11, no. 6 (October 2016), https://doi.org/10.1177/1745691616674458.

10. Tom Noah, Yaaciv Schul and Ruth Mayo, "When Both the Original Study and Its Failed Replication Are Correct: Feeling Observed Eliminates the Facial-Feedback Effect," *Journal of Personality and Social Psychology* 1114, no.5 (2018): 657-664, https://doi.org/10.1037/pspa0000121.

11. Christopher Paley, "Smiling Does Make You Happier-Under Carefully Controlled Conditions," *Guardian*, October 17, 2018.

12. Nicholas Coles et al., "A Multi-Lab Test of the Facial Feedback Hypothesis by the Many Smiles Collaboration," *Nature Human Behavior* 6 (October 2022): 1731-1742, https://doi.org/10.1038/s41562-022-01458-9.

13. Nicholas Coles et al., "Fact or Artifact? Demand Characteristics and Participants' Beliefs Can Moderate, But Do Not Fully Account for, The Effects of Facial Feedback on Emotional Experience," *Journal of Personality and Social Psychology* 124, no. 2 (2023): 287-310, https://doi.org/10.1037/pspa0000316.

14. Andreas Hennenlotter et al., "The Link Between Facial Feedback and Neural Activity Within Central Circuitries of Emotion: New Insights From Botulinum Toxin-Induced Denervation of Frown Muscles," *Cerebral Cortex* 19, no. 3 (March 2009): 537-542, https://doi.org/10.1093/cercor/bhn104.

15. Jara Schulze et al., "Botulinum Toxin for the Management of Depression: An Updated Review of the Evidence and Meta-Analysis," *Journal of Psychiatric Research* 135 (March 2021): 332-340, https://doi.org/10.1016/j.jpsychires.2021.01.016.

第 3 章　你混乱的思维

1. Brad J.Bushman, "Does Venting Anger Feed or Extinguish the Flame? Catharsis, Rumination, Distraction, Anger, and Aggressive Responding," *Personality*

and Social Psychology Bulletin, 28, no.6 (2002): 724-731, https://doi.org/10.1177/0146167202289002.

2. 弗洛伊德与《我是一只小茶壶》之间的讽刺性关联不应被字面化解读。尽管弗洛伊德于 1939 年去世，而该歌曲亦诞生于同年，但这一巧合并不削弱他对宣泄理论提出批判的合理性。若需深入了解弗洛伊德在多个领域中对学术界及公众认知所产生的误导性影响，可参考弗雷德里克·克鲁斯（Frederick Crews）的相关研究，*Freud: The Making of an Illusion* (New York: Metropolitan Books, 2017).

3. Brad Bushman, phone interview with the author, November 4, 2022. (All Bushman quotes are from this interview.)

4. Damasio, *The Feeling of What Happens*, 52.

5. Donald Dutton and Arthur Aron, "Some Evidence for Heightened Sexual Attraction Under Conditions of High Anxiety," *Journal of Personality and Social Psychology* 30, no.4 (1974): 510-517, https://doi.org /10.1037/h0037031.

6. Lisa Feldman Barrett, "We Don't Understand How Emotions Work. A Neuroscientist Explains Why We Often Get It Wrong," BBC Science Focus, October 28, 2021.

7. Alison Wood Brooks, "Get Excited: Reappraising Pre-Performance Anxiety as Excitement," *Journal of Experimental Psychology* 143, no.3 (June 2014): 1144-1158, https://10.1037/a0035325.

8. Jeremy P. Jamieson et al., "Turning the Knots in Your Stomach into Bows: Reappraising Arousal Improves Performance on the GRE," *Journal of Experimental Social Psychology* 46, no. 1 (January 2010): 208-212, https://doi.org/10.1016/j.jesp.2009.08.015.

9. 在模拟测试中，那些了解到焦虑可能有助于提升表现的参与者，在数学部分的平均得分达到了 738 分，而对照组的平均得分是 683 分。而在实际测试中，两组的数学成绩分别为 770 分和 705 分。值得一提的是，重新评估的方法对语言成绩似乎没有明显的影响。研究人员认为，这可能是因为数学问题需要更高的执行功能，而这一功能更容易受到重新评估策略的影响。此外，由于很多人在面对数学测试时会感到更加紧张，因此重新评估的方式在这种情况下可能会产生更显著的效果。

10. Jeremy Jamieson, phone interview with the author, November 17, 2022. (All Jamieson quotes are from this interview.)

第 4 章　让感官带给你快乐

1. Vera Morhenn, Laura Beavin, and Paul Zak, "Massage Increases Oxytocin and Reduces Adrenocorticotropin Hormone in Humans," *Alternative Therapies in Health and Medicine* 18, no.6 (November 2012).

2. Johann Gottfried Herder and Jason Geiger, *Sculpture: Some Observations on Shape and Form from Pygmalion's Creative Dream* (repr., Chicago: University of Chicago Press, 2002), 33.

3. Michael Norton, Daniel Mochon, and Dan Ariely, "The IKEA Effect: When Labor Leads to Love" *Journal of Consumer Psychology* 22, no. 3 (July 2012): https://doi.org/10.1016/j.jcps.2011.08.002.

4. Neil Gaiman, *The Graveyard Book* (New York: Harper Collins, 2008), chap. 4.

第 5 章　为何蓝色和绿色是最能带来幸福感的颜色

1. Justin Sherwin et al., "The Association Between Time Spent Outdoors and Myopia in Children and Adolescents: A Systematic Review and Meta-Analysis," Ophthalmology 119, no.10 (October 2012): 2141-2151, https://10.1016/j.ophtha.2012.04.020.

2. George MacKerron, interview with author, January 18, 2023; George MacKerron and Susana Mourato, "Happiness Is Greater in Natural Environments," *Global Environmental Change* 223, no. 5 (October 2012): 992-1000, https://doi.org/10.1016/j.gloenvcha.2013.03.010; George MacKerron," Mappiness: How Space &Time Impact Our Well-Being," speech, World Government Summit, 2019.

3. RS Ulrich, "View Through a Window May Influence Recovery from Surgery," *Science* 224, no. 4647 (April 1984): 420-421, https://doi.org/10.1111/j.1467-9280.2008.02225.x.

4. Marc Berman, John Jonides, and Stephen Kaplan, "The Cognitive Benefits of Interacting with Nature," *Psychological Science* 19, no. 12 (December 2008): https://doi.org/10.1111/j.1467-9280.2008.02225.x.

5. Marc Berman, phone interview with author, October 2014.

6. Kathryn Schertz and Marc Berman, "Understanding Nature and Its Personal Benefits," *Current Directions in Psychological Science* 28, no.5 (2018): https://

journals.sagepub.com/doi/10.1177/0963721419854100.

7. Marcia P. Jiminez et al., "Associations Between Nature Exposure and Health: A Review of the Evidence," *International Journal of Environmental Research and Public Health* 18, no. 9 (May 2021): https://doi.org/10.1016/j.ufug.2020.126932.

8. Wenfei Yao, Xiaofeng Zhang, and Qi Gong, "The Effect of Exposure to the Natural Environment on Stress Reduction: A Meta-Analysis," *Urban Forestry and Urban Greening* 57 (January 2021): https://doi.org/10.1016/j.ufug.2020.126932.

9. Mark E. Beecher et al., "Sunshine on My Shoulders: Weather, Pollution, and Emotional Distress," *Journal of Affective Disorders* 205 (November 15 2016): 234-238, https://doi.org/10.1016/j.jad.2016.07.021.

10. Jon McBride, "Sunshine Matters a Lot to Mental Health," BYU Physics and Astronomy, November 2016.

11. Uri Simonsohn, "Clouds Make Nerds Look Good: Field Evidence of the Impact of Incidental Factors on Decision Making," SSRN (August 2006): http://dx.doi.org/10.2139/ssrn.906872.

12. David Hirshleifer and Tyler Shumway, "Good Day Sunshine: Stock Returns and the Weather" (Working paper no. 2001-3, Dice Center): http://dx.doi.org/10.2139/ssrn.265674.

13. Trevor Nace, "Iceland Forest Service Recommends Hugging Trees Since You Can't Hug People," *Forbes*, April 14, 2020.

14. Lewis Miller, *Flower Flash* (New York: Monacelli Press, 2021), 167.

15. Jeannette Haviland-Jones, "An Environmental Approach to Positive Emotion: Flowers," *Evolutionary Psychology* 3, no.1 (2005), https://doi.org/10.1177/147470490500300.

16. Mathew White, Zoom interview with the author, January 23, 2023. (All White quotes are from this interview.)

17. Jancee Dunn, "What Rainn Wilson Learned Searching for Joy Around the World," *New York Times*, May 19, 2023.

第 6 章　让你感到幸福的地方

1. Chanuki Illushka Seresinhe, Tobias Preis, and Helen Susannah Moat, "Quantifying the Impact of Scenic Environments on Health," *Scientific Reports* 5 (November

2015): https://doi.org/10.1038/srep16899.

2. Florence Williams, "Why Fractals Are So Soothing," *Atlantic*, Jantuary 2017.

3. Robert Venturi, *Complexity and Contradiction in Architecture* (1966 repr., New York: Museum of Modern Art, 1977), 16.

4. Mathias Basner et al., "Auditory and Non-Auditory Effects of Noise on Health," *Lancet* 383, no.9925 (April 2014): 1325-1332, https://10.1016/S0140-6736(13)61613-X.

5. Mathias Basner and Sarah McGuire, "WHO Environmental Noise Guidelines for the European Region: A Systematic Review on Environmental Noise and Effects on Sleep," *International Journal for Environmental Research and Public Health* 15, no. 3 (March 2018): 1-45, https://10.3390/ijerph15030519.

6. Arline Bronzaft and Dennis P. McCarthy, "The Effect of Elevated Train Noise on Reading Ability," *Environmental Behavior* 7, no.4 (December 1975): https://doi.org/10.1177/001391657500700.

7. Mathias Basner, "Why Noise Is Bad for Your Health and What You Can Do About It," filmed2018, TEDMED video, 10:22.

8. Luciano Bernardi, Camillo Porta, and P. Sleight, "Cardiovascular, Cerebrovascular, and Respiratory Changes Induced by Different Types of Music in Musicians and Non-Musicians: The Importance of Silence," *Heart* (British Cardiac Society) 92, no. 4 (April 2006): 445-452, https://10.1136/hrt.2005.064600.

9. Emil Stobbe et al., "Birdsongs Alleviate Anxiety and Paranoia in Healthy Participants," *Scientific Reports* 12 (October 2022): https://doi.org/10.1038/s41598-022-20841-0; Ryan Hammoud et al., "Smartphone-Based Ecological Momentary Assessment Reveals Mental Health Benefits of Birdlife," *Scientific Reports* 12 (October 2022): https://doi.org/10.1038/s41598-022-20207-6.

第7章 为何葡萄酒在巴黎品尝起来更美味

1. Charles Spence, Zoom interview with the author, September 21, 2023. (All Spence quotes are from this interview.)

2. Hilke Plassman et al., "Marketing Actions Can Modulate Neural Representations of Experienced Pleasantness," *PNAS* 105, no.3 (January 2008): 1050-1054, https://doi.org/10.1073/pnas.0706929105.

3. Charles Spence, *Gastrophysics: The New Science of Eating* (New York: Viking, 2017), 97.

4. Spence, *Gastrophysics*, 9.

5. Spence, *Gastrophysics*, forward by Heston Blumenthal, xi.

6. The high-in-the-sky observation deck visited was the Summit at One Vanderbilt.

7. Tamar Szabó Gendler, "Alief and Belief,"*Journal of Philosophy* 105, no.10 (October 2008): 634-663, https://doi.org/10.5840/jphil20081051025.

8. Paul Rozin and April Fallon, "A Perspective on Disgust," *Psychological Review* 94, no. 1 (1987): 23-41, https://doi.org/10.1037/0033-295X.94.1.23.

第8章 身体积极性的真正内涵

1. The poem being quoted is the opening lines of "To the Virgins, To Make Much of Time," by Robert Herrick, written in the mid-1600s.

2. Emily Pronin, Christopher Y. Olivola, and Kathleen A. Kennedy, "Doing Unto Future Selves As You Would Do Unto Others: Psychological Distance and Decision Making," *Personality and Social Psychology Bulletin* 34, no. 2 (February 2008): https://doi.org/10.1177/0146167207310.

3. Daniel Gilbert, *Stumbling on Happiness* (New York: Knopf, 2006), 1.

4. Roman Krznaric, *Carpe Diem Regained: The Vanishing Art of Seizing the Day* (London: Unbound, 2017), 4.

5. Krznaric, *Carpe Diem*, 62.

6. Fiona Macdonald, "What It Really Means to 'Seize the Day,'" BBC Culture, May 2017.

7. Sidney Jourard, "An Exploratory Study of Body Accessibility," *British Journal of Clinical Psychology* 5 (1966): 221-231, https://doi.org/10.1111/j.2044-8260.1966.tb00978.x.

8. Herden and Gaiger, *Sculpture*, introduction.

9. Ewa Jarocka, J. Andrew Pruszynski, and Roland S. Johansson, "Human Touch Receptors Are Sensitive to Spatial Details on the Scale of Single Fingerprint Ridges," *Journal of Neuroscience* 41, no. 16 (April 2021): 3622–3634, https://doi.org/10.1523/JNEUROSCI.1716–20.2021.

10. Herden and Gaiger, *Sculpture*, introduction.

11. Marin Hedin, "Therapy Dogs May Unlock Health Benefits for Patients in Hospital ICU," Johns Hopkins HUB, February 2018.

第 9 章　愉悦身心的饮食方案

1. Mark Bittman and David L. Katz, *How to Eat: All Your Food and Diet Questions Answered* (New York: Harvest, 2020), 6.

2. Bittman and Katz, *How to Eat*, 12.

3. Judson Brewer, phone interview with the author, August 30, 2022. (All Brewer quotes are from this interview.)

4. Pierre Chandon, Zoom interview with the author, June 6, 2023. (All Chandon quotes are from this interview.)

5. Alia Crum, William R. Corbin, Kelly D. Brownell, Peter Salovey, "Mind Over Milkshakes: Mindsets, Not Just Nutrients, Determine Ghrelin Response," *Health Psychology* 30, no.4 (July 2011): 424-429, 10.1037/a0023467.

6. Eric M. Hecht et al., "Cross-Sectional Examination of Ultra-Processed Food Consumption and Adverse Mental Health Symptoms," *Public Health Nutrition* 25, no. 11 (November 2020): 3225-3234, https://doi.org/10.1017/S1368980022001586.

7. "7 Worst Snacks Your Dietitian Would Never Eat," Cleveland Clinic Health Essentials, December 29, 2020.

8. Ruth Reichl, "Constant Craving," *Allure*, April 2014.

9. Sarah E. Jackson et al., "Is There a Relationship Between Chocolate Consumption and Symptoms of Depression? A Cross-Sectional Survey of 13,626 US Adults," *Focus On: Depression, Suicidality and Health* 36, no. 10 (October 2019): 987-995, https://doi.org/10.1002/da.22950.

10. Charles Spence, "Comfort Food: A Review," *International Journal of Gastronomy and Food Science* 9 (October 2017): 105-109, https://doi.org/10.1016/j.ijgfs.2017.07.001.

第 10 章　运动如何让人快乐

1. Robert Schmerling, "The Truth Behind Standing Desks," Harvard Health Blog, September 2016. Seth Creasy et al., "Energy Expenditure During Acute Periods of

Sitting, Standing, and Walking," *Journal of Physical Activity and Health* 13, no. 6 (June 2016): 573-578, https://doi.org/10.1123/jpah .2015-0419.

2. Lieberman, *Exercised*, 47.

3. Amby Burfoot, "Runner's High," *Runner's World*, April 2004.

4. Supa Pengpid and Karl Peltzer, "Sedentary Behaviour, Physical Activity and Life Satisfaction, Happiness and Perceived Health Status in University Students from 24 Countries," *International Journal of Environmental Research and Public Health* 16, no. 12 (June 2019): https://doi .org/10.3390/ijerph16122084.

5. Hsin-Yu An et al., "The Relationships between Physical Activity and Life Satisfaction and Happiness among Young, Middle-Aged, and Older Adults," *International Journal of Environmental Research and Public Health* 17, no. 13 (July 2020): https://doi.org/10.3390/ijerph17134817.

6. Pamela Wicker and Bernd Frick, "The Relationship between Intensity and Duration of Physical Activity and Subjective Well-Being" *European Journal of Public Health* 25, no.5 (October 2015): 868-872, https://doi.org/10.1093/eurpub/ckv131.

7. Andreas Heissel et al.; "Exercise as Medicine for Depressive Symptoms? A Systematic Review and Meta-analysis with Meta-regression," *British Journal of Sports Medicine* 57, no. 16 (August 2023): https://doi.org/10.1136/bjsports-2022-106282; Felipe Schuch et al.; "Physical Activity and Incident Depression: A Meta-Analysis of Prospective Cohort Studies;" *American Journal of Psychiatry* 175, no.7 (July 2018): 631-648, https://doi.org/10.1176/appi.ajp.2018.17111194; Ben Singh et al.; "Effectiveness of Physical Activity Interventions for Improving Depression, Anxiety and Distress: An Overview of Systematic Reviews," *British Journal of Sports Medicine* (February 2023): https://doi.org/10.1136/bjsports-2022-106195.

8. Lynette Craft and Frank Perna, "The Benefits of Exercise for the Clinically Depressed," *Primary Care Companion to the Journal of Clinical Psychiatry* 6, no. 3 (2004): 104-111, https://doi.org/10.4088/pcc.v06n0301.

第 11 章　人人都会受伤

1. "Chronic Back Pain," Georgetown University, McCourt School of Public Policy report.

2. TS Carey and J. Garrett, "Patterns of Ordering Diagnostic Tests for Patients with

Acute Low Back Pain: The North Carolina Back Pain Project," *Annals of Internal Medicine* 125, no. 10 (November 1996): 807-814, https://doi.org/10.7326/0003-4819-125-10-199611150-00004.

3. MC Jensen et al., "Magnetic Resonance Imaging of the Lumbar Spine in People Without Back Pain," *New England Journal of Medicine* 331, no. 2 (July 1994): 69-73, https://doi.org/10.1056/NEJM199407143310201.

4. Roger Chou et al., "Imaging Strategies for Low-back Pain: Systematic Review and Meta-analysis," *Lancet* 373, no.9662 (February 2009): 463-472, https://doi.org/10.1016/S0140-6736(09)60172-0.

5. Sean Mackey, Zoom interview with the author, March 7, 2023. (All Mackey quotes are from this interview.)

6. Yueqing Ping et al., "Sweet and Bitter Taste in the Brain of Awake Behaving Animals," *Nature* 527 (November 2015): 512-515, https://doi.org/10.1038/nature15763.

7. Simon Makin, "A Matter of Taste: Can a Sweet Tooth Be Switched Off in the Brain?", *Scientific American*, May 30, 2018.

8. Helen Ouyang, "Can Virtual Reality Help Ease Chronic Pain?" *New York Times*, April 26, 2022.

9. Tor Wager, Zoom interview with the author, March 22, 2023. (All Wager quotes are from this interview.)

第 12 章　远离疼痛

1. "Western Carolina University, "Western Carolina University, 2012, YouTube video, 1:31.

2. Lauren Campbell, "Bruins' Jake DeBrusk Details Pain He Played Through in Winter Classic," *New England Sports Network*, February 2023.

3. Yoni Ashar et al., "Effect of Pain Reprocessing Therapy vs. Placebo and Usual Care for Patients with Chronic Back Pain: A Randomized Clinical Trial," *JAMA Psychiatry* 79, no. 1 (2022): 13-23, https://doi.org/10.1001/jamapsychiatry.2021.2669.

4. Jason M. Waton, David L.Strayer, "Supertaskers: Profiles in Extraordinary Multitasking Ability," *Psychonomic Bulletin and Review* 17, no. 4 (August 2010): 479-485, https://doi.org/10.3758/PBR.17.4.479.

5. David Bradshaw et al., "Effects of Music Engagement on Responses to Painful Stimulation," *Clinical Journal of Pain* 28, no. 5 (June 2012): 418-27. https://doi. org/10.1097/AJP .0b013e318236c8ca.

6. Sigrid Lunde et al., "Music-induced Analgesia: How Does Music Relieve Pain?" *Pain* 160, no. 5 (May 2019): 989-993, https://doi.org/10.1097/j.pain.0000000000001452.

7. Shaheen Lakhan, Heather Sheafer, and Deborah Tepper, "The Effectiveness of Aromatherapy in Reducing Pain: A Systematic Review and Meta-Analysis," *Pain Research and Treatment* 16 (December 2016): https://doi.org/10.1155/2016/8158693.

8. Laura Petrini and Lars Arendt-Nielsen, "Understanding Pain Catastrophizing: Putting Pieces Together," *Frontiers in Psychology*11 (December 2020): https://doi. org/10.3389/fpsyg.2020.603420; Madelon Peters, JohanVlaeven, and Annemarie Kunnen, "Is Pain-related Fear a Predictor of Somatosensory Hypervigilance in Chronic Low Back Pain Patients?" *Behaviour Research and Therapy* 40, no. 1 (January 2002): 85-103, https://doi.org/10.1016/s0005-7967(01)00005-5.

9. "Pathways to Prevention Workshop: The Role of Opioids in the Treatment of Chronic Pain," speech, National Institutes of Health, September 29-30, 2014, Executive Summary.

10. Ronald Melzack and Patrick Wall, "Pain Mechanisms: A New Theory," *Science* 150, no. 3699 (November 1965): 971-979, https://doi.org/10.1126/science.150.3699.9; Joel Katz and Brittany N Rosenbloom, "The Golden Anniversary of Melzack and Wall's Gate Control Theory of Pain: Celebrating 50 Years of Pain Research and Management," *Pain Research and Management* 20, no. 6 (November-December 2015): 285-286, https://doi.org/10.1155/2015/865487.

第 13 章　糖丸的奇妙力量

1. 这种眼部健康补充剂富含虾青素——一种天然存在于雨生红球藻中的类胡萝卜素，具有出色的护眼功效。

2. Jenny Jia, Natalia A. Cameron, Jeffery A. Linder, "Multivitamins and Supplements Benign Prevention or Potentially Harmful Distraction?" *JAMA* 327, no. 23 (2023): 2294-2295, https://doi.org/10.1001/jama.2022.9167.

3. Eliseo Guallar et al., "Enough Is Enough: Stop Wasting Money on Vitamin and

Mineral Supplements," *Annals of Internal Medicine* 159, no. 12 (December 2013): 850-851, https://doi.org/10.7326/0003-4819-159-12-201312170-00011.

4. Goran Bjelakovic and Christian Gluud, "Surviving Antioxidant Supplements," *Journal of the National Cancer Institute* 99, no.10 (May 2007): 742-743, https://doi.org/10.1093/jnci/djk211.

5. Guallar, "Enough Is Enough" ; Jia, Cameron, and Linder, "Multivitamins and Supplements."

6. Ted Kaptchuk et al., "Placebos Without Deception: A Randomized Controlled Trial in Irritable Bowel Syndrome," *PLOS One* (December 22, 2010): https://doi.org/10.1371/journal.pone.0015591.

7. Ted Kaptchuk and Franklin Miller, "Open Label Placebo: Can Honestly Prescribed Placebos Evoke Meaningful Therapeutic Benefits?" *BMJ* 363 (Oct 2018): https://doi.org/10.1136/bmj.k3889.

8. Irving Kirsch, "Antidepressants and the Placebo Effect," *Zeitschrift Fur Pscyhologie* 223, no. 3 (2014): 128-134, https://doi.org/10.1027/2151-2604/a000176; Irving Kirsch, Thomas Moore, Alan Scoboria, and Sarah Nicholls, "The Emperor's New Drugs: An Analysis of Antidepressant Medication Data Submitted to the U.S. Food and Drug Administration," *Prevention & Treatment* 5, no.1 (July 2002): https://doi.org/10.1037/1522-3736.5.1.523a; Irving Kirsch et al., "Initial Severity and Antidepressant Benefits: A Meta-Analysis of Data Submitted to the Food and Drug Administration," *PLOS Medicine* 5, no.2 (February 2008), https://doi.org/10.1371/journal.pmed.0050045.

9. Kirsch, "Antidepressants," *PLOS Medicine* 5, no.2 (February 2008), https://doi.org/10.1371/journal.pmed.0050045.

10. J. Bruce Moseley, "A Controlled Trial of Arthroscopic Surgery for Osteoarthritis of the Knee," *New England Journal of Medicine* 347 (July 2002): 81-88, https://doi.org/10.1056/NEJMoa013259.

11. Adrian Sander, Corrine Glesne, and James Bodfish, "Conditioned Placebo Dose Reduction: A New Treatment in Attention-Deficit Hyperactivity Disorder?", *Journal of Developmental & Behavioral Pediatrics* 31, no. 5 (June 2010): 369-375, https://doi.org/10.1097/DBP.0b013e3181e121ed.

12. Daniel Waschbusch et al., "Are There Placebo Effects in the Medication Treatment of Children with Attention-Deficit Hyperactivity Disorder?", *Journal of Developmental and Behavioral Pediatrics* 30, no.2 (April 2009), 158-168, DOI: https://doi.org/10.1097/DBP.0b013e31819f1c15.

第 14 章　创新背后的神经科学

1. Marily Oppezzo, Daniel L. Schwartz, "Give Your Ideas Some Legs: The Positive Effect of Walking on Creative Thinking," *Journal of Experimental Psychology Learning, Memory, and Cognition* 40, no. 4 (July 2014): 1142-1152, https://doi.org/10.1037/a0036577.

2. Laurence Stapleton, *H.D. Thoreau: A Writer's Journal* (New York: Dover Publications, 2011), 64.

3. Marily Oppezzo, "What to Be More Creative? Go For a Walk," filmed 2017, in Stanford, CA, TEDxStanford video, 5:16.

4. Ryan Holiday, "Malcolm Gladwell on Running, Writing, and Storytelling," June 19, 2021, in *Daily Stoic*.

5. 在《雅典学院》这幅画中，柏拉图的手指向天空，仿佛在指引人们关注更高的精神世界；亚里士多德则伸出手掌，掌心向外，似乎在提醒我们重视脚踏实地的现实与经验。他们可能正在交流各自对世界的理解——柏拉图更注重精神层面的重要性，亚里士多德则倡导从实际出发、以经验为基础的思考方式。

6. Supriya Murali and Barbara Handel, "Motor Restrictions Impair Divergent Thinking During Walking and During Sitting" *Psychological Research* 86 (January 2022): 2144-2157, https://doi.org/10.1007/s00426-021-01636-w.

7. Murali, "Motor Restrictions."

8. Michael Slepian and Nalini Ambady, "Fluid Movement and Creativity," *Journal of Experimental Psychology* 141, no. 4 (November 2012): 625-629, https://doi.org/10.1037/a0027395.

9. Andreas Fink and Silke Woschnjak, "Creativity and Personality in Professional Dancers," *Personality and Individual Differences* 51, no. 6 (October 2011): 754-758, https://doi.org/10.1016/j.paid.2011.06.024.

10. Alan Jasanoff, *The Biological Mind: How Brain, Body and Environment Collaborate*

to Make Us Who We Are (New York: Basic Books, 2018), chap. 2, introduction.

11. D. R. Godden and A. D. Baddeley, "Context-Dependent Memory in Two Natural Environments: On Land and Underwater," *British Journal of Psychology* 66, no. 3 (1975): 325-331, https://doi.org/10.1111/j.2044-8295.1975.tb01468.x.

12. Adam Grant, "Goodbye to MBTI, the Fad That Won't Die," *Psychology Today*, September 2013.

13. 迈尔斯 – 布里格斯类型指数人格测试最初是受到瑞士心理学家卡尔·荣格关于性格差异理论的启发而设计的。荣格认为，用二元对立的方式来理解人的性格是一种很有帮助的方法。然而，大多数人格特征其实都存在于一个连续的谱系上，就连荣格本人可能也会对这项测试所声称的绝对准确性感到惊讶。他曾说过："世界上并不存在纯粹的外向型或内向型的人，如果真的存在这样极端的人，恐怕早就被送进精神病院了。"

第 15 章　身体如何塑造你的智慧

1. Jackie Andrade, "What Does Doodling Do?" *Applied Cognitive Psychology* 24, no.1 (January 2010): 100-106, https://doi.org/10.1002/acp.1561.

2. Girija Kaimal et al., "Functional Near-Infrared Spectroscopy Assessment of Reward Perception Based on Visual Self-Expression: Coloring, Doodling, and Free Drawing," *Arts in Psychotherapy* 55 (September 2017): 85-92, https://doi.org/10.1016/j.aip.2017.05.004.

3. Katrin Weigmann, "Does Intelligence Require a Body?", EMBO Reports 13, no.12 (November 2012): 1066-1069, https://doi.org/10.1038/embor.2012.170.

4. Weigmann, "Intelligence."

5. Rolf Pfeifer and Josh Bongard, *How the Body Shapes the Way We Think: A New View of Intelligence* (Boston: MIT Press, 2007), 20.

6. Rolf Pfeifer, "How the Body Shapes the Way We Think," filmed 2013, in Zurich, Switzerland, TEDx video, 19:30.

7. Katharine Miller, "How Bodies get Smarts: Simulating the Evolution of Embodied Intelligence," Stanford University Human-Centered Artificial Intelligence Newsletter, October 2021.

8. Metin Sitti, "Physical Intelligence as a New Paradigm," *Extreme Mechanics Letters*

46 (July 2021): https://doi.org/10.1016/j.eml.2021.101340.

9. Joan Didion, "Why I Write," *New York Times Book Review* (December 5, 1976).

10. Lucy Jo Palladino, *Dreamers, Discoverers & Dynamos: How to Help the Child Who Is Bright, Bored and Having Problems in School* (New York: Ballantine Books 1999), 3.

11. Michael Karlesky and Katherine Isbister, "Fidget Widgets Project".

12. Katherine Isbister, "Popping Toys, the Latest Fidget Craze, Might Reduce Stress For Adults and Children Alike," *The Conversation, May* 7, 2021.

13. Ken Robinson, "Do Schools Kill Creativity?" filmed June 26, 2006, in Monterey, CA, TED video, 19:12. (All Robinson quotes are from this talk.)

第 16 章　身体的语言：你读懂了吗

1. M. Balla and D. R. Proffitt, "Visual-Motor Recalibration in Geographical Slant Perception," *Journal of Experimental Psychology Human Perception and Performance* 25, no.4 (August 1999): 1076-1096, https://doi.org/10.1037//0096-1523.25.4.1076.

2. Jessica Witt et al., "Putting to a Bigger Hole: Golf Performance Relates to Perceived Size," *Psychonomic Bulletin and Review* 15, no.3 (June 2008): 581-585 https://doi.org/10.3758/pbr.15.3.581; Jessica Witt, Sally Linkenauger, and Dennis Proffitt, "Get Me Out of This Slump! Visual Illusions Improve Sports Performance," *Psychological Science* 23, no.4 (March 2012): https://doi.org/10.1177/0956797611428810.

3. Saeedeh Sadeghi, Marc Wittmann, Eve DeRosa, and Adam K. Anderson, "Wrinkles in Subsecond Time Perception Are Synchronized to the Heart," *Psychophysiology* 60, no. 8 (August 2023): https://doi.org/10.1111/psyp.14270.

4. Sarah Garfinkel et al., "Fear from the Heart: Sensitivity to Fear Stimuli Depends on Individual Heartbeats," *Journal of Neuroscience* 34, no.19 (May 2014): 6573-6582, https://doi.org/10.1523/JNEUROSCI.3507-13.2014.

5. British Neuroscience Association, "How Our Bodies Interact with Our Minds in Response to Fear and Other Emotions," ScienceDaily, April 2013.

6. Brian Hseueh et al., "Cardiogenic Control of Affective Behavioural State," *Nature* 615 (March 2023): 692-699, https://doi.org/10.1038/s41586-023-05748-8; 我们采用

的方法是这样的："首先，我们将 ChRmine 转基因置于小鼠心肌肌钙蛋白 T 启动子（mTNT）的控制之下，并借助对心脏组织具有特异性的 AAV9 血清型，成功实现了心肌细胞的特异性表达。随后，通过用 AAV9-mTNT::ChRmine-2A-oScarlet 感染培养的原代心肌细胞，我们发现，只需 0.1 毫瓦每平方毫米的光强照射，就能引发光诱导收缩。这一结果与 ChRmine 在神经元中的光敏感性表现一致。"

7. Bethany Brookshire, "In Mice, Anxiety Isn't All in the Head. It Can Start in the Heart," *Science News*, March 2023.

8. Hseueh, "Cardiogenic Control."

9. Barbara Fredrickson et al., "That Swimsuit Becomes You: Sex Differences in Self-Objectification, Restrained Eating, and Math Performance," *Journal of Personality and Social Psychology* 75, no.1 (July 1998), 269-284, https://doi.org/10.1037//0022-3514.75.1.269.

10. Hajo Adam and Adam Galinsky, "Enclothed Cognition," *Journal of Experimental Social Psychology* 48, no. 4 (July 2012): 918-925, https://doi.org/10.1016/j.jesp.2012.02.008.

11. Devin M. Burns et al., "An Old Task in New Clothes: A Preregistered Direct Replication Attempt of Enclothed Cognition Effects on Stroop Performance," *Journal of Experimental Social Psychology* 83 (July 2019): 150-156, https://doi.org/10.1016/j.jesp.2018.10.001.

12. Hajo Adam, Adam Galinsky, "Reflections on Enclothed Cognition: Commentary on Burns et al.," *Journal of Experimental Social Psychology* 83 (July 2019): 157-159, https://doi.org/10.1016/j.jesp.2018.12.002.

13. Michael W. Kraus and Wendy Berry Mendes, "Sartorial Symbols of Social Class Elicit Class-consistent Behavioral and Physiological Responses: A Dyadic Approach," *Journal of Experimental Psychology* 193, no.6 (Dec 2014): 2330-40, https://doi.org/10.1037/xge0000023.

14. Karen Pine, "Mind What You Wear Because It Could Change Your Life," *Sheconomics* blogspot (blog), May 2014.

15. Alan Toth, "The Science Behind Muscle Memory," Stanford Medicine Scope, July 2022.

16. K. Gunderson et al., "Muscle Memory: Virtues of Your Youth?", *Journal of Physiology* 596, no. 18 (September 2018): 4289-4290, https://doi.org/10.1113/JP276354.

17. Camonghne Felix, "Simone Biles Chose Herself," *Cut*, September 27, 2021.

18. Sophie Lewis, "Simone Biles Opens Up About Withdrawal from Olympic Competitions: 'I Don't Think You Realize How Dangerous This Is,'" CBS News, July 30, 2021.

第 17 章　身心幸福计划

1. Frédéric Gros, *A Philosophy of Walking*, trans. John Howe (Verso Books, ed. 2015), 100.